Ulrike Rieder

Voltigieren

Vom Anfänger
zum Könner

W0053490

Ulrike Rieder

Voltigieren

Vom Anfänger
zum Könner

BLV

Die Deutsche Bibliothek –
CIP-Einheitsaufnahme

Rieder, Ulrike:
Voltigieren : vom Anfänger zum Könner/
Ulrike Rieder. – 2., überarb. Aufl., Neuausg. –
München ; Wien ; Zürich : BLV, 1997

   1. Aufl. u. d. T.: Rieder, Ulrike: Richtig
voltigieren
ISBN 3-405-15082-5

Ulrike Rieder, geboren in Heilbronn, Studium der Fächer Sport und Englisch in Tübingen und Heidelberg.

Als Zehnjährige begann sie mit dem Voltigieren und war lange Jahre Mitglied der Turniergruppe des Reitervereins Heilbronn. Später trainierte sie die Heilbronner und Heidelberger Voltigiergruppen. Sie ist Voltigierwartin FN und hat viele Berichte zum Thema Voltigieren veröffentlicht. Es folgten zahlreiche Lehrgänge im In- und Ausland.

BLV Verlagsgesellschaft mbH München Wien Zürich

80797 München

Zweite, überarbeitete Auflage, Neuausgabe
© 1997 BLV Verlagsgesellschaft mbH,
München

Layout: Volker Fehrenbach
Herstellung: Friedrich Wilhelm Bonhagen

DTP: Satz + Layout Fruth GmbH, München
Druck: Appl, Wemding
Bindung: Auer, Donauwörth

Gedruckt auf chlorfrei gebleichtem Papier

Printed in Germany · ISBN 3-405-15082-5

Ihre Erfahrungen kamen der Autorin als Voltigierbeauftragte des Reiterbunds Nordbaden und als Mitglied des Fachbeirats Voltigieren in Baden-Württemberg zugute. Des weiteren bekleidete sie neun Jahre lang das Amt der Vorsitzenden des Fachbeirats Voltigieren der Deutschen Reiterlichen Vereinigung e. V.

Ulrike Rieder ist nationale und internationale offizielle Richterin und richtete 1990 bei den Weltmeisterschaften im Voltigieren in Stockholm und 1992 in Heilbronn. Bis zum Jahre 1990 war sie Mitglied des FEI-Komitees Voltigieren. Sie ist Mitbegründerin und Vorsitzende des Vereins »Der Voltigierzirkel e. V.«, einer Förder- und Interessengemeinschaft für den Voltigiersport.

Inhalt

Inhalt

Zu diesem Buch

Das Lehrbuch »Richtig Voltigieren«, das 1991 als Nachfolge meines ersten Buches zum Thema Voltigieren mit dem Titel »Voltigieren – Vom Anfänger zum Könner« erschienen ist, gilt inzwischen als das Standardwerk des Voltigiersports. Durch seine umfassenden und leicht verständlichen Informationen über den Voltigiersport hat dieses Buch viele Freunde gefunden.

Inzwischen hat sich der Voltigiersport sowohl auf nationaler als auch internationaler Ebene noch einmal weiterentwickelt. Um den aktuellen Erkenntnissen, Erfahrungen und Trends Rechnung zu tragen, wurde diese Neuausgabe in vielen Teilen völlig überarbeitet. So wurde das Kapitel über die Pflichtübungen ganz neu verfaßt und erstmals wurden die neuen Übungen für die D- und C-Gruppen genau beschrieben. Neu aufgenommen wurde das Kapitel »Voltigieren spielerisch«, das viele Anregungen für einen abwechslungsreichen Unterricht bietet, bei dem das muntere, spielerische Miteinander mit dem Pferd im Vordergrund steht.

Die Verflechtung von reitsportlichen mit turnerisch-gymnastischen sowie sportakrobatischen Komponenten mit hohen koordinativen Anforderungen in Verbindung mit erzieherischen Einflußmöglichkeiten macht den besonderen Reiz dieser attraktiven Sportart aus.

Beschäftigt man sich eingehender mit dem Voltigiersport, so muß man feststellen, daß Voltigieren eine vielschichtige und interessante Sportart ist. Überlegungen zur Pädagogik, Methodik, Bewegungs-, Trainings- und Longierlehre zeigen, daß hier noch ein großes unbearbeitetes Feld vorliegt und die theoretische Aufarbeitung dieser Gebiete bisher nicht ausreichend behandelt worden ist.

Diese Themenvielfalt soll hier dargestellt werden, soweit dies im Rahmen eines solches Buches überhaupt möglich ist. Es fällt aber nicht leicht, sich dabei nur auf ein Grundwissen zu beschränken. Für eine weitere Vertiefung der verschiedenen Themen wird der interessierte Leser nicht umhinkommen, sich mit weiterer Literatur zu befassen.

Jeder Voltigierer – vom Anfänger zum Könner – wird in diesem Buch Anregungen und Tips finden. Für den Ausbilder und Longenführer enthält es zahlreiche Unterrichtshilfen für die Praxis und vermittelt ihm die notwendigen theoretischen Grundlagen. Für den Voltigierrichter werden die präzisen Bewegungsbeschreibungen von Interesse sein.

Auch die Eltern der Voltigierer, deren Mithilfe für den Sport unentbehrlich ist, sollen angesprochen werden. Ihnen soll dieses Buch einen Einblick in diese Sportart vermitteln und so zu einem besseren Verständnis für das Voltigieren mit seinen beachtlichen erzieherischen und sportlichen Möglichkeiten beitragen.

Einleitung

Geschichtlicher Rückblick

Voltigieren gehört zu den ältesten Sportarten. Aus alten Quellen geht hervor, daß man die Vorzüge dieser Sportart in der Antike und im Rittertum zu schätzen wußte. Die Wurzeln des Voltigiersports gehen auf römische Zeiten zurück, als das Programm der alljährlichen altrömischen Spiele aus Wagen- und Pferderennen sowie akrobatischen Vorführungen auf galoppierenden Pferden bestand. Das Voltigieren war neben Wagenrennen, Reiten, Fechten, Bogenschießen, Speerwurf, Ringen und Boxen ein fester Bestandteil des Ausbildungsprogramms der jungen Römer der sozialen Oberschicht. Im Mittelalter führten die Ritter Aufsprünge aufs Pferd und kunstvolle Übungen in voller Rüstung auf. In der Renaissance gehörte das Voltigieren zu den Exerzitien an den Ritterakademien und diente als Gewandtheitsschulung junger Adeliger. Zu dieser Zeit wurde aufgrund des französischen Einflusses das »Roßspringen« dann »La Voltige« bzw. »Voltigieren« genannt. Dazu BOHUS in seiner »Sportgeschichte«: »Es (das Voltigieren) hatte sich aus einer Vorübung der Reitschule zu einer selbständigen Disziplin« entwickelt, wobei das Pferd durch eine hölzerne Attrappe ersetzt wurde. Dabei entstanden Übungsformen, die auch noch im heutigen Pferdturnen anzutreffen sind. Ziel des Voltigierens war die Vermittlung von Gewandtheit und Bewegungseleganz.«

Anhand alter Literatur kann man belegen, daß das Voltigieren viel älter als das heutige Geräteturnen ist, das auf die Turnübungen auf dem lebendigen Pferd bzw. später dem hölzernen Pferd zurückgeht. »Ich glaube, den übrigen Leibesübungen nicht zu nahe zu treten, wenn ich behaupte, daß das Voltigieren unter denselben oben anstehe, wenn man sie nämlich nach dem Nutzen rangiert, welchen sie auf Stärke und Gelenkigkeit, und auch in Abwendung von Gefahren äußern.« So VIETH 1795 in der »Enzyklopädie der Leibesübungen«.

Dieses Zitat veranschaulicht die Bedeutung, die das Voltigieren damals eingenommen hat. Einmaliger Höhepunkt in der Geschichte des Voltigierens war die Aufnahme des Sports unter dem Namen »Kunstreiten« ins Programm der Olympischen Spiele in Antwerpen 1920. Der Wettkampf bestand damals aus einem Einzel- und Mannschaftswettkampf für junge Kavalleristen.

Das moderne Voltigieren, wie es mit einigen Veränderungen und Verbesserungen heute ausgeübt wird, wurde erst gegen

Kunstreiter zu Nürnberg 1647.

9

Ende der vierziger Jahre entwickelt, um vielen Kindern eine preiswerte Möglichkeit für den Einstieg in den Reitsport zu bieten. 1958 wurden vorläufige Richtlinien veröffentlicht; 1964 traten die 1. Offiziellen Richtlinien in Kraft. 1963 fanden die 1. Deutschen Meisterschaften der Voltigiergruppen in Wiesbaden statt, während die 1. Deutsche Meisterschaft im Einzelvoltigieren viel später, nämlich im Jahr 1986 in Mannheim ausgetragen wurde. Anfang 1983 trat das erste internationale Reglement der FEI in Kraft. Im folgenden Jahr wurden in Ebreichsdorf bei Wien die 1. Europameisterschaften ausgerichtet und darauf 1986 die 1. Weltmeisterschaft in Bulle/Schweiz. Bei den »World Equestrian Games« in Stockholm 1990 und 1994 in Den Haag hatte der Voltigiersport die Gelegenheit, sich einer breiten internationalen Öffentlichkeit vorzustellen.

Die Leistungen der Voltigierer wurden vom Publikum mit Begeisterung verfolgt und fanden in den Medien große Beachtung.

In den letzten 50 Jahren hat sich somit aus einer beliebten Freizeitsportart für Kinder und Jugendliche zusätzlich ein selbständiger Wettkampf- und Leistungssport auch für junge Erwachsene mit eigenen Regeln, Turnieren und Meisterschaften entwickelt.

Was bedeutet Voltigieren?

Voltigieren heißt, Übungen in turnerisch-akrobatischer Form auf einem galoppierenden Pferd auszuführen. Diese Sportart kann nur im Zusammenwirken mit dem Pferd, von Voltigierern und dem Longenführer, der das Pferd an der Longe auf einem Zirkel führt, betrieben werden. In Form von Pflicht- und Kürübungen sowie Einzel- und Partnerübungen bieten sich vielfältige Übungs-, Gestaltungs- und Kombinationsmöglichkeiten.

Voltigierkunst mit Charme und Ausstrahlung. Hier: Weltmeisterin *Tanja Benedetto.*

Das Voltigieren verbindet in idealer Weise das Interesse von Kindern und Jugendlichen an Pferden mit einer vielseitigen Bewegungserziehung.

Alle körperlichen Fähigkeiten wie u. a. Koordination, Gleichgewicht, Beweglichkeit, Sprung- und Stützkraft werden dabei geschult.

Im Gruppenvoltigieren sind alle Voltigierer – Kinder und Jugendliche – gemeinsam in einer Mannschaft an der Ausführung zahlreicher Übungsformen beteiligt. Im Einzelvoltigieren dagegen haben Jugendliche und junge Erwachsene die Möglichkeit, ihr persönliches Können in Form einer Pflichtleistung und einer eigenen Kürgestaltung zum Ausdruck zu bringen.

Voltigierer, Pferd und Longenführer sind aufeinander angewiesen und beeinflussen sich gegenseitig.

Dieses Zusammenspiel verlangt von den Voltigierern ein ständiges Sich-Einfühlen und Anpassen an die Bewegungen und den Rhythmus des Pferdes. Keine Übung kann befriedigend gelingen, wenn sie nicht im Einklang mit dem Pferd verläuft! Voltigieren ist aber nicht nur Sporttreiben mit dem Pferd. Zum Voltigieren gehört auch, den Umgang mit dem Pferd zu erlernen sowie Pflichten und Aufgaben bei der Pferdepflege zu übernehmen. Das Pferd ist eben kein starres, lebloses Turngerät, das nach dem Sporttreiben einfach in einen Geräteraum geschoben werden muß! Vielmehr ist es der wichtigste Trainingspartner der Voltigierer und bedarf deren Rücksichtnahme und Fürsorge. Durch das Üben in einer Gruppe werden Gemeinschaftssinn, Zusammenarbeit, Hilfsbereitschaft und Rücksichtnahme ge-

fördert. Bei Partnerübungen müssen die beteiligten Voltigierer aufeinander eingehen und gleichzeitig ihre Bewegungen dem Pferd anpassen. Zwar kommt es bei den Grund- und Pflichtübungen auch auf das Einzelkönnen an, doch letztlich zählt im Gruppensport nur die Gesamtleistung der ganzen Mannschaft.

Das Einzelvoltigieren kann ebenfalls keine reine Leistung eines einzelnen sein; auch hier ist es für den Sportler erforderlich, mit dem Longenführer zusammenzuarbeiten und sich auf sein Pferd immer wieder neu einzustellen. Ohne die Mitwirkung der beiden anderen Sportpartner kann kein Einzelsportler zum Erfolg kommen! Neben den sportlichen Werten sind diese erzieherischen Werte des Sports nicht zu unterschätzen. Diese Vorzüge werden beim heilpädagogischen Voltigieren und in der Therapie vielfach genutzt.

Vom Anfänger zum Könner

Von der ersten Übungsstunde eines Voltigierkindes bis zum leistungsmäßigen Voltigieren im Turniersport ist es ein langer Weg. Nur ein kleiner Teil aller Voltigierer schafft es oder möchte es schaffen, Mitglied einer Turniergruppe zu werden oder sogar später das Einzelvoltigieren leistungsmäßig zu betreiben. Eine Grundvoraussetzung für das Voltigieren ist es zuerst, daß der Anfänger das Verhalten des Pferdes kennenlernt, die anfängliche Angst überwindet und Vertrauen zum Pferd faßt. Er lernt gemeinsam mit anderen, einfache Übungsformen auf dem Pferderücken auszuführen – im Halten, im Schritt und später auch im Galopp. An-

11

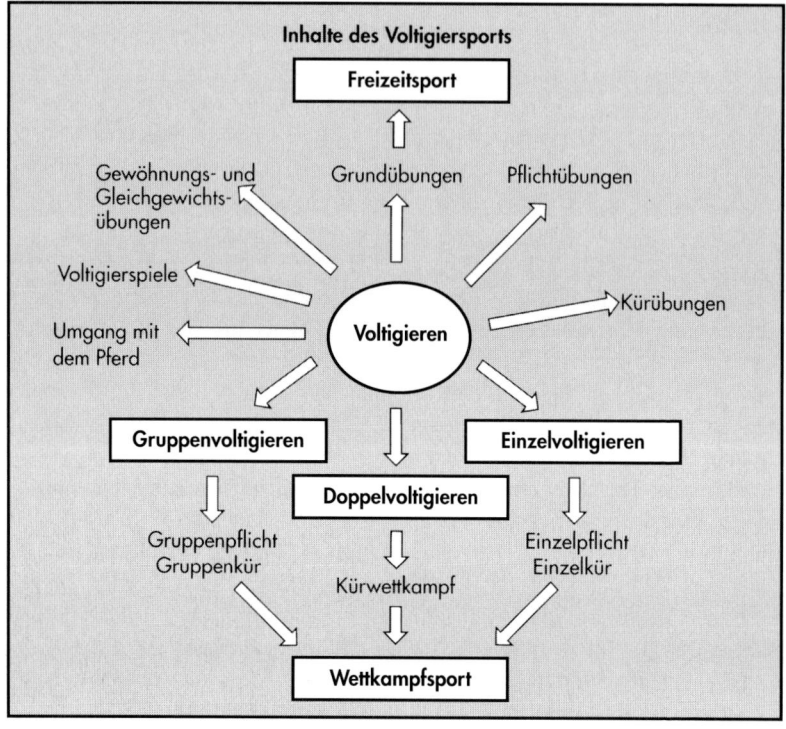

fangs stehen das spielerische Üben und das Ausprobieren von leichten, neuen Übungseinfällen im Vordergrund. Für den Anfänger ist es schon eine beachtliche Leistung, auf das Pferd aufspringen zu können und ein großes Erfolgserlebnis, wenn es ihm gelingt, kurz freihändig im Galopp sitzenzubleiben, ohne das Gleichgewicht zu verlieren! Viele Kinder voltigieren über mehrere Jahre aus Spaß daran, ohne jemals bei Turnieren und Wettkämpfen mitzumachen. Die vielfältigen Aktivitäten wie Zeltlager, Voltigiertage, Projektwochen und Jugendaustausch mit anderen Ländern machen deutlich, daß das Voltigieren als Freizeit- und Breitensport mehr denn je einen hohen Stellenwert besitzt.

Voltigieren – eine selbständige Sportart

Wenngleich die Bewegungs- und Übungsformen des Voltigierens eher mit den Turn- und Gymnastikbewegungen verwandt sind als mit anderen Pferdesportarten und viele Übungen mit den Elementen aus der Sportakrobatik große Ähnlichkeit aufzeigen, so sind doch die Fähigkeiten und Fertigkeiten, die ein Voltigierer erwirbt, auch für das Reitenlernen von Vorteil.

Viele junge Menschen finden über das Voltigieren Zugang zum Pferdesport, auch wenn sie nicht sofort mit dem Reiten beginnen wollen oder können.

Im Leistungssport liegt der Schwerpunkt auf der persönlichen Leistungssteigerung und dem Erringen von Erfolgen, wobei die »Zubringerfunktion zum Reitsport« zunehmend in den Hintergrund tritt. Für den Einzelsportler steht im allgemeinen mehr die individuelle Leistungsfähigkeit, die Verfeinerung der Bewegungstechniken und die eigene Bewegungsgestaltung im Vordergrund. Ein spezielles Trainingsprogramm ist erforderlich, um im Turniersport weiterzukommen. Obwohl viele den Sport aus reinem Selbstzweck betreiben und sich vorerst völlig auf den Voltigiersport konzentrieren, fühlen sich die meisten ehemaligen Spitzenvoltigierer auch nach Beendigung ihrer Laufbahn mit dem Pferdesport verbunden.

Der Voltigiersport wird weiterhin, vor allem im Breiten- und Freizeitsport, seine Rolle als Zubringer und Vorstufe zum Reitsport erfüllen. Trotz der engen Verwandtschaft mit dem Turnen bleibt die Zugehörigkeit des Voltigiersports zum Pferdesport unbestreitbar. Im Wettkampf- und Leistungssport muß das Voltigieren als völlig selbständige Pferdesportart und nicht mehr nur als reine Vorstufe des Reitsports betrachtet werden.

So hat sich in den 50er und 60er Jahren des Voltigieren aus einem Kindersport nach langer Zeit erneut zu einem attraktiven Sport für Jugendliche und Erwachsene entwickelt; damit war der Anschluß an seine alte geschichtliche Tradition als eine eigenständige Sportart wieder hergestellt. Diese Tatsache fand schließlich im Jahre 1990 mit der gleichrangigen Einordnung des Sports in die Satzung der Deutschen Reiterlichen Vereinigung ihre längst fällige Berücksichtigung, wenn auch die völlige Gleichberechtigung mit den anderen Pferdesportarten Reiten und Fahren bis heute leider noch nicht erreicht ist.

Geht ein Voltigierer zum Reiten über, so hat er anderen einiges voraus: Der Umgang mit dem Pferd ist ihm vertraut; er hat gelernt, das Gleichgewicht auf dem Pferderücken zu finden, sein Sitz ist geschmeidiger und losgelassener, und er hat die Angst vor dem Pferd überwunden.

Der mehrmalige Weltmeister *Christoph Lensing*.

Was gehört zum Voltigieren?

Zum Voltigieren gehören
- das Voltigierpferd,
- die Voltigierer bzw. die Voltigiergruppe,
- der Voltigierausbilder bzw. Trainer und Longenführer.

Sie bilden zusammen eine Einheit, bei der jeder auf den anderen angewiesen ist. Dieses Kapitel befaßt sich damit, welche Voraussetzungen für ein erfolgreiches Zusammenspiel aller Beteiligten erfüllt werden müssen.

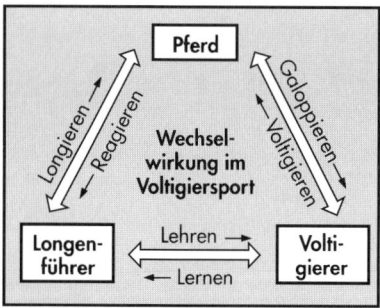

Das geeignete Voltigierpferd

Die meisten Kinder, die als Anfänger mit dem Voltigieren beginnen, sammeln ihre ersten Erfahrungen im Pferdesport mit einem Voltigierpferd, zu dem sie Vertrauen fassen müssen. Auch die Leistungen einer Wettkampfgruppe werden durch das Voltigierpferd ganz wesentlich beeinflußt. Pferde, die alle erforderlichen Eigenschaften für ein brauchbares Voltigierpferd

mitbringen, sind nicht ganz einfach zu finden. Bei der Suche nach einem Voltigierpferd muß man sich viel Zeit lassen und die entsprechenden Fachkenntnisse mitbringen, um nachher keine Enttäuschung zu erleben. Gut ausgebildete Voltigierpferde stehen nur selten zum Verkauf, deshalb gilt es, ein angebotenes, fertig ausgebildetes Voltigierpferd ganz besonders kritisch zu prüfen. Denn welcher Verein, der in der glücklichen Lage ist, ein geeignetes Voltigierpferd zu besitzen, wird dieses wieder zum Verkauf anbieten? So ist man im allgemeinen darauf angewiesen, selbst ein Pferd zu suchen, das die erforderlichen Eigenschaften erfüllen kann, um es dann selbst auszubilden.

Das Pferd sollte nicht unter 5 Jahre alt sein, bevor es regelmäßig im Voltigiersport eingesetzt wird. Jüngere Pferde sind den hohen Anforderungen noch nicht gewachsen, da ihr Muskel-, Sehnen- und Knochenapparat nicht ausgewachsen und damit noch nicht voll belastbar ist. Im Wettkampfsport sollten 6jährige und ältere Pferde zum Einsatz kommen. Das Pferd sollte soweit angeritten und ausgebildet sein, daß es den Anforderungen einer A-Dressur entspricht.

Zunächst muß man sich darüber klar werden, für welchen Zweck das Voltigierpferd verwendet werden soll. Braucht man ein Pferd für Anfänger oder Fortgeschrittene, mehr für Kinder oder Jugendliche, fürs Gruppen- oder Einzelvoltigieren, für den Freizeit- oder Wettkampfsport? Kleinpferde, Ponys, Haflinger, Norweger und Isländer können brauchbare Voltigierpferde für Kinder- und Anfänger- sowie Spielgruppen abgeben, wenn sie die erforderlichen Voraussetzungen erfüllen.

14

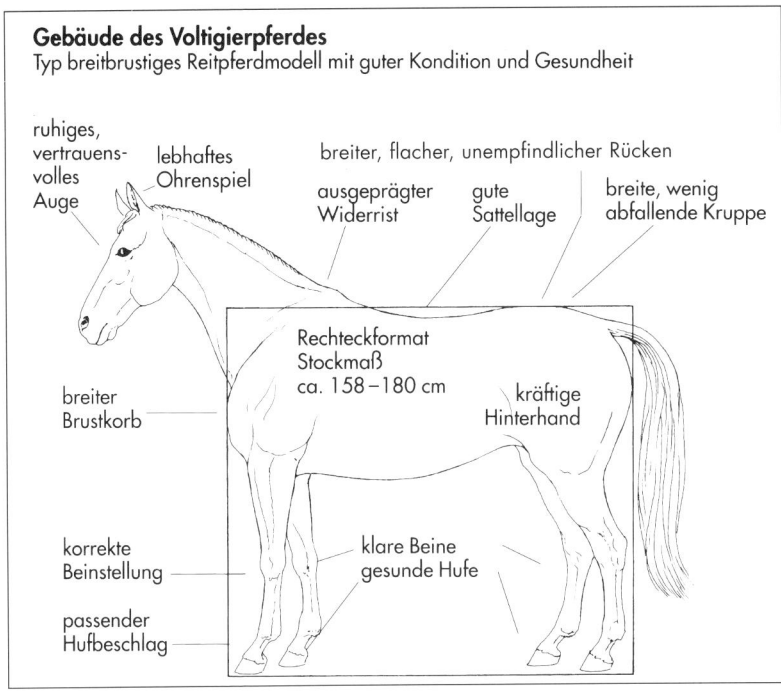

Gebäude des Voltigierpferdes
Typ breitbrustiges Reitpferdmodell mit guter Kondition und Gesundheit

ruhiges, vertrauensvolles Auge

lebhaftes Ohrenspiel

breiter, flacher, unempfindlicher Rücken

ausgeprägter Widerrist

gute Sattellage

breite, wenig abfallende Kruppe

Rechteckformat Stockmaß ca. 158–180 cm

kräftige Hinterhand

breiter Brustkorb

korrekte Beinstellung

klare Beine gesunde Hufe

passender Hufbeschlag

Ein Pferd, das auch im Wettkampf eingesetzt werden soll, sollte dem Reitpferdetyp entsprechen und ausgewachsen sein. Man bevorzugt hierzu sogenannte Gewichtsträger, d. h. größere Pferde, die in der Lage sind, das Gewicht von drei Voltigierern bei Partnerübungen zu tragen. Für das Einzelvoltigieren werden immer weniger Gruppenpferde eingesetzt; der Trend geht dahin, daß sinnvollerweise die Einzelvoltigierer eigene Pferde für Turniere zur Verfügung haben.

Wenn an einem Tag mehrere Einzelvoltigierer auf demselben Pferd starten wie eine Wettkampfgruppe, ist eine solche Belastung für das Pferd kaum noch zu vertreten. Soll ein Pferd vorrangig im Einzelvoltigieren gehen, wird man ein Pferd mit einem Stockmaß um 170 cm und darüber bevorzugen, das den besonderen dynamischen Anforderungen gewachsen ist und zur Person des Einzelvoltigierers paßt.

Es ist unerläßlich, das ausgewählte Pferd vor dem endgültigen Kaufabschluß einer tierärztlichen Untersuchung zu unterziehen und es eingehend auf seinen Gesundheitszustand prüfen zu lassen. Man bedenke die Leistung, die ein Voltigierpferd erbringen muß: die häufige Galopparbeit mit ständigen Auf- und Absprüngen, die einseitige Beanspruchung auf der linken Hand, eine Gewichtsbelastung von bis zu 160 kg, die es ausbalancieren muß. Um diesen Anforderungen standzuhalten, muß das Pferd völlig gesund und mög-

15

lichst ohne Stellungsfehler sein. Rasse, Herkunft, Farbe und Schönheit des Pferdes spielen erst in zweiter Linie eine Rolle.

Ein gutes Voltigierpferd hat seinen Preis. Für die Voltigierer im Verein wird es jedoch eine lohnende Anschaffung sein und vielen jungen Menschen positive Erlebnisse im Pferdesport insgesamt vermitteln.

Folgende Punkte müssen bei der Auswahl eines Voltigierpferdes beachtet werden:

Charakter
Bei der Gutmütigkeit des Pferdes können die wenigsten Abstriche gemacht werden. Das Voltigierpferd muß im Umgang unkompliziert, brav und geduldig sein. Die Kinder müssen sich ihm von allen Seiten furchtlos nähern und Zutrauen zu dem Pferd finden können. Kitzlige Pferde, Schläger oder Beißer kommen von vornherein nicht in Frage. Das ideale Voltigierpferd ist weder schreckhaft oder ängstlich noch geräusch- und sehempfindlich. Es braucht einen unempfindlichen Rücken sowie eine unempfindliche Nieren- und Flankenpartie und sollte auch Übungen auf der Halspartie zulassen. Während des Voltigierens ist es aufmerksam und reagiert willig auf die Hilfen des Longenführers. Das ist viel verlangt. Doch mit einem charakterlich untauglichen Pferd werden die Voltigierer nicht unbefangen und ohne Furcht umgehen können. Das bedeutet, daß die Freude am Sport bald verlorengeht, ganz abgesehen von der damit verbundenen Unfallgefahr.

Das perfekte Voltigierpferd überzeugt durch absolute Gutmütigkeit.

Ausrüstung des Voltigierpferdes

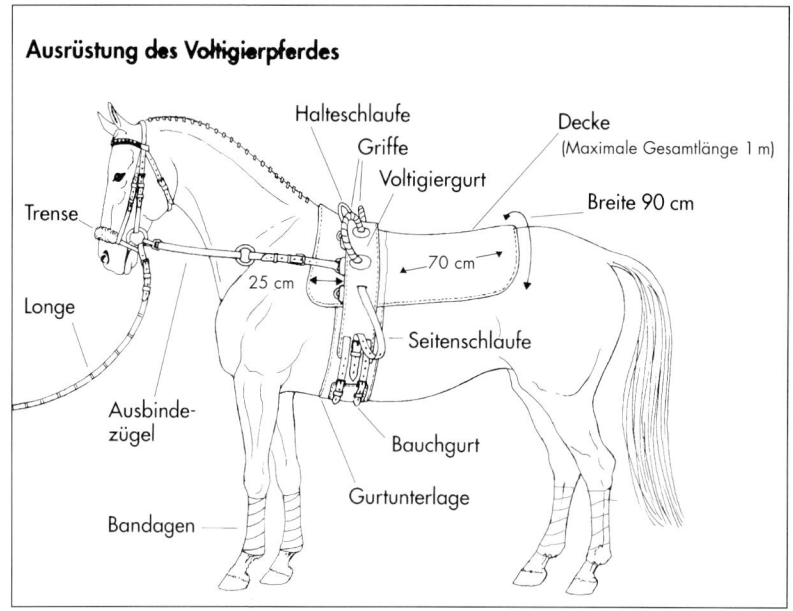

Halteschlaufe
Griffe
Voltigiergurt
Decke
(Maximale Gesamtlänge 1 m)
Breite 90 cm
Trense
70 cm
25 cm
Longe
Seitenschlaufe
Ausbinde-zügel
Bauchgurt
Gurtunterlage
Bandagen

Temperament

Darunter versteht man das Gemüt des Pferdes. Bei Schwierigkeiten im Temperament des Pferdes wie Faulheit und Trägheit wird das Voltigieren sehr mühsam, da solche Pferde schwunglos und ungleichmäßig gehen, dauernd getrieben werden müssen oder während des Übens sogar stehenbleiben. Deshalb sollte das Pferd ausgeglichen, aber nicht träge sein.

Galoppade

Das Pferd sollte möglichst schon an die Longe gewöhnt sein und gleichmäßig auf der Zirkellinie auf einem Hufschlag galoppieren können. Die Galoppade soll gleichmäßig, taktmäßig, schwungvoll und ausgreifend sein, wobei das Pferd mit der Hinterhand untertritt und die Vorhand entlastet. Des weiteren sollte es über genügend Vorwärtsdrang verfügen, ohne fortzustürmen. Ein ausgebildetes Pferd sollte fleißig und ausdauernd galoppieren können und konditionell in der Lage sein, 12–15 Minuten ohne Schwierigkeiten durchzugaloppieren.

Ausrüstung des Voltigierpferdes

Bei der Ausrüstung darf nicht gespart werden. Von der Qualität des Lederzeugs hängen Sicherheit und Haltbarkeit ab. Eine sachgemäße Pflege verlängert seine Lebensdauer. Alle Lederteile werden mit einem feuchten Schwamm und Sattelseife gereinigt und anschließend getrocknet. Um das Leder geschmeidig zu halten, wird es regelmäßig mit Lederfett oder Lederöl eingerieben. Man sollte die Voltigierer frühzeitig anleiten, diese Aufgabe selbst fachgerecht zu übernehmen.

17

Was gehört zum Voltigieren?

Ausrüstung des Pferdes/Erforderliche Eigenschaften

Zäumung
- ☐ Trense mit Reithalfter oder Kappzaum
- ☐ Trensengebiß, gemäß LPO Mindestdicke 14 mm, keine verschlissenen Ringlöcher
- ☐ Gummischeiben sind erlaubt
- ☐ gute Paßform, von bester Qualität

Voltigiergurt
- ☐ ganz aus Leder, zur Sicherheit der Voltigierer nur beste Verarbeitung und Markenqualität verwenden
- ☐ evtl. mit eingearbeitetem Stahlbaum (aber: manche Pferde reagieren bei Druck auf solche Gurte empfindlich)
- ☐ gute Polsterung, (etwas nach vorne abgeschrägt) und beste Paßform (darf nicht auf dem Widerrist aufsitzen)
- ☐ vorzugsweise mit getrenntem Bauchgurt; ein Gurtholz zum Anziehen des Gurts ist sehr hilfreich
- ☐ mit zwei halbrunden, stabilen, profilierten, großen Griffen, nur leicht nach vorn geneigt
- ☐ mit einer Halteschlaufe zwischen den Griffen
- ☐ mit mehreren Möglichkeiten, die Ausbinder auf verschiedenen Höhen am Gurt einhängen zu können
- ☐ mit seitlicher gepolsterter Außen- und Innenschlaufe

Decke/Pad
- ☐ Höchstmaße: 100 cm Gesamtlänge, dabei höchstens 25 cm vor und 70 cm hinter dem Gurtrand, 90 cm breit und 3 cm stark (einschließlich Bezug)
- ☐ aus weichem, schmiegsamem, schweißaufsaugendem Material, rutschfest, mit waschbarem Bezug
- ☐ es ist nur eine Decke, aber zusätzlich ein Gelpad erlaubt

Gurtunterlage
- ☐ aus Schaumgummi oder Vestan, etwas breiter als der Gurt, ca. 5–10 cm Dicke, mit waschbarem Bezug
- ☐ soll um den ganzen Gurt reichen und am Gurt befestigt werden, damit sie nicht rutschen kann

Ausbindezügel
- ☐ ganz aus Leder mit eingenähten Gummiringen
- ☐ verstellbar mit passender Länge zum Pferd
- ☐ Laufferzügel zum Ablongieren

Longe
- ☐ aus festem Baumwoll-Gurtband, ohne scharfe Kanten und nicht dehnbar, waschbar
- ☐ Länge mindestens 8 Meter
- ☐ mit Handschlaufe, Schnalle oder Karabinerhaken, ohne Wirbel (Drehgewinde am Karabinerhaken), die Longe verdreht sich sonst zu leicht
- ☐ ohne Ledersteige (wegen der Verletzungsgefahr)

Longierpeitsche
- [ ] leicht (innen hohl), handlich, flexibel, mit Gummigriff
- [ ] Länge: Stock ca. 3,50 m, Schlag 4–4,50 m
- [ ] zerlegbar oder ausziehbar, im PKW transportabel
- [ ] die Hinterbeine des Pferdes müssen mit dem Peitschenschlag erreichbar sein

Bandagen oder Gamaschen
- [ ] sollten in jedem Fall verwendet werden
- [ ] reißfest mit Bändern, aus elastischem, waschbarem Material
- [ ] Gamaschen mit Klettverschlüssen verwenden

Ohrenschützer sind als Fliegenschutz möglich. Andere Hilfsmittel wie Hilfszügel sind für Turniere nicht zugelassen.

Auftrensen

Vor jeder Übungsstunde muß zuerst die Ausrüstung auf ihren Sitz hin überprüft werden. So ist eine Trense richtig verschnallt:

- Unter dem Kehlriemen hat noch eine aufrecht gestellte Hand Platz.
- Unter den Kinnriemen passen noch zwei Finger.
- Der Nasenriemen darf die Atmung nicht behindern. Er muß vier Finger breit überm Nüsternrand liegen und so verschnallt werden, daß zwei Finger darunterpassen.
- Das Gebiß ist so breit, daß es rechts und links nur wenig aus dem Maul herausragt; es darf die Lefzen nicht hochziehen.
- Die Backenriemen dürfen das Gebiß nicht hochziehen.
- Weder das Stirnband noch das Kopfstück dürfen zu kurz sein und auf die Ohren drücken.

Aufgurten

- Unterlage und Decke auf den Pferderücken legen und glattstreichen.

- Gurt so auf die Unterlage legen, daß der Rand mit der Schulter des Pferdes abschließt und ebenso die Lage des Gurtes auf der anderen Seite überprüfen.
- Der Gurt darf niemals auf dem Widerrist aufliegen!
- Gurt so weit anziehen, daß er nicht mehr verrutscht.
- Erst nach dem Lösen des Pferdes fest nachgurten. Wird der Gurt gleich zu fest angezogen, kann das Pferd Sattelzwang bekommen!

Wer kann voltigieren?

In erster Linie ist Voltigieren ein Sport für junge Menschen, doch seit der Aufhebung der lange bestehenden Altersgrenze von 21 Jahren kann jeder im Einzelvoltigieren solange weiter dabei bleiben, wie er möchte.

Vereine, die guten Unterricht mit fähigen Ausbildern und guten Voltigierpferden anbieten, werden keine Schwierigkeiten haben, genügend Voltigierer zu bekommen.

Im Gegenteil: Oft sind solche Vereine gezwungen, Wartelisten für die interessierten Kinder aufzustellen. Bevor ein Kind aufgenommen wird, sollte der Übungsleiter sich das Kind ansehen, um festzustellen, ob es die notwendigen körperlichen Voraussetzungen schon erfüllt.

Jungen und Mädchen können miteinander in einer Mannschaft voltigieren. In den letzten Jahren hat sich das Voltigieren zunehmend zu einem Mädchensport entwickelt – ein Trend, der generell auch bei den jugendlichen Reitern zu beobachten ist. Es liegt nahe, daß den Mädchen die turnerisch-gymnastischen Bewegungsformen eher liegen und sie sich in den betreffenden Altersstufen besonders zum Pferdesport hingezogen fühlen.

Das ideale Anfangsalter liegt zwischen 6 und 9 Jahren, je nach der körperlichen Entwicklung des Kindes. Die Größe des Pferdes, das einer Anfängergruppe zur Verfügung steht, spielt eine wichtige Rolle. Es ist empfehlenswert, erst dann mit dem Voltigieren zu beginnen, wenn es dem Kind gelingt, den inneren Griff des Voltigiergurts zu erreichen. Ist ein Anfänger noch nicht groß genug, so kann er leicht beim Aufspringen unter das Pferd geraten.

Praktische Erfahrungen haben gezeigt, daß Kleinkinder unter 6 Jahren noch nicht genügend Geduld aufbringen können, jedesmal zu warten, bis sie wieder für eine Übung an der Reihe sind. Voltigierübungen im Galopp sind für sie zu riskant, da sie auf Anweisungen und Korrekturen noch nicht reagieren können. Wenn ein Verein ein Kleinpferd oder ein Voltigierpony zur Verfügung hat, können auch schon jüngere Kinder aufgenommen werden. Dabei wird spielerisch vorerst nur im Schritt und im Halten geübt. Bei Kleinkindergruppen muß man bedenken, daß die Kinder nicht in der Lage sind, sich über einen längeren Zeitraum zu konzentrieren oder stillzuhalten. Deshalb sollte eine solche Gruppe nicht aus mehr als 6 bis 8 Kindern bestehen.

Die meisten Vereine haben entsprechend dem Leistungsstand verschiedene Übungsgruppen eingerichtet: Anfänger-, Fortgeschrittenengruppen sowie eine oder mehrere Leistungs- oder Turniergruppen mit Voltigierern bis zu 18 Jahren, die an den Wettkämpfen teilnehmen. Sind in einem Verein mehrere Einzelvoltigierer aktiv, sollten für sie eigene Übungsstunden eingerichtet werden, um ihnen genügend Trainingszeit einzuräumen.

Eine normale Übungsgruppe sollte 10 bis 12 Mitglieder haben, damit die Voltigierer während der Übungsstunde genügend zum Einsatz kommen.

Für Turniergruppen sind 8–10 Mitglieder empfehlenswert. Da beim Wettkampf nur 8 Voltigierer zum Einsatz kommen können, sind mehr als 10 Mitglieder wenig sinnvoll. 2 Ersatzvoltigierer, die mit der Stammgruppe mittrainieren und die ohne Schwierigkeiten in die Gruppe eingewechselt werden können, sind von Vorteil. Bei Verletzungen oder bei Erreichen der Altersgrenze eines anderen Gruppenmitglieds sollten sie sofort einsatzbereit sein.

Ausrüstung der Voltigierer

Zum Voltigieren braucht man keine aufwendige Kleidung oder Ausrüstung anzuschaffen. Zu den Übungsstunden kann übliche Kleidung getragen werden, wie sie jedes Kind für den Sportunterricht in der Schule besitzt. Grundsätzlich sollte die Kleidung bequem, zweckmäßig und pflegeleicht sein.

Dazu gehören: Kurze Hosen, Sportshorts und T-Shirt oder Gymnastikanzug während des Sommers und im Winter lange, elastische Gymnastikhosen mit Pullover oder Trainingsanzug, dazu noch Sportsocken und Gymnastikschuhe aus Stoff oder Leder mit einem elastischen Gummikeil und flexiblen, rutschfesten Sohlen. Tennis-, Basketballschuhe oder andere Sportschuhe mit festen Sohlen sind unzweckmäßig. Die harten Sohlen bohren sich während des Übens in den Pferderücken und man kann die Fußspitzen

nicht strecken. Hosen mit weiten Beinen und schlapprige T-Shirts sind ungeeignet: Man bleibt leicht damit hängen und Ausführungsfehler sind schwer zu erkennen.

Der Voltigierausbilder

An den Voltigierausbilder, der meistens auch selbst die Longe führt, werden vielseitige Anforderungen gestellt: Er muß Übungsleiter, Pferdefachmann, Erzieher, Betreuer, Berater und Organisator in einer Person sein. Sein Können, Fachwissen und pädagogisches Geschick sind dafür ausschlaggebend, ob die jungen Sportler beim Voltigieren bleiben und zu einer Gruppe zusammenwachsen. Neben der Fähigkeit, ein Pferd korrekt longieren zu

Zwischen der Voltigierausbilderin und ihrer Gruppe besteht ein vertrauensvoller Kontakt.

können, sollte er sowohl über sportpädagogische Kenntnisse als auch über genügend Sachverstand den Voltigiersport betreffend verfügen.

Viele erfolgreiche Ausbilder sind junge Leute, die selbst aktiv voltigiert haben und aufgrund ihrer praktischen Erfahrungen besonders gute Voraussetzungen mitbringen. Sie sind von klein auf mit Pferden vertraut und bringen meistens viel Engagement und Begeisterung für den Voltigiersport mit. Es gibt aber auch ausgezeichnete Ausbilder, die selbst nicht voltigiert haben und sich mit persönlichem Einsatz auf Lehrgängen und durch häufige Beobachtung ihre Kenntnisse erworben haben. Interessierte Ausbilder werden immer wieder von der Möglichkeit Gebrauch machen, sich in Lehrgängen über Longieren, Unterrichtslehre oder andere voltigierbezogene Themen fortzubilden, die in allen Landesverbänden angeboten werden. An der Fachschule für Voltigieren in Hohenhameln kann man in einem zweiwöchigen Kompaktlehrgang die Prüfung zum Voltigierwart und Voltigierlehrer (Trainer B-Schein) ablegen. Dieser Ausbildungsweg wird auch in einigen Landesverbänden in Wochenendlehrgängen angeboten. Neu ist die Ausbildung zum Betreuer und zum Fachübungsleiter Voltigieren für den Breitensport.

Helfer beim Voltigieren

Dem Voltigierausbilder ist es eine große Hilfe, wenn ihm mindestens ein Helfer, z.B. ein erfahrener Voltigierer, zur Hand geht. Vor und nach der Übungsstunde sollte er bei der Vorbereitung des Pferdes mithelfen. Außerdem kann er verschiedene Formen von Zusatzaufgaben anbieten, damit die Voltigierer immer in Bewegung bleiben und die Wartezeiten für die Voltigierer abgekürzt werden. Während der Ausbilder longiert, kann er das Aufwärmen im einleitenden Teil der Stunde übernehmen, Hilfestellung geben, den Anfängern auf das Pferd helfen, von außerhalb des Zirkels die Ausführung der Übungen korrigieren oder mit den Voltigierern am Übungspferd Übungen ausprobieren und verbessern.

Der geeignete Übungsplatz

Ein ruhiger Platz von mindestens 18 m, vorzugsweise von etwa 20 m Länge und Breite sollte zur Verfügung stehen. So besteht bei einer Zirkelgröße von wenigstens 13 m Durchmesser noch ein Sicherheitsabstand von etwa 2,50 m von der Zirkellinie, damit die Voltigierer gefahrlos nach außen abspringen können, ohne mit der Abgrenzung in Berührung zu kommen. Eine Begrenzung des Longierplatzes z.B. mit Cavaletti verhindert, daß das Pferd nach außen ausbricht, und gibt ihm die nötige Anlehnung.

Ideal ist es, wenn eine Reithalle mit einem ebenen, federnden, trittfesten Boden vorhanden ist. Die richtige Bodenbeschaffenheit ist von großer Bedeutung, um die Pferdebeine zu schonen, den Voltigierern die Absprünge und Landungen zu erleichtern und bei Stürzen harte Landungen und Unfälle zu verhindern. Tiefer, weicher Boden ist ebenso ungeeignet wie ein harter Boden!

Wenn das Wetter es zuläßt, sollte man auch hin und wieder im Freien üben, um dem Pferd und den Voltigierern etwas Abwechslung zu bieten und sie für Vorführungen im Freien vorzubereiten. Hierzu wäre ein gut präparierter Sandboden geeignet. Auf Rasenboden sollte nur voltigiert werden, wenn dieser nicht zu hart ist und mit einer Schicht Sand, Hobeloder Sägespäne auf der Zirkellinie bedeckt ist.

Das Übungspferd

Ein Übungspferd aus Holz oder Metall ist ein unentbehrliches Hilfsmittel für den Voltigierunterricht. Es dient zum einen dazu, möglichst wenig Leerlauf im Unterricht entstehen zu lassen, zum anderen, um neue Übungsformen für die Kür auszuprobieren. Fast alle Voltigierübungen und Vorübungen können damit trainiert sowie neue Griffe und Hilfestellungen ausprobiert werden, ohne daß damit das Voltigierpferd belastet wird. Solche Geräte gibt es nicht zu kaufen. Man muß sie selbst herstellen bzw. einen Schreiner mit dem Bau des Holzpferdes beauftragen oder ein Metallpferd aus Fässern schweißen lassen.
Empfohlene Maße: Höhe und Länge ca. 140 bis 160 cm, Durchmesser des Pferdekörpers ca. 60 cm. Es ist wichtig, daß das Übungspferd stabil, standfest und leicht zu transportieren ist. Zusätzlich ist ein Minitrampolin ein wichtiges Übungsgerät, um Aufsprünge zu üben.

Wo kann man voltigieren?

Viele von den nahezu 5000 Reitervereinen in Deutschland haben Voltigiergruppen, auch solche für Anfänger. Man sollte sich in den Vereinen in der Umgebung umsehen, wo guter Voltigiersport angeboten wird; dort ist auch mehr über Übungsstunden und Kosten zu erfahren. Meistens gibt es die Möglichkeit, kostenlose Probestunden zu nehmen. So kann man ausprobieren, ob man Spaß am Voltigieren hat. Ideal ist es, wenn das Kind jemanden kennt, der schon voltigiert und den Anfänger das erste Mal in den Verein mitnimmt. Normalerweise findet für eine Gruppe eine Voltigierstunde pro Woche statt. Turniergruppen trainieren meistens zwei- bis dreimal in der Woche.

Das Holzpferd ist ein unentbehrliches Übungsgerät zur Korrektur der Pflichtübungen und zum Ausprobieren neuer Kürübungen.

Sicherheit muß sein

Unfallverhütung

Sicherheitsregeln und -maßnahmen sind beim Voltigieren immer ernst zu nehmen. Wenn folgende Hinweise beachtet werden, ist schon viel dafür getan, um Unfällen rechtzeitig vorzubeugen bzw. sie zu vermeiden:

• Ein Telefon mit der Telefonnummer des nächsten Arztes oder Krankenhauses und ein Verbandskasten müssen immer in der Nähe vorhanden sein.

• Der Voltigierausbilder trägt die Verantwortung von dem Augenblick an, in dem das Voltigierpferd aus dem Stall geholt wird, bis nach dem Training, wenn das Pferd wieder im Stall steht. Aus diesem Grunde ist die Anwesenheit des Ausbilders in dieser Zeit unbedingt notwendig, andernfalls muß er zwischenzeitlich seine Aufsichtspflicht einer anderen Person übertragen.

• Man muß sich immer bewußt sein, daß das Pferd ein Fluchttier ist, das sehr schreckhaft sein kann. Sowohl besonnenes Verhalten im Stall als auch auf dem Übungsplatz und der richtige Umgang mit dem Pferd sind Grundvoraussetzungen für die Unfallverhütung.

• Der Longenführer sollte gute Kenntnisse in Erster Hilfe besitzen, er sollte wissen, wie man leichte Verletzungen behandelt und wie man sich in einer Unfallsituation verhält.

• Eine sportmedizinische Untersuchung der Voltigierer ist sehr zu empfehlen.

• Der Übungsplatz muß so groß sein, daß nach allen Seiten um den Zirkel ausreichend Freiraum für Abgänge und Stürze bleibt. Hindernisse um und über dem Zirkel dürfen keinesfalls vorhanden sein.

• Wenn sich noch Reiter in der Halle befinden, Zirkel so abgrenzen, daß eine Behinderung oder Ablenkung der Voltigierer durch andere Pferde und Reiter weitgehend ausgeschlossen ist. Keinesfalls dürfen sich Reiter auf dem Hufschlag rund um den Voltigierzirkel befinden!

• Ein geeigneter Boden, weder zu tief noch zu hart, ist entscheidend für die Sicherheit der Voltigierer beim Landen.

• Für die Ausrüstung des Pferdes nur beste Qualität verwenden und den ordnungsgemäßen Zustand der Ausrüstung vor jeder Übungsstunde überprüfen! Schlechtes Lederzeug reißt leicht! Trense, Ausbinder und Gurt richtig verschnallen, alle Strippen wegstecken.

• Wenn der Longenführer sein Pferd beim Longieren stets unter Kontrolle hat und es an Kinder und Zuschauer gewöhnt hat, können unerwartete, gefährliche Situationen und Unfälle vermieden werden. Der Gehorsam des Pferdes ist eine wichtige Grundbedingung. Die Longe darf niemals auf den Boden hängen (Stolpergefahr!).

• Die Voltigierer müssen die Verhaltensregeln in Stall und Reitbahn von Anfang an kennen: z. B. daß man nicht vor dem Pferd in den Zirkel läuft, wie man die Reitbahn betritt, weshalb es wichtig ist, den Ordnungsrahmen einzuhalten usw. Ein gewisses Maß an Disziplin ist unerläßlich!

• Die Voltigierer sollen zweckmäßige, nicht zu weite Kleidung und keinen Schmuck tragen (siehe S. 20/21).

24

• Richtiges Aufwärmen zu Übungsbeginn schützt vor Verletzungen! Während des Unterrichts werden die Voltigierer nicht wieder kalt und steif, wenn sie durch Zusatzaufgaben am Übungspferd oder durch Gymnastik in Bewegung bleiben.

• Der Ausbilder muß den Leistungs- und Trainingszustand der Voltigierer richtig einschätzen können und seine Lehrweise danach ausrichten. Überforderung führt zu Unfällen!

• Altersgemäßes, schrittweises, methodisches Vorgehen in der Lehrweise baut Angst ab und erhöht die Bewegungssicherheit.

• Das Erkennen von Gefahrenpunkten in den Übungen setzt eine genaue Kenntnis der Bewegungsabläufe voraus. Das Risiko bei neuen Übungen muß der Ausbilder abschätzen können.

• Am Ende einer Übungsstunde keine neuen schwierigen Übungen unter Zeitdruck einüben! Bei Ermüdung der Sportler besteht durch die nachlassende Reaktionsfähigkeit erhöhte Verletzungsgefahr.

Richtiges Abspringen und Landen

Zur Vermeidung von Verletzungen ist schnelles und richtiges Reagieren bei Stürzen notwendig. Deshalb empfiehlt es sich, im Unterricht eine spezielle Sturzschulung durchzuführen. Durch häufiges Üben reagieren die Voltigierer bei Stürzen automatisch richtig.

• Von Anfang an müssen die Voltigierer lernen, wie man den Schwung beim Landen auf dem Boden durch elastisches Nachgeben mit den Beinen abfängt.

• Die Landung soll stets nach vorne in der Bewegungsrichtung des Pferdes auf beiden Füßen erfolgen. Quer oder gegen die Bewegungsrichtung zu landen, führt zum Umknicken der Fußgelenke und zu Verstauchungen. Stürze nach hinten sind schwer zu kontrollieren und abzufangen und somit besonders gefährlich (siehe auch »Richtige Landetechnik« S. 51).

• Den Schwung immer zuerst mit Hüfte, Beinen und Füßen abbremsen und in die Bewegungsrichtung weiterlaufen. Keinesfalls die volle Wucht eines Sturzes mit den Händen und Armen abfangen wollen, sondern sich abrollen.

• Bei allen Niedersprüngen und Stürzen möglichst weit weg vom Pferd landen. Beim Fallen sollte man sich niemals an den Griffen festklammern und mitschleppen lassen!

• Kommt eine Partnerübung ins Wanken und ist ein Sturz nicht mehr zu verhindern, Griffe lösen und möglichst nach vorne abspringen! Keinesfalls sich am Partner krampfhaft festhalten und ihn mit herunterreißen!

Sturzschulung

• Reaktionsübungen im Unterricht durchführen: Auf ein Zeichen oder Signal hin reagieren, Übungen schnell um- und abbauen können.

• Orientierungsübungen: Abgänge und Sprünge aus verschiedenen Positionen (vw, rw, vom Pferdehals usw.) in unterschiedlichen Formen trainieren.

• Anfänger müssen sich zuerst an die Höhe des Pferdes gewöhnen:

– Fallübungen wie Niedersprünge vom Pferd oder Übungspferd auf den Boden aus dem Knien und Stehen mit dem richtigen Landen üben.

- <u>Abrollen</u> bei Stürzen am Boden üben: Aus dem Stand und aus dem Laufen über die Schulter abrollen.
- Im Schritt und Galopp vom Pferd abspringen und landen mit Auslaufen in der Bewegung üben.

• Besonders bei <u>Handständen</u> üben, wie man vom Stütz auf den Händen eine sichere Landung auf den Füßen erreicht.

• Beim Ausprobieren von neuen Übungen immer vorher miteinander besprechen, wo die <u>Gefahrenpunkte</u> liegen und wie man am besten einen Sturz abfängt.

• Bei <u>Partnerübungen</u> müssen alle Beteiligten wissen und miteinander üben, wie man die Übungen am schnellsten wieder abbaut, wenn sie ins Wanken geraten!

Sichern und Helfen

Im Halten steht eine Hilfestellung neben dem Pferd bereit. Im <u>Schritt</u> und <u>Galopp</u> begleitet ein Helfer die Übenden und kann sie so sichern. Im Galopp ist vor allem bei Auf- und Abgängen vom Boden aus Hilfestellung zu leisten.

Die Voltigierer helfen sich ebenso gegenseitig: Beim Aufspringen von Anfängern gibt immer der nächste Voltigierer dem vor ihm Übenden Hilfestellung.

Auf dem Pferd müssen die Voltigierer sich selbst <u>gegenseitig sichern</u> bzw. Hilfestellung geben, da oft vom Boden aus eine Hilfe nicht durchführbar ist. So kann z. B. ein erfahrener Voltigierer, der rückwärts vor dem Gurt sitzt, einem Anfänger beim Aufrichten zum Stand Hilfestellung geben und ihn an der Hüfte sichern.

Der Umgang mit dem Pferd

Vom Verhalten des Pferdes

Über dieses Thema findet man in vielen Pferdebüchern gute Erklärungen. Hier sollte deshalb nur kurz auf ein paar Gesichtspunkte im Voltigieren eingegangen werden. Daß ein Voltigierpferd über einen ausgeglichenen, gutmütigen Charakter verfügen muß, ist offensichtlich und wurde schon erwähnt. Jedes Pferd hat jedoch besondere Verhaltensweisen, die jeder, der mit diesen Tieren zu tun hat, beachten muß. So sollten die Voltigierer von Anfang an den <u>Umgang mit dem Pferd richtig lernen und seine Verhaltensweisen und Reaktionen aufmerksam beobachten:</u> wie beispielsweise das Pferd mit den Augen, Ohren, dem Schweif seine gegenwärtige Gemütsverfassung zum Ausdruck bringt. Sie sollten wissen, wie man einen Stall richtig betritt, wie man ein Pferd rührt, pflegt, füttert, tränkt, aufgurtet und auftrenst. Daß man sich einem Pferd niemals von hinten nähert, ohne es anzusprechen; daß es in der Nierenpartie meistens empfindlicher ist und ähnliche Dinge sollten den Kindern bekannt sein. Die Grundkenntnisse hierfür sind auch Bestandteil der theoretischen Prüfung des Voltigierabzeichens (siehe S. 194).

Das Vertrauen des Pferdes zu seinem Longenführer und der rücksichtsvolle Umgang der jungen Sportler mit ihrem Voltigierpferd sind entscheidend für ein ruhiges, ausgeglichenes Verhalten.

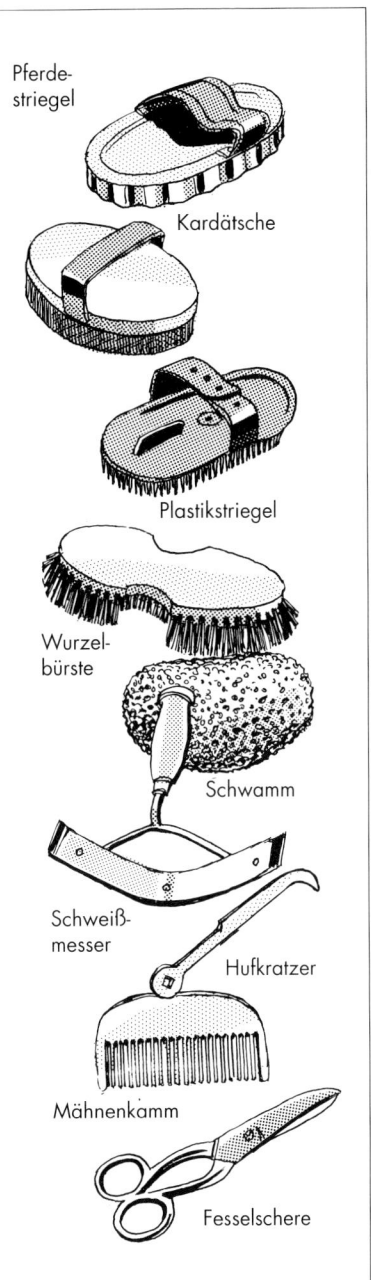

Pferde-
striegel

Kardätsche

Plastikstriegel

Wurzel-
bürste

Schwamm

Schweiß-
messer

Hufkratzer

Mähnenkamm

Fesselschere

Dabei spielt auch eine <u>solide Grundausbildung des Pferdes</u> eine wichtige Rolle: mit einer allmählichen Gewöhnung an kleine und größere Voltigierer und an die anfangs ungewohnten Voltigierübungen auf seinem Rücken. So müssen die Voltigierer auch lernen, <u>rücksichtsvoll mit ihrem Pferd umzugehen:</u> Beim Abbau von Übungen den Schwung abzufangen und weich auf das Pferd zurückzugleiten; die Fersen und Fußspitzen nicht in den Rücken zu bohren; beim Aufspringen die Beine nicht in die Flanken des Pferdes zu stoßen o. ä.

Das Pferd wird eine einfühlsame Behandlung durch ein geduldiges, ruhiges Verhalten ohne Untugenden danken.

Es ist ein Irrtum zu glauben, daß ein gutes Voltigierpferd wie ein Roboter seine Runden dreht. Im Gegenteil – das Pferd ist der Partner, der beim Voltigieren »mitmacht«.

Es reagiert auf jede Gewichtsverlagerung und muß sie ausgleichen; es galoppiert vorsichtiger, wenn man auf ihm steht, oder es steigt behutsam über ein Voltigierkind, das gestürzt ist!

Die Pflege des Pferdes gehört auch dazu

Für die Pflege des Pferdes sind auch die Voltigierer verantwortlich, meistens sind die Kinder gerne bereit, Pflegearbeiten zu übernehmen. Für jede Übungsstunde werden zwei Voltigierer für den »Pflegedienst« eingeteilt. Es ist nicht sinnvoll, wenn viele Kinder gleichzeitig am Pferd herumputzen; selbst die gutmütigsten

Pferde mögen das auf die Dauer nicht! Es ist zweckmäßig, für das Voltigierpferd ein eigenes Putzzeug anzuschaffen.

Der Voltigierausbilder oder ältere Voltigierer sollten neue Kinder in der Pferdepflege anleiten, so daß sie bald mithelfen können. Nach der Übungsstunde ist es Aufgabe der Voltigierer, das Pferd trockenzuführen. An kühlen Tagen deckt man das Pferd mit einer Decke ab, damit es keine Zugluft bekommt. Nach der Übungsstunde müssen die Beine abgespritzt und die Hufe ausgekratzt werden!

Es ist Aufgabe der Voltigierer, das Pferd trockenzuführen.

Die Eignung eines Pferdes als Voltigierpferd

Wenn man sich zum Kauf eines Voltigierpferdes entschließt, so ist es unerläßlich, ein angebotenes Pferd sorgfältig auszuprobieren. Dazu braucht man mindestens drei erfahrene Voltigierer und bringt am besten auch die eigene Voltigierausrüstung mit. Man sollte auf alle Fälle eine Probezeit vor dem endgültigen Kauf vereinbaren, damit man das Pferd im eigenen Voltigierbetrieb in aller Ruhe testen kann. Außerdem ist es dringend zu empfehlen, einen Pferde-Fachmann zu Rate zu ziehen und das Pferd tierärztlich untersuchen zu lassen, bevor man sich endgültig entscheidet. Zunächst läßt man sich das Pferd an der Hand vorführen, mustert das Gebäude und beobachtet die Gänge des Pferdes. Dann wird das Pferd geritten, um festzustellen, wie es sich unter dem Sattel verhält und ob es dressurmäßig ausgebildet ist. Danach wird im Halten die Empfindlichkeit des Pferdes getestet. Dazu klopft man mit der Hand Hals, Rücken, Nieren- und Flankenpartie ab.

Als nächstes wird das Pferd longiert. Man kann dabei die Galoppade beurteilen und das Temperament des Pferdes feststellen. Ein Voltigierer bzw. Reiter sitzt auf dem Pferd und kann mit Hilfe der Zügel, die man vorher in die Trensenringe eingeschnallt hat, das Tempo des Pferdes regulieren oder auch das Pferd durchparieren. Weiter kann man die Eignung eines Pferdes zum Voltigieren dadurch testen, daß man einige Voltigierer der Longe entlang zum Pferd anlaufen läßt. Handelt es sich um ein unausgebildetes Voltigierpferd, wird es sich in der Regel etwas erschrecken, wenn Voltigierer auf es zulaufen und dabei eventuell immer eiliger werden. Bleibt es dagegen beim Anlaufen stehen oder verlangsamt es sein Tempo, so ist dies ein gutes Zeichen, denn ein solches Pferd ist nicht besonders ängstlich und reagiert neuen Situationen gegenüber eher gelassen.

Sodann können verschiedene Testübungen mit aufgelegtem Voltigiergurt erst im Halten, dann im Schritt und später im Galopp ausprobiert werden. Dazu sind alle einfachen Grund-, Vor- und Pflichtübungen geeignet. Je nachdem wie das Pferd auf die Übungen und die ungewohnte Situation reagiert, kann man erkennen, ob das Pferd zum Voltigierpferd veranlagt ist. Anfangs sollten die Voltigierer noch vorsichtig auf das Pferd gehoben werden. Bei einem schon an der Longe ausgebildeten Pferd läßt man die Voltigierer bereits auf- und abspringen und etwas schwerere Übungen ausführen.

Beispiele für die ersten Testübungen:

• Ein Voltigierer hält sich im Sitz an den Griffen fest und rutscht vorsichtig auf die Kruppe und dann wieder nach vorne, um die Empfindlichkeit der Flankenpartie zu testen.

• Sitz vor dem Gurt auf dem Pferdehals.

• Im Sitz rechtes Bein über den Pferdehals zum Innensitz führen und wieder zurück zum Sitz.

• Im Sitz die Beine vor- und zurückschwingen wie zum Stützschwung.

• Knien und Hocke mit angefaßten Griffen nahe am Gurt, in Sattellage und auf der Kruppe.

• Die Balance des Pferdes kann getestet werden, wenn man sich mit beiden Beinen in die Fußschlaufen stellt und vor-

sichtig das Gewicht nach innen oder außen verlagert.

Hat sich das Pferd bisher alle Übungen gefallen lassen, kann man mit zwei bis drei Voltigierern im Schritt die folgenden Übungen versuchen:

• Zwei Voltigierer sitzen hintereinander: Der hintere Voltigierer kniet sich hin und rutscht vorsichtig nach außen ab. Der nächste Voltigierer springt auf usw. (nur bei Pferden, die das Auf- und Abspringen schon kennen!).

• Wie oben; der Hintermann richtet sich zum Stehen auf und hält sich am Vordermann fest. Nun geht er vorsichtig einige Schritte zurück auf die Kruppe und wieder nach vorn. Sind diese Übungen im Schritt erfolgreich verlaufen, wird man sie im Galopp ausprobieren. Dabei zeigt es sich, wie sich das Pferd bei einer Gewichtsbelastung mit zwei und drei Voltigierern verhält.

Grundsätzlich muß man beim Testen stets die Reaktionen des Pferdes auf die neuen Gegebenheiten genau beobachten. Für ein »rohes« Voltigierpferd sind diese Testübungen noch völlig ungewohnt. Deshalb darf man es nicht überfordern und sollte es immer wieder loben und beruhigen.

Wenn es sich gegen eine Übung wehrt, muß man gleich nachgeben und vorerst eine solche Übung weglassen.

Man muß dabei versuchen zu erkennen, ob sich das Pferd nur vorübergehend gegen die ungewohnten Belastungen wehrt. Solche Schwierigkeiten könnten in der Ausbildung möglicherweise überwunden werden. Nach einiger Gewöhnung sollte das Pferd nämlich die Ruhe bewahren und weder kitzelig sein, noch sich zu sehr aufregen.

Bestehen jedoch die geringsten Zweifel und ist zu befürchten, daß das Pferd möglicherweise seine Abneigung bei anderen ungewohnten Übungen wiederholen wird, so sollte man sich lieber nach einem anderen Pferd umsehen; sonst investiert man viel Zeit in ein Pferd, das sich möglicherweise später als voltigieruntauglich erweist.

Voltigierbezogenes Longieren

Das richtige Longieren bildet die Grundlage für eine erfolgreiche Tätigkeit im Voltigiersport. Je besser ein Voltigierpferd longiert wird, desto mehr Spaß wird das Voltigieren machen und desto besser werden auch die Leistungen sein. Ein schwungvoll, gleichmäßig galoppierendes Pferd unterstützt und erleichtert die Ausführung von Übungen wesentlich. So wird auch im Wettkampf ein korrekt lon-

giertes, an den Hilfen gehendes Pferd ein erheblicher Vorteil für alle Voltigierer sein. Vor dem Longieren muß zuerst überprüft werden, ob die Ausrüstung richtig sitzt. Die Ausbindezügel dienen dazu, dem Pferd die richtige Stellung zu geben und sie werden so geschnallt, daß der Nasenrücken des Pferdes kurz vor der Senkrechten steht und das Genick der höchste Punkt ist. Der innere Ausbinder wird für die erwünschte Innenstellung etwas verkürzt. Das Pferd ist dann korrekt gestellt und gebogen, wenn die Längsbiegung des ganzen Körpers mit der Zirkellinie übereinstimmt.

Die Longe wird am inneren Trensenring befestigt. Wird auf der linken Hand longiert, so wird die Longe mit der linken Hand gehalten. Sie wird zuerst in immer kleiner werdenden Schlaufen ordentlich aufgenommen. Dabei liegt der Daumen oben und verhindert, daß sie aus der Hand gleitet (siehe Abb. links). Mit angelegtem Oberarm, rechtwinklig gebeugtem Unterarm und aufrechter Faust wird die Longe während des Longierens ruhig gehalten. Man sollte darauf achten, daß die Longe nicht verdreht ist und immer gespannt bleibt. Der Longenarm soll immer vorwärts-nachgebend wirken, niemals rückwärts – auch wenn die Longe einmal nicht ganz gespannt ist.

Die Peitsche wird in der anderen Hand und nach oben zeigend gehalten, so daß die Voltigierer darunter in die Zirkelmitte laufen können. Sie wirkt treibend auf die Hinterhand des Pferdes, wobei man das Pferd mit dem Schlag der Peitsche sicher treffen können muß.

Der Longenführer dreht sich auf einem Punkt in der Zirkelmitte. Das Pferd bewegt sich auf einer gleichmäßigen Zirkellinie um den Longenführer herum und kann nur auf einem Hufschlag bleiben, wenn der Longenführer seinen Standort nicht ständig verändert.

Tip

Wenn man Probleme hat, an einer Stelle stehenzubleiben, kann man sich zur Erleichterung mit dem Absatz eine Vertiefung in den Boden machen, so daß es einfacher ist, sich auf einem Punkt zu drehen. Longe und Peitsche dürfen niemals auf dem Boden liegen. Unfallgefahr!

Beim Rauslassen des Pferdes auf den Hufschlag steht der Longenführer seitlich vom Pferd in der Mitte des Zirkels und treibt das Pferd im Schritt von hinten mit der Peitsche auf die Zirkellinie, während er die Longe aus der Hand gleiten läßt. Die Longe dabei nicht auf den Boden fallen lassen! Beim Longieren muß er noch eine Schlaufe in der Hand behalten, wenn das Pferd auf einem Zirkel von 13 m Durchmesser gehen soll (international 15 m). Das Pferd wird so von Longe und Peitsche eingerahmt, es steht also »zwischen den Hilfen«.

Ziele beim Longieren

Ziel des korrekten Longierens soll sein, daß das Pferd Gehorsam zeigt und losgelassen, gleichmäßig fleißig vorwärtsgeht. Dabei sucht es die Anlehnung zu den Ausbindezügeln und der Longenhand. Nur ein solches Pferd wird auch in der Lage sein, schwierige Übungskombinationen auf seinem Rücken auszubalancieren.

Die Ausbildung an der Longe orientiert sich wie bei der Dressur an der Skala der Ausbildung. Dabei werden die folgenden Ziele nacheinander angestrebt:

Takt

Es ist das Gleichmaß der Tritte, Schritte und Sprünge. Der Schritt ist eine schwunglose Gangart im Viertakt. Der Trab als Zweitakt und der Galopp als Dreitakt sind schwungvolle Gangarten. Der Takt des Pferdes soll während der gesamten Arbeit, somit auch während des Voltigierens, erhalten bleiben.

Losgelassenheit

Ein schwingender Rücken und die Dehnungshaltung des Halses vorwärts-abwärts bei einem fleißigen Grundtempo sind ebenso Ausdruck eines losgelassenen Pferdes wie Kauen, Abprusten sowie ein zufriedenes Augen- und Ohrenspiel. Das richtige korrekte Sitzen und Eingehen in die Bewegungen des Pferdes ist nur möglich, wenn das Pferd nach dem Lösen die Losgelassenheit erreicht hat.

Anlehnung

Unter Anlehnung versteht man eine gleichmäßige, stete Verbindung zwischen Ausbindezügeln und Longenhand zum Pferdemaul. Das Pferd reagiert ohne Widerstand sofort gehorsam auf die Hilfen des Longenführers, was ohne Anlehnung nicht möglich ist.

Schwung

Der Schwung zeigt sich in geschmeidigen, schwungvollen Bewegungen unter Beibehaltung des Taktes. Die Hinterhand fußt federnd ab, nimmt das Gewicht auf und entwickelt dabei Schubkraft. Die Schwebephase im Galopp wird ausgeprägter und gibt dem Voltigierer den nötigen Impuls für die Schwungübungen.

Geraderichten

Stellung und Biegung des Pferdes stimmen mit der Zirkellinie überein. Die Hinterhand tritt in die Spur der Vorhand, d. h. das Pferd bewegt sich auf einem Hufschlag. Das Geradegerichtetsein ist für die Übereinstimmung des Schwerpunktes zwischen Voltigierer und Pferd und für die Balance des Pferdes wichtig.

Versammlung

Das Pferd steht gehorsam an den Hilfen. Die Hinterhand senkt sich, das Pferd richtet sich auf und springt vermehrt unter den Schwerpunkt. Das Pferd soll die vermehrte Gewichtsbelastung z. B. bei Dreierübungen mit der Hinterhand tragen und die Vorhand entlasten. So wird auch einem vorzeitigen Verschleiß der Vorderbei-

Korrektes Longieren bildet die Grundvoraussetzung für erfolgreiches Voltigieren.

ne entgegengewirkt. Ein hoher Grad an Versammlung ist beim Voltigieren über einen längeren Zeitraum allerdings kaum möglich.

Diese Ziele können durch das richtige Zusammenwirken der Hilfen und nur durch mehrjährige intensive Ausbildungsarbeit des Pferdes an der Longe und unter einem guten Reiter erreicht werden.

Ablongieren

So wie sich ein Athlet vor einer sportlichen Leistung aufwärmt, so muß auch ein Pferd auf die Voltigierstunde vorbereitet werden, um Takt und Losgelassenheit an der Longe zu erreichen.

Man beginnt mit mindestens 10 Minuten Schrittarbeit, wobei es empfehlenswert ist, das Pferd erst zu reiten oder zu führen. Longiert wird daraufhin auf der Hand, auf welcher das Pferd am liebsten geht. Für das Ablongieren im Trab und Galopp sollten unbedingt Hilfszügel verwendet werden, vorzugsweise Lauferfzügel (auch bekannt als Dreieckszügel). Diese werden anfangs gleich lang geschnallt. Bei der weiteren lösenden Arbeit müssen die Hilfszügel so verkürzt werden, daß das Pferd »durchs Genick gestellt« ist.

Mit Übungen wie Zirkel verlagern, verkleinern und vergrößern, ein- oder mehrfacher Gangartwechsel, Tempiwechsel oder Cavalettiarbeit wird das Pferd abwechslungsreich und fleißig auf beiden Händen gearbeitet. Das Angaloppieren ist eine sehr gute, lösende Übung, während langes Galoppieren nur ermüdet.

Das Ablongieren selbst sollte nur so kurz wie nötig sein, um die Kraft des Pferdes nicht zu verbrauchen. Das Pferd muß mindestens so lange gearbeitet werden, bis es die Dehnungshaltung einnimmt und die erwünschte Losgelassenheit erreicht ist. Nun erst darf mit dem Voltigieren begonnen werden. Man gurtet noch einmal nach und stellt die Ausbinder auf die richtige Länge ein. Gegebenenfalls kann man das Ablongieren des Pferdes zur gleichen Zeit spielerisch mit dem Warmmachen der Kinder verbinden.

Hilfengebung beim Longieren

Als Grundsätze beim Longieren sollen Geduld, Ruhe und Besonnenheit gelten. Das Loben des Pferdes und kleine Belohnungen dürfen nicht vergessen werden.

Die Hilfen des Longenführers sind Peitsche, Longe und Stimme. Sie ersetzen die Kreuz-, Schenkel- und Zügelhilfen des Reiters. Die vorwärtstreibende Hilfe mit der Peitsche wird so angewandt, daß man die Peitsche weit hinter dem Pferd senkt und sie in die Bewegungsrichtung an die Hinterhand führt.

Dabei sollte man die Peitsche dosiert einsetzen und nicht ständig das Pferd treffen, da dieses sonst abstumpfen wird. Es muß vielmehr soviel Respekt vor der Peitsche zeigen, daß es schon auf Bewegungen der Peitsche reagiert. Diesen Respekt muß man sich im Training erarbeiten. Das oft ständige sichtbare Einwirken mit der Peitsche wirkt dazu noch störend und unruhig. Wenn nötig, ist ein kurzes Treffen der Hinterbeine mit dem Peitschenschlag be-

Ablauf des Voltigierens

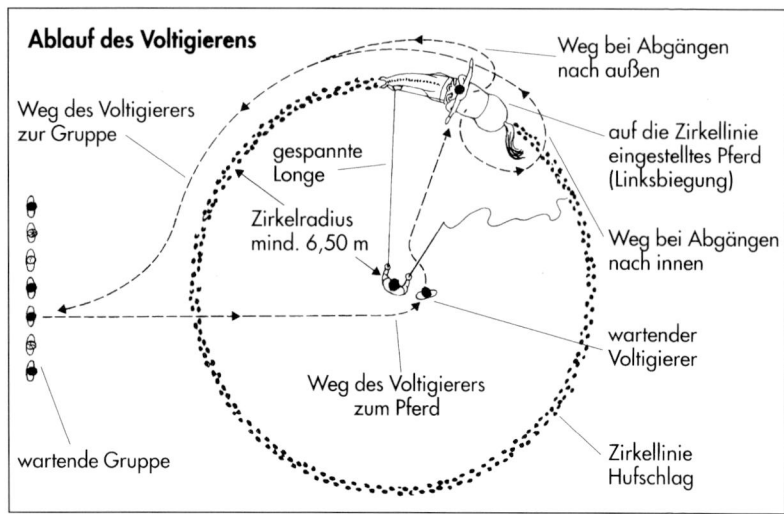

Weg bei Abgängen nach außen

Weg des Voltigierers zur Gruppe

gespannte Longe

auf die Zirkellinie eingestelltes Pferd (Linksbiegung)

Zirkelradius mind. 6,50 m

Weg bei Abgängen nach innen

wartender Voltigierer

Weg des Voltigierers zum Pferd

wartende Gruppe

Zirkellinie Hufschlag

stimmt wirksamer. Je nach Bedarf wird die Peitsche mehr oder weniger gesenkt und zum Pferd geführt. Treibt man das Pferd von hinten, geht es vorwärts und seitwärts, also aus dem Zirkel heraus und an die Hand heran. Durch diese Art von gezielt eingesetzter, ruhiger Hilfengebung wird das Pferd auch beim Voltigieren gleichmäßig weitergaloppieren.

Die Stimme ist bei der Ausbildung des Pferdes eine sehr wichtige Hilfe, die sich aber im Laufe der Zeit auf die Grundkommandos »Halt, Schritt, Trab und Galopp« beschränken soll. Wird die Stimme gesenkt und werden Kommandos lang und gedehnt ausgesprochen, so wirkt sie lobend und beruhigend. Sie hat dagegen eine treibende Wirkung, wenn man sie hebt und kurze, energische Kommandos gibt oder mit der Zunge schnalzt. Da im Unterricht beim Korrigieren der Voltigierer ständig gesprochen werden muß, sollte man versuchen, mit wenigen Stimmhilfen auszukommen. Auch im Wettkampf sind zwar einige notwendige Stimmhilfen zum Auffordern bzw. Beruhigen des Pferdes möglich, sie sollten jedoch nur aufs Nötigste beschränkt werden.

Unter einer halben Parade versteht man das kurze Annehmen und Nachgeben mit der Longe, bei gleichzeitig treibender Peitscheneinwirkung. Jedem Annehmen der Longe muß ein Nachgeben folgen! Durch halbe Paraden wirkt man auf das Pferd ein,

– um es auf eine folgende Übung aufmerksam zu machen,
– um das Tempo zu verkürzen,
– um das Pferd im ruhigen Galopp zu halten,
– für Übergänge von einer Gangart zu nächsten.

Ganze Paraden setzen sich aus mehreren halben Paraden zusammen und parieren das Pferd aus der Bewegung zum Halten durch. Man darf nicht versuchen, durch ständiges Ziehen an der Longe das Tempo zu verkürzen. Vielmehr sollten die Para-

34

den dosiert und fast unsichtbar gegeben werden.

Grundsätzlich sind Paraden nur wirksam, wenn eine Verbindung zwischen der Longenhand und dem Pferdemaul besteht, eine ständige weiche Verbindung mit der Longe ist daher eine unabdingbare Voraussetzung. Wenn die Longe nicht ansteht, ist der Versuch wenig zweckmäßig. Paraden zu geben, indem man die Longenhand ständig nach hinten zieht, weil die Paraden dadurch zu hart ankommen. Das Pferd sollte auf Aufforderung aus dem Schritt angaloppieren können und wieder zum Schritt und Halten durchparieren können. Dies ist auch zum Vermeiden von Unfällen besonders wichtig.

Beim Durchparieren zum Halten soll das Pferd auf dem Hufschlag stehenbleiben und nicht in den Zirkel drängen. Dies gilt auch nach Beendigung des Longierens bzw. Voltigierens. Sodann nimmt man, während man auf das Pferd zugeht, die Longe Schlinge um Schlinge wieder auf.

Wichtig

Schon im Unterricht sollte der Longenführer üben, sich zeitweise nur auf das Pferd zu konzentrieren!

In einem Wettkampf muß er nämlich seine Aufmerksamkeit hauptsächlich dem Pferd und dem Longieren widmen und darf nicht ständig beobachten, was sich oben auf dem Pferd abspielt.

Fehler und Korrekturmaßnahmen

Die häufigsten Fehlerursachen sind falsches Ausbinden, ungenügendes Trei-

ben sowie ein fehlendes Zusammenwirken der Hilfen. Zur Korrektur sollte das Pferd von einem guten Reiter geritten und ohne Voltigierer auf beiden Händen longiert werden.

Das Pferd galoppiert unregelmäßig

Meistens werden die Pferde beim Stehen und bei den Kürübungen langsamer. Der Longenführer macht dabei vorher den Fehler, das Pferd nicht energisch genug vorwärts zu treiben, wenn die Voltigierer gerade eine Übung aufbauen. Ist eine Übung wie das Stehen erst einmal aufgebaut, dann kommen die treibenden Hilfen zu spät. Dieser Fehler ist später nur schwer wieder abzustellen, wenn man nicht von vornherein konsequent bleibt. Das Pferd muß die Peitsche respektieren lernen, damit auch bei solchen Übungen weiterhin dosiert getrieben werden kann.

Das Pferd springt im Galopp nicht durch

Beim Voltigieren ist öfter der Schongalopp »Tralopp« sichtbar (Galopp mit der Vorhand, Trab mit der Hinterhand). Meistens liegt es an einer ungenügend trainierten Hinterhand- und Rückenmuskulatur, Schmerzen im Rücken oder einer Überlastung des Pferdes. Gezieltes Kraft- und Konditionstraining und eine verbesserte Ausbildung mit abwechslungsreichem, fleißigem Vorwärtsarbeiten des Pferdes können hier Abhilfe leisten.

Das Pferd drängt ständig nach innen

Hängt die Longe ständig durch und kommt das Pferd nach innen, sollte zuerst die richtige Einstellung der Ausbinder überprüft werden. Die nötige Anlehnung muß zuvor beim Longieren ohne Voltigierer erreicht werden mit Übungen wie »Zirkel verlagern, verkleinern und vergrößern«. Entscheidend dabei ist die vorwärts-seitwärts treibende Hilfe von hinten mit der Peitsche. Es reicht nicht aus, bloß mit der Peitsche auf die Schulter des Pferdes zu zeigen.

Scheut das Pferd vor einem Gegenstand in Zirkelnähe, hilft es, entweder die Störursache zu beseitigen oder ihm die Angst zu nehmen, indem man es an die Stelle heranführt.

Das Pferd zieht ständig nach außen

Man longiert das Pferd zum Lösen erst einmal an einer Abgrenzung entlang, damit es sich nicht sofort auf die Hand legen kann. Beim Voltigieren bzw. Longieren ohne eine Abgrenzung muß man das Pferd mit der Longe langsam hereinholen und gleich wieder nachgeben, damit sich das Pferd von der Hand abstoßen und selbständig auf der Zirkellinie bleiben kann. Je weniger ein Pferd anschließend zieht, desto weniger muß man die Longe annehmen und damit nachgeben. Wenn das Pferd weiterhin zieht, liegt die Ursache meistens am Longenführer, der mit der Longe nur dagegenhält, anstatt sie anzunehmen und wieder damit nachzugeben!

Das Pferd galoppiert
im Außen- oder Kreuzgalopp an

Dies deutet darauf hin, daß das Pferd nicht genügend ablongiert und noch verspannt ist und nicht im Gleichgewicht geht. Falsches Angaloppieren zeigt sich vor allem bei jungen Pferden, die in der Ausbildung noch nicht fortgeschritten

sind. Das Pferd durchparieren und es erneut angaloppieren lassen.

Das Pferd geht auf zwei Hufschlägen

Mangelnde Biegung und falsche Stellung des Pferdes. Es weicht mit der Hinterhand aus und tritt nicht in die Spur der Vorhand. Das Pferd sollte unter einem guten Reiter gymnastiziert werden. Die Stellung der Ausbinder überprüfen!

Zur Ausbildung eines Voltigierpferdes

Für ein unausgebildetes, zukünftiges Voltigierpferd sind die Voltigierübungen völlig neu. Um das Pferd nicht zu überfordern, muß das Pferd schrittweise an die verschiedenen Übungen gewöhnt werden. Anfangs sollte man schon mit kleinen Fortschritten zufrieden sein. Der Longenführer muß das Vertrauen des Pferdes gewinnen und ihm die anfängliche Furcht vor dem Unbekannten allmählich nehmen. Die Ausbildung erfolgt in drei Stufen:

1. Grundausbildung und
Weiterbildung unter dem Reiter

2. Ausbildung und Training
an der Longe

Ein Pferd soll dabei lernen, gleichmäßig und taktsicher an der Longe zu gehen und sich zu lösen, ohne zu ziehen oder hereinzudrängen. Es sollte einfache und später auch mehrfache Wechsel aller Gangarten beherrschen sowie Tempiunterschiede und das Durchparieren zum Halten. Hilfreich kann hierbei auch der Einsatz einer Doppellonge sein.

Die Ausbildung mit den Voltigierern kann begonnen werden, sobald das Pferd gelernt hat, korrekt und gehorsam an der Longe zu gehen.

3. Einvoltigieren an der Longe

Das Pferd soll dabei lernen:
– gleichmäßig weiterzugaloppieren, wenn die Voltigierer anlaufen, aufspringen und abspringen,
– das Gewicht von bis zu drei Voltigierern mit ständigen Gewichtsverlagerungen zu tragen und auszubalancieren,
– 10–15 Minuten durchgehend mit Gewichtsbelastung zu galoppieren,
– im Halten geduldig stehenzubleiben, wenn Voltigierer üben.

Unbedingter Gehorsam des Pferdes ist für die Sicherheit der Voltigierer sehr wichtig, da sich der Longenführer gleichzeitig auf die Voltigierer und die Ausführung der Übungen konzentrieren muß. Die Ausbildung des Pferdes sollte durch einen guten Fachmann erfolgen und muß individuell auf das Pferd und seinen späteren Einsatzbereich abgestimmt sein. Deshalb kann an dieser Stelle auf eine Anleitung verzichtet werden.

Man sollte damit rechnen, daß ein Pferd auch seine Zeit braucht, bis der gesamte Bewegungsapparat den Anforderungen im Voltigieren gewachsen ist (ca. 1–1 1/2 Jahre je nach Einsatzbereich). Von den Voltigierern verlangt man ja auch nicht, daß sie in kürzester Zeit vom Anfänger zum Spitzenvoltigierer aufsteigen!

Einsatz und Training eines Voltigierpferdes

Auf ein regelmäßiges, sinnvolles Training muß auch bei ausgebildeten Voltigierpferden großer Wert gelegt werden, damit sie ausbildungsmäßig ihren Stand halten und möglichst viele Jahre im Voltigiersport eingesetzt werden können. Ein Voltigierpferd kann höchstens drei- bis viermal pro Woche in einer Voltigierstunde gehen. Zum Ausgleich der einseitigen Belastung auf der linken Hand beim Voltigieren muß das Pferd abwechslungsreich und auch auf der rechten Hand geritten werden. Ausritte und Weidegang dienen dem Voltigierpferd als gesunden Ausgleich.

Vereinsvorstand, Reitlehrer und Voltigierausbilder müssen gemeinsam Möglichkeiten finden, wie das Voltigierpferd richtig gearbeitet werden kann, damit es nicht überfordert und verschlissen wird.

Hierin liegt jedoch vielfach das Problem, daß man zwar in den Reitervereinen gerne zahlreiche Voltigierer aufnehmen möchte und auch gerne die Erfolge der Turniergruppen sieht, doch das Voltigierpferd wegen seiner Gutmütigkeit als Anfänger- und Schulpferd verwendet wird, statt daß es unter einem guten Reiter dressurmäßig geritten wird.

Das Training des Voltigierpferdes besteht aus:
Dressur: Durch regelmäßiges Reiten unter einem guten Reiter wird eine systematische Gymnastizierung erreicht. Der Einsatz von Stangen und Cavaletti unter-

stützt das Training. Dabei sollte eine Ausbildung bis zur Dressur Klasse L erreicht werden.

Ausreiten: Lange Spazierritte im Schritt auf verschiedenen Böden dienen als Ausgleich, mit 10–20 Minuten Trab- und Galopp-Phasen als Kraft- und Konditionstraining.

Longieren ohne Voltigierer zur Korrektur auf beiden Händen, eventuell mit Dreiecks- bzw. Laufferzügel besonders bei jungen Pferden.

Gewöhnung des Pferdes an Geräusche wie Musik, Klatschen, Pfeifen und auch an Zuschauer als Vorbereitung für Vorführungen bei Schauauftritten oder Wettkämpfen.

Ein Wochenplan muß individuell für jedes Pferd entsprechend seinem Ausbildungsstand und Einsatz im Voltigiersport erstellt werden.

Am Tag nach einem Wettkampf soll ein Ausritt im Schritt erfolgen.

Vorschlag für einen Wochenplan für ein Voltigierpferd	
Montag	Training im Gelände im Schritt, Trab und Galopp
Dienstag	morgens 1 Stunde Dressur, nachmittags 1 Stunde Voltigieren
Mittwoch	1 Stunde Dressur, anschließend Ausritt im Schritt
Donnerstag	morgens 1 Stunde Dressur, nachmittags 1 Stunde Voltigieren
Freitag	morgens Ausritt, nachmittags 1 Stunde Voltigieren
Samstag	1 Stunde Dressur, anschließend Ausritt im Schritt
Sonntag	1 Stunde Longieren über Cavaletti und Stangen, Ausritt oder Teilnahme an einem Wettkampf

Wichtige Ratschläge vom Tierarzt

● Für die Gesunderhaltung des Pferdes ist es notwendig, für ausreichende Bewegung zu sorgen, das heißt, mindestens 2 Stunden täglich. Ein Pferd braucht keinen Stehtag!

● Das korrekte, regelmäßige Ausschneiden der Hufe sowie der richtige Hufbeschlag sind von großer Bedeutung, um Fehlstellungen, Gelenkserkrankungen oder frühzeitigem Verschleiß vorzubeugen.

● Falsches bzw. zu enges Ausbinden führt zu Verspannungen der Hals- und Rückenmuskulatur und infolgedessen zu Schmerzen bei der Belastung des Rückens durch das Gewicht der Voltigierer. Die Rückenmuskulatur muß gearbeitet und trainiert werden, bevor man sie belasten kann.

● Das Voltigierpferd kann nur dann schwierige Partnerübungen richtig ausbalancieren, wenn es so versammelt wird, daß es mit der Hinterhand unter den Schwerpunkt springt und das Gewicht aufnehmen und tragen kann. Dies bedingt eine qualifizierte, regelmäßige Ausbildung unter dem Reiter.

● Bedenke, daß das Pferd im Galopp kurzzeitig das gesamte eigene Körpergewicht und dazu noch das Gewicht der Voltigierer mit dem linken inneren Hinterbein aufnehmen muß!

● Zuviele Übungen und / oder zuviel Gewicht auf dem Pferdehals sind nachteilig, weil dabei der Schwerpunkt zu weit nach vorne verlagert wird, d. h. das Pferd springt nicht mehr unter den Schwerpunkt: Es verliert den taktmäßigen Galopprhythmus und fällt aus.

- 10–15 Minuten Dauergalopp sind eine anspruchsvolle Ausdauerleistung. Das Pferd galoppiert in dieser Zeit ca. 5–7 km; dies entspricht etwa einer Militaryleistung!

- Nach starker Beanspruchung wie einem Start auf einem Turnier darf das Pferd am nächsten Tag nicht stehen bleiben, sondern es muß bewegt und geführt werden, damit es die Stoffwechselschlacken (Milchsäure) abbauen kann (Muskelkater)!

- Nach dem Training sollten die Beine mit kaltem Wasser gekühlt werden.

- Einseitige Belastung, Durchblutungsstörungen, Stellungsfehler, falscher Beschlag wie auch falsches Training des Voltigierpferdes können zu krankhaften Veränderungen im Bereich des Knochen-, Band- und Sehnenapparates und damit zur Lahmheit führen.

- Die Fütterung des Pferdes muß auf seinen Einsatz und seine Arbeit entsprechend abgestimmt sein. Bei einer vermehrten Belastung ist es empfehlenswert, energiereiches, aber eiweißarmes Zusatzfutter zu verabreichen. Eiweißreiches Futter wie Hafer, Pellets usw. in großen Mengen während des Turniers schadet nur. Es sollte in Maßen verabreicht werden, da die daraus gewonnene Energie erst Tage später zur Verfügung steht und somit während des Turniers den Stoffwechsel noch zusätzlich belastet.

Nach dem Training hat unser Voltigierpferd viel Lob verdient. Nun können wir uns beide entspannen!

Die Pflicht

Die Grund- und Pflichtübungen bilden die Grundlage für das Erlernen neuer Übungsformen und deren Variationen, die den Kürübungen zugeordnet werden.

In den Richtlinien für Voltigieren ist der vorgegebene Bewegungsablauf der verschiedenen Grund- und Pflichtübungen knapp beschrieben.

Für ein besseres Verständnis der Idealbewegung und der korrekten Bewegungstechnik werden in diesem Kapitel die Pflichtübungen für alle Wettkampfklassen besonders genau erklärt.

Die Pflicht für A-/B-Gruppen und Einzelvoltigierer besteht aus sechs Übungen, die im Wettkampf einschließlich der Auf- und Abgänge in zwei Übungsblöcken gezeigt werden.

Für C- und D-Gruppen wird jetzt der Einstieg in den Turniersport durch leistungsmäßig abgestufte Pflichtübungen wesentlich erleichtert. Diese leichteren Pflichtaufgaben bilden die Vorstufen zu den herkömmlichen Pflichtübungen und sollen methodisch zu den Zielübungen der A-/B-Pflicht hinführen. Daher werden diese auch bei den jeweils dazugehörenden Grund- bzw. A-/B-Pflichtübungen beschrieben.

Zur besseren Übersicht werden hier alle Pflichtprogramme kurz dargestellt. Genauere Übersichten finden Sie im Wettkampfkapitel. Die Seitenzahlen geben an, wo die Beschreibungen der verschiedenen Übungen zu finden sind.

Alle Übungsteile sollen in jedem Übungsblock stets flüssig miteinander verbunden werden.

Übungsfolge für A- und B-Gruppen und für Einzelvoltigierer

1. Übungsblock

Grundsitz	S. 57
Fahne	S. 59
Mühle	S. 61
Beim Einzelvoltigieren:	
Bodensprung	S. 50

2. Übungsblock

Schere	S. 65
Stehen	S. 69
Flanke	S. 73

Übungsfolge für C-Gruppen

1. Übungsblock

Grundsitz	S. 57
C-Fahne	S. 59
C-Schere	S. 65

2. Übungsblock

C-Mühle	S. 61
C-Stehen	S. 69
C-Flanke	S. 73

Übungsfolge für D-Gruppen

1. Übungsblock

D-Sitz	S. 58
D-Fahne	S. 59
Abgang nach außen	S. 50

2. Übungsblock

D-Mühle	S. 63
D-Knien	S. 71
Stützschwung mit Wende nach innen	S. 73

Zur Pflicht gehören die auf den folgenden Seiten beschriebenen Grundübungen.

Jede Übung wird in methodischen Lernschritten erlernt, einige bewährte Wege werden hier vorgeschlagen. Natürlich gibt es mehrere Möglichkeiten hierzu.

Die Lehrweise sollte immer den Bewegungserfahrungen und dem Lernfortschritt der Voltigierer angepaßt sein. Als methodischer Grundsatz gilt, daß der Anfänger am Übungspferd und im Halten beginnt, den Bewegungsablauf dann im Schritt (manchmal auch im Trab) und schließlich im Galopp erlernt.

Alle Übungen werden immer im Galopp auf der linken Hand – von der Zirkelmitte aus gesehen – beschrieben.

Kraft, Koordination und Bewegungsgenauigkeit sind bei allen Pflichtübungen erforderlich *(Stützschwung rücklings)*.

41

Grundgriffe

Ristgriff (1)

Beide Handrücken zeigen nach oben, die Daumen zueinander. Ausgangsgriff für die meisten Übungen.

Kammgriff (2)

Die Handflächen zeigen nach oben, die kleinen Finger zueinander. Dieser Griff verlangt von den Voltigierern einen größeren Krafteinsatz.

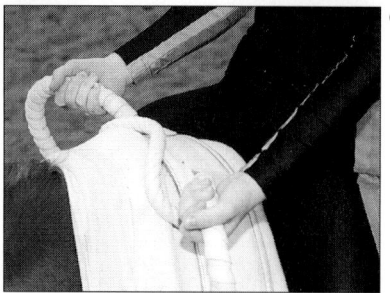

Zwiegriff (3, 4)

Die linke Handfläche und der rechte Handrücken zeigen nach oben. Der Griff kann in der zweiten Phase der Flanke angewandt werden (3).
Für die Rückwärtsschere kann der Zwiegriff (4) wie folgt angewandt werden: linker Handrücken und rechte Handfläche zeigen nach oben (4).

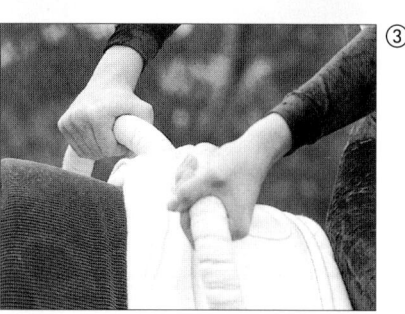

Griffe für den Aufsprung (5–8)

Der Voltigierer sollte immer die Griffart wählen, die für die Größe des Pferdes und seine eigene Körpergröße am besten geeignet ist.

Kleinere Voltigierer greifen mit beiden Händen nur an den inneren Griff: Die linke Hand erfaßt den unteren Griffbogen, während die rechte Hand etwa in die Mitte des Griffes von unten greift (5), oder die rechte Hand faßt von oben in den oberen Griffbogen (6).

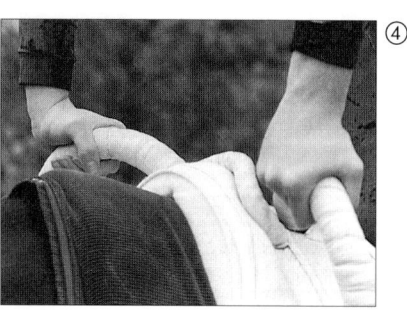

Zum Üben des Mitgaloppierens können sich die Kinder auch mit der linken Hand an der inneren <u>Fußschlaufe</u> und mit der rechten Hand unten am Griff festhalten.

42

Größere Voltigierer fassen mit der linken Hand von oben in den inneren Griff, während die rechte Hand die Halteschlaufe zwischen den Griffen ergreift (7). Wer beide Griffe erreichen kann, faßt mit der linken Hand von oben an den inneren Griff und mit der rechten Hand in oder auf den äußeren Griff (8).

Grundübungen für die Pflicht

Anlaufen und Mitgaloppieren

Das richtige Anlaufen und Mitgaloppieren bildet die Grundvoraussetzung für alle weiteren Formen des Aufsprungs. Deshalb muß der Voltigierer die korrekte Ausführung im Rhythmus mit dem Pferd sicher beherrschen, bevor er das Aufspringen im Galopp erlernt.

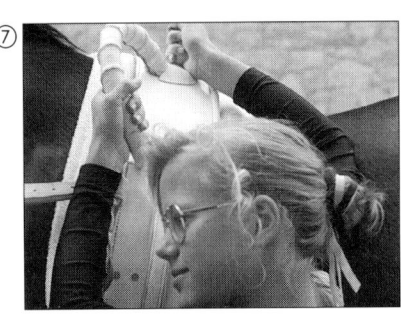

Bewegungsablauf

● Der Voltigierer verläßt seinen Platz außerhalb des Zirkels, läuft hinter dem Pferd in die Zirkelmitte und stellt sich neben dem Longenführer auf.

● Dort steht er bereit, bis der Voltigierer vor ihm zum Abgang ansetzt, er läuft dann unter der Peitsche durch – der Longe entlang im Galopprhythmus auf das Pferd zu und erfaßt nun die Griffe des Voltigiergurts. Mögliche Griffarten finden Sie auf der linken Seite.

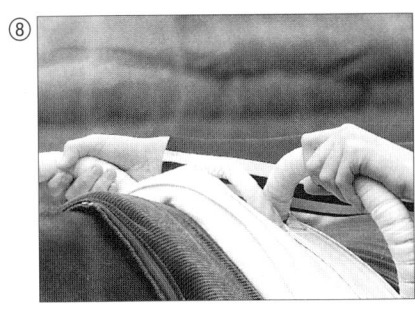

● Dabei ist es wichtig, daß der Voltigierer weit vorne etwa auf der Höhe des Gurts in derselben Fußfolge des Pferdes mitgaloppiert. Der Oberkörper ist aufrecht und nach vorne gewandt, der Kopf hochgenommen mit Blickrichtung nach vorn.

43

Mitgaloppieren in der Fußfolge des Pferdes.   Richtiges Anlaufen zum Pferd.

Tips

- Das Anlaufen zum Pferd kann man phantasievoll mit allerlei Laufspielen in allen Gangarten einüben (siehe S. 153 ff.).
- Kleinere Kinder haben im Galopp oft Schwierigkeiten, mit dem Tempo des Pferdes mitzuhalten und fallen immer mehr hinter die Bewegung zurück. Wenn dies geschieht, Griffe sofort loslassen und das Anlaufen nochmals wiederholen!
- So weit vorne wie möglich direkt der Longe entlang auf das Pferd zulaufen, dabei an Tempo zulegen, damit man auf der Höhe des Gurtes ankommt.
- Beim Anlaufen nicht mit den Armen wedeln, sondern sie ruhig hängenlassen, damit das Pferd sich nicht beunruhigt.

Hauptfehler

- Der Voltigierer läuft zu langsam an und kommt nicht auf der Höhe des Gurtes an; er fällt hinter die Bewegung des Pferdes zurück.
- Die Arme sind gestreckt; der Voltigierer zieht sich nicht an den Gurt und galoppiert zu weit hinten mit.
- Der Galopprhythmus wird nicht beibehalten.
- Der Oberkörper ist nicht aufrecht und die Schultern sind nicht nach vorn in die Bewegungsrichtung, sondern zum Pferd gewandt.

Lernschritte

- Erst den Linksgalopp ohne Pferd üben: Gewicht auf das linke Bein verlagern und mit diesem Bein voraushüpfen, das rechte Bein wird nachgezogen. So oft üben, bis der Rhythmus sitzt.
- Im Halten: Ruhig auf das Pferd zugehen und es am Hals loben. Nochmals dasselbe und jetzt die Griffe anfassen; darauf achten, daß der Körper nach vorne zeigt.
- Im Schritt: An der Longe entlanggehen oder galoppieren, auf Höhe der Vorderbeine des Pferdes ankommen, die Griffe ergreifen und einige Schritte in der korrek-

ten Haltung mitgehen, zum Longenführer zurücklaufen. Mehrmals üben.

• Im Galopp: Ans Pferd galoppieren, am Hals loben und wieder zurück zur Zirkelmitte. So oft wiederholen, bis man es schafft, das Pferd etwa auf der Höhe der Vorderbeine zu erreichen und dann den Gurt anzufassen.

• Dann ans Pferd galoppieren, inneren Griff mit einer Hand erfassen, mit der anderen das Pferd loben, wieder loslassen und zurück zur Zirkelmitte laufen.

• Bei der nächsten Übung beide Griffe erfassen, sich an den Gurt ziehen und versuchen, einige Galoppsprünge mit dem Pferd mitzugaloppieren. Sobald man hinter die Bewegung des Pferdes kommt, Griffe sofort loslassen! Sonst Sturzgefahr!

• Das Anlaufen und Mitgaloppieren so oft üben, bis man ohne Schwierigkeiten mit dem Tempo des Pferdes mithalten kann. Jetzt kann der Aufsprung im Galopp erlernt werden!

Aufsprung zum Sitz

Bewegungsablauf

• Aus dem Mitgaloppieren erfolgt nach 2–3 Galoppsprüngen auf der Höhe der Vorderbeine des Pferdes ein beidbeiniger Absprung mit einem kräftigen Abdruck vom Boden (Stemmphase). Der Voltigierer muß, um den Schwung des Galoppsprungs auszunutzen, dann vom Boden abspringen, wenn das Pferd mit dem inneren Vorderbein abfußt.

• Die Arme sind angewinkelt und ziehen den Körper an den Gurt. Der Voltigierer befindet sich im Moment des Absprungs in einer leichten Rücklage. Unmittelbar nach dem Absprung mit beiden Beinen

die Hüfte beugen und den Oberkörper nach vorne-unten neigen.

• Gleichzeitig das rechte Bein möglichst hoch nach oben schwingen, das linke Bein bleibt senkrecht nach unten gestreckt.

• Das Gewicht auf die Arme verlagern. Auf den Gurt stützen und möglichst hoch mit dem Gesäß und dem rechten Bein über den Pferderücken schwingen. Das Gesäß muß höher als der Schultergürtel sein!

• Mit den Armen den Schwung abfangen, das rechte Bein nach unten-außen

Beim *Aufsprung* sollen Gesäß und rechtes Bein hoch über das Pferd geschwungen werden. Der Oberkörper wird weit nach unten gebeugt.

schwingen und gleichzeitig den Oberkörper wieder aufrichten. Über der <u>Wirbelsäule des Pferdes</u> direkt hinter dem Gurt geschmeidig in den Sitz gleiten.

• Nach dem Absprung und während der gesamten Flugphase bis zur Landung auf dem Pferd sollen die Beine bis in die Fußspitzen gestreckt bleiben. Im Sitz liegen die Beine beim Gurt wieder am Pferd.

Wettkampf

• Der Aufsprung vor dem Grundsitz erhält bei internationalen Wettkämpfen eine eigene Wertnote.

• Für den 2. Übungsblock wird der Aufsprung bei der D- oder C-Mühle bzw. der Schere nach den deutschen Regeln mitbewertet.

• Ein Aufsprung mit Hilfestellung wird mit 0 bewertet.

Griff umgreifen und sich hochziehen. Andernfalls können sie nicht mehr in der Mitte des Pferdes am Gurt landen oder rutschen sogar wieder nach innen ab.

Tips

• Mit geschlossenen Beinen gleichzeitig abspringen. Während des Absprungs sich nicht zum Pferd drehen, sondern nach vorn wenden.

• Den Schwung des Galoppsprunges ausnutzen und das Gesäß höher als den Kopf bringen.

• Absprung, Zug mit den Armen und Vorneigen des Oberkörpers müssen fast gleichzeitig erfolgen. Dazu ist ein gutes Timing nötig.

• Es gibt ein einheitlicheres Bild, wenn die ganze Gruppe im gleichen Rhythmus aufspringt.

Hinweise

• Wenn die Kinder noch so klein sind, daß sie kaum die Griffe erreichen können, läßt man sie das Mitgaloppieren üben, indem sie sich mit der linken Hand an der Fußschlaufe festhalten und mit der rechten Hand unten am inneren Griff. Es ist noch zu früh, sie im Galopp aufspringen zu lassen. Trotzdem sollte man ihnen die Möglichkeit geben, sich in den Galopprhythmus einzufühlen. Ein Helfer hilft dem Kind im Schritt auf das Pferd, erst dann läßt der Longenführer das Pferd angaloppieren.

• Alle Voltigierer, die beim Aufspringen mit beiden Händen nur an den inneren Griff fassen, müssen, sobald sie mit dem rechten Bein auf dem Pferd landen, mit der rechten Hand sofort an den äußeren

Hauptfehler

• Die Beine werden beim Abspringen nicht geschlossen und der Voltigierer springt nur mit <u>einem</u> Bein ab.

• Der Absprung ist zu weit hinten oder der Abdruck vom Boden ist zu schwach, so daß der Voltigierer zu wenig Schwung bekommt.

• Der Voltigierer zieht sich nicht mit den Armen an den Gurt, er landet so zu weit hinten, schief oder zu hart auf dem Pferd.

• Der Oberkörper wird zuerst aufs Pferd gezogen; mangelnde Hüftbeugung und das Gesäß wird nicht hochgenommen.

• Keine gestreckten Beine, die rechte Ferse schlägt auf das Pferd.

• Das linke Bein bleibt nicht senkrecht nach unten gestreckt, sondern schnappt nach hinten. Das rechte Bein wird bei der

Landung auf dem Pferd nicht nach vorn zum Gurt geschwungen und nicht wieder ans Pferd angelegt.

Lernschritte

- Vorübung mit Hilfestellung im Halten oder auf dem Übungspferd: Ein Helfer stützt am linken, angewinkelten Unterschenkel, der Voltigierer soll dabei üben, das rechte Bein hoch abzuspreizen, das Gesäß nach oben zu bringen und den Oberkörper abzubeugen.
- Mit dem Minitrampolin das Hochfedern mit geschlossenen Beinen üben.
- Dann am Übungspferd mit dem Minitrampolin mehrmals hintereinander das Abspringen für Aufsprünge trainieren.
- Im Schritt: Mit dem Pferd mitgehen, mit beiden Beinen abspringen und rechtes Bein hochschwingen. Ein Helfer erfaßt beim Hochschwingen den rechten Fuß des Voltigierers oder stützt ihn an der Hüfte ab. So wird verhindert, daß dieser abrutscht. Er kann sich jetzt in den Sitz hochziehen.
- Im Galopp: Erst wenn Anlaufen und Mitgaloppieren schon erlernt worden sind (siehe den richtigen Bewegungsablauf auf S. 43–45), wird das Abspringen im Galopp geübt. Dazu muß man lernen, den richtigen Moment in der Galopp-Phase zu erfühlen:
Mitgaloppieren, abspringen, wieder in Schrittstellung landen, Griffe loslassen und auslaufen.
- Nun läuft ein Helfer mit: Wieder aus dem Mitgaloppieren abspringen (Mitzählen 1-2-3 Sprung). Der Helfer unterstützt den Voltigierer im Sprung am Gesäß und schiebt ihn hoch und läßt ihn erst los, wenn dieser sicher sitzt.

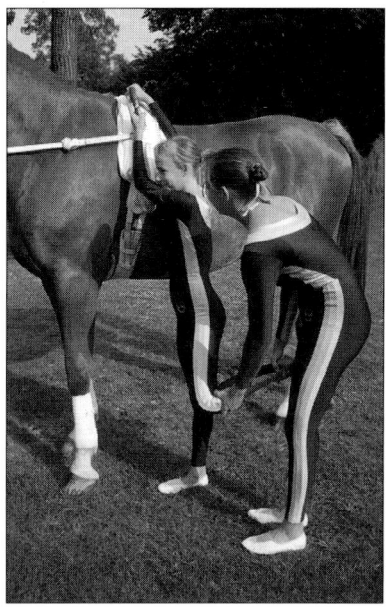

Mit der Stützhilfe am linken Unterschenkel wird das Ziehen und Stützen mit den Armen und das Hochschwingen des rechten Beines für den *Aufsprung* geübt.

- Als nächstes den Aufsprung ohne Helfer üben. Wenn man ihn nicht auf Anhieb schafft, dann wieder auf dem Boden landen und Griffe loslassen, um nicht unter das Pferd zu kommen. Sich nicht mitschleppen lassen! Lieber nochmals wiederholen.
- Den Aufsprung immer wieder wiederholen, bis es gelingt, in der Mitte des Pferdes (über der Wirbelsäule) nahe am Gurt zu landen.
- Zur Übung mehrere Aufsprünge und Abgänge hintereinander trainieren, erst mit, dann ohne Zwischensprung (Bodensprünge).

47

Abgang nach innen

Bei den A-/B-Gruppen und dem Einzel-voltigieren wird der Abgang nach innen mit der Mühle im gleichen Vierertakt verbunden und dort mitbewertet.

Bewegungsablauf

• Im Sitz zuerst das rechte Bein strecken (leicht in der Hüfte ausdrehen) und hoch-führen. Mit der rechten Hand den äuße-ren Griff loslassen, dann das rechte Bein gestreckt in einem hohen weiten Bogen über den Pferdehals zum linken Bein nach unten führen. Der Winkel zwischen Ober-körper und rechtem Bein soll möglichst eng sein.

• Mit der rechten Hand dann wieder zu-fassen, mit der linken Hand den inneren Griff kurz lösen, um das Bein vorbeizu-führen und wieder zufassen.

• Der Oberkörper (mit geradem Rücken) neigt sich beim Hochführen des Beines leicht nach hinten, bleibt aber möglichst aufrecht. Den Kopf hoch in der Bewegung mitnehmen, Blickrichtung geradeaus. Das linke Bein bleibt währenddessen hinter dem Gurt am Pferd liegen. Beide Beine werden nun gestreckt zusammengeführt und geschlossen.

• Gleichzeitig die Hüfte nach vorne dre-hen und strecken (gerade Körperachse) und sich an den Griffen vom Pferd weg nach oben abdrücken, Griffe loslassen. Mit nach vorn gewandtem, aufrechtem

Abgang nach innen. Der enge Winkel zwischen dem nahezu aufrechten Oberkörper und dem gestreckten Bein ist deutlich erkennbar. Das linke Bein sollte etwas weiter hinten liegen bleiben.

Oberkörper und nahezu geschlossenen Beinen in Richtung der Vorderbeine des Pferdes mit der richtigen Landetechnik abgehen und auslaufen (siehe S. 51).

Tips

- Bein über den Pferdehals (mit Blick auf die Fußspitze) führen; nicht reißen.
- Das linke Bein bleibt so lange am Pferd liegen, bis das rechte Bein nach innen-unten geführt ist.

Hauptfehler

- Rechtes Bein ist nicht gestreckt und so flach, daß man am Griff hängenbleibt. Das linke Bein hebt zu früh ab.
- Die rechte Hand wird zu spät gelöst, der Voltigierer beginnt, nach innen zu rutschen.
- Ausweichbewegung des Oberkörpers nach hinten und/oder Rundrücken.
- Der Voltigierer drückt sich nicht von den Griffen ab, sondern rutscht nur aus dem Innensitz ab.
- Beide Griffe werden zu spät losgelassen. Der Voltigierer wird mitgeschleppt.
- Der Oberkörper wird nicht nach vorn, sondern nach innen gedreht (Sturzgefahr!).
- Die Hüfte ist gebeugt, der Kopf gesenkt, der Körperschwerpunkt ist zu weit vorn, der Voltigierer fällt.

- Landung zu weit hinten im Hohlkreuz, zu harte Landung.

Lernschritte

- Rechtes Bein bis zum rechten Griff hochführen und wieder zurück.
- Rechtes Bein quer über den Pferdehals legen, nur die rechte Hand gleichzeitig vom Griff lösen, das Bein wieder zurückführen und mit der rechten Hand wieder an den rechten Griff fassen.
- Nun das Bein bis zum Innensitz führen, Hände nacheinander lösen und wieder zufassen. Danach das Bein vom Innensitz nach außen wieder zum Sitz führen.
- Als nächstes den ganzen Abgang mit Herabgleiten vom Pferd üben.
- Erst wenn alle diese Vorübungen auf dem Übungspferd und im Schritt mehrmals geübt worden sind, diese dann im Galopp üben.
- Klappt der Bewegungsablauf, dann den ganzen Abgang im Galopp üben. Bei kleineren Voltigierern läuft ein Helfer mit und sichert den Voltigierer an der Hüfte, um ein Fallen unter das Pferd zu verhindern.
- Zur Verbesserung von Auf- und Absprung Bodensprünge (siehe S. 50) öfters am Anfang der Stunde üben.

Bodensprung

Der Bodensprung ist eine Kombination von Abgang und Aufsprung und ist Bestandteil der Pflicht im Einzelvoltigieren. Mühle und Schere werden durch den Bodensprung miteinander verbunden.

An die Mühle wird der Abgang nach innen im Takt übergangslos angeschlossen. Aus der Landung erfolgt ohne Zwischensprung ein beidbeiniger Absprung vom Boden – etwa auf der Höhe des Gurts – mit einem direkten Aufsprung zur nächsten Übung, der Schere. Ansonsten entspricht der Bewegungsablauf des Bodensprungs dem des »Aufsprungs« und des »Abgangs nach innen« (siehe S. 48).

Beachte,
daß der Bodensprung direkt aus dem Abgang mit gestreckter Hüfte erfolgen muß, und der Voltigierer nicht verzögert über den Innensitz abgehen soll!

Wettkampf
- 1 Punkt Abzug bei der Schere, wenn der Voltigierer vor dem Aufsprung zum 2. Übungsblock mitgaloppiert und nicht direkt aus der Landung aufspringt.

Abgang nach außen

Bei den D-Gruppen ist der Abgang nach außen eine separate Pflichtübung im Anschluß an die Fahne.

Bewegungsablauf
Der Bewegungsablauf gleicht dem des »Abgangs nach innen«:
- Aus dem aufrechten Sitz wird das linke Bein gestreckt und hoch in einem weiten Halbkreisbogen über den Pferdehals zum äußeren Bein geführt.
- Über den flüchtigen Stütz drückt sich der Voltigierer mit beiden Händen von den Griffen nach oben vom Pferd weg. Die Hüfte dabei strecken und die Griffe rechtzeitig lösen. Mit erhobenem Kopf mit der korrekten Technik (siehe S. 51) außen landen und auslaufen.

Wichtig
Die Gefahr eines Sturzes ist bei Abgängen nach außen durch die Fliehkräfte und Innenbiegung des Pferdes erhöht. Deshalb unbedingt mit beiden Händen von den Griffen abdrücken!

Abgang aus dem Rückwärtssitz

Für C-Gruppen folgt dieser Abgang nach der C-Schere und wird dort mitbewertet.

Bewegungsablauf
- Aus dem aufrechten Rückwärtssitz mit geradem Rücken das linke Bein gestreckt in einem hohen und weiten Halbkreisbogen über die Kruppe des Pferdes nach innen zum rechten Bein führen.
- Gleichzeitig die linke Hand lösen, den Oberkörper mit einer halben Drehung nach vorne drehen und über den flüchtigen Innensitz mit gestreckter Hüfte und mit nahezu geschlossenen Beinen nach vorne-innen abgehen.

• Die linke Hand muß während des Abgehens zum inneren Griff fassen, und der Abdruck vom Pferd weg nach oben muß mit beiden Händen erfolgen. Korrekt landen (siehe unten) und auslaufen.

Die richtige Landetechnik

Von Beginn an muß bei jedem Abgang auf eine korrekte Landetechnik größter Wert gelegt werden, um Verletzungen und Spätschäden zu vermeiden:
• Mit aufrechtem Oberkörper und hüftbreiter gerader Fußstellung elastisch vorwärts landen. Dabei sind die Beine nahezu geschlossen. Bei der Landung wird der Schwung durch das Beugen der Hüfte sowie der Knie- und Fußgelenke federnd abgefangen. Hierbei werden die Knie über die Füße etwas nach vorn geschoben (Winkel nicht mehr als 90°). Mit geraden, nach vorne zeigenden Füßen vom Ballen zur Ferse abrollen.
• Sofort aus der Landung heraus hochfedern und in der Bewegungsrichtung nach vorne auslaufen.

Der Wechsel zwischen den Voltigierern beim Aufsprung und Abgang

Abgang und Aufsprung sollen im reibungslosen Wechsel aufeinanderfolgen, ohne daß das Pferd »leer« wird und sich die Voltigierer gegenseitig behindern.
• In dem Augenblick, in dem der vorangehende Voltigierer auf dem Pferd zum Abgang ansetzt, läuft der nächste von der Zirkelmitte zum Pferd.
• Der erste drückt sich beim Abgang so vom Gurt nach oben und etwas nach hin-

ten ab (aber ohne Hohlkreuz!), daß der nächste Voltigierer fast übergangslos an die Griffe zum Aufsprung fassen kann.

Die richtige Schwungtechnik

Das technisch richtige Schwungholen bildet die Grundvoraussetzung für das Gelingen aller Beinschwung-Bewegungen wie Wende, Stützschwung, Schere und Flanke sowie für Abgänge und Übungsverbindungen in der Kür.

Bewegungsablauf
• Mit dem Vorschwung der Beine aus dem aufrechten Sitz wird der nachfolgende Rückschwung der Beine und damit die Aufwärtsbewegung nach hinten-oben eingeleitet.
• Um Schwung zu holen, werden die Beine mit gebeugter Hüfte zuerst ge-

Ein gelungener schneller Wechsel zwischen den Voltigierern.

Die richtige Schwungtechnik ist entscheidend für die Schwunghöhe.

streckt und sodann nach vorne bis zum Widerrist hochgeführt (Ausholbewegung).

• Während des schnellkräftigen Rückschwungs der Beine wird die Hüfte gestreckt. Gleichzeitig werden die Arme gebeugt, die Schultern etwas vorgeschoben und der Oberkörper wird nach vorne geneigt.

• Während des Aufwärtsschwungs der Beine wird der Schwerpunkt über den Gurt verlagert. Gleichzeitig werden die Arme durchgestreckt und aus den Schultern herausgedrückt. Der Kopf ist etwas zurückgenommen.

• Bis zur maximalen Höhe (im Idealfall nahe der Senkrechten) in den Handstütz rück-hochschwingen und die Beine so früh wie möglich schließen; eine gerade Körperachse immer beibehalten!

• Die Höhe des Aufschwungs ist vom schnellkräftigen Rückschwingen der Beine, der zügigen Hüftstreckung und dem kräftigen Durchdrücken der Arme sowie vom geschickten Ausnutzen des Galopp-

sprungs abhängig. Ganzkörperspannung immer beibehalten!

Wichtig

• Um den Impuls des Galoppsprungs für den Schwung ausnutzen zu können, muß der Voltigierer den richtigen Moment (Timing) für die Ausholbewegung und für die Kraftübertragung auf die Arme und den Schultergürtel spüren. Man muß sich nach vorn neigen, wenn der Pferdehals sich hebt und den höchsten Punkt erreicht haben, wenn die Kruppe des Pferdes oben ist.

• Wenn die Beine beim Rückschwung etwas nach innen gedreht werden (Innenrotation), streckt sich die Hüfte schneller.

Mit dieser Schwungtechnik werden die nachfolgenden Übungen entwickelt. Die richtige Landetechnik muß auch bei der Wende stets beachtet werden (siehe S. 51).

Wende nach innen

Der Stützschwung vorlings mit einer anschließenden Wende nach innen ist eine Pflichtübung der D-Gruppen.

• Während des Aufschwungs mit gerader Körperachse in den Handstütz werden die Beine geschlossen.

• Kurz vor Erreichen des höchsten Punktes aus den Schultern kräftig von den Griffen nach innen und hinten abdrücken und sofort loslassen, so daß in der anschließenden Flugphase ein Höhengewinn entstehen kann.

Hoch ausgeführte *Wende* mit gestreckten Armen und Schwerpunkt über dem Gurt.

Stützschwung vorlings

Der Stützschwung vorlings in Verbindung mit einer Wende nach innen ist eine Pflichtübung für <u>D-Gruppen.</u>

• Im Aufschwung zum Handstütz den Schwerpunkt über den Gurt verlagern, die Hüfte strecken, beide Arme durchdrücken und die Beine schließen.
• Mit Erreichen des höchsten Punktes – der Schwerpunkt ist über dem Gurt – die Hüfte beugen, die Beine wieder öffnen und gegrätscht nach vorn führen. Wieder weich auf dem Pferd landen (siehe unten).

Die richtige Landetechnik auf dem Pferd

• Eine korrekte, weiche Landung kann nur dann gelingen, wenn der Voltigierer sich auf die Arme stützt und sein Schwerpunkt so lange über dem Gurt bleibt, bis die Beine wieder ans Pferd geführt sind.
• Im Abwärtsschwung mit <u>gebeugter</u> Hüfte müssen die gestreckten und gegrätschten Beine nach vorne geführt werden. Der Voltigierer gleitet mit der Innenseite der Beine <u>am Pferd entlang</u> in den aufrechten Sitz hinter dem Gurt, indem er den Schwung mit den Armen und Beinen abfängt. Im Sitz sollen die Beine wieder am Pferd liegen.

• Während der Flugphase die Hüfte gestreckt lassen und im Verlauf des Abwärtsschwungs den Oberkörper wieder aufrichten. Die Hüfte leicht anwinkeln und an der Innenseite des Pferdes, etwa auf der Höhe der Hinterhand, vorwärts landen und in die Bewegungsrichtung auslaufen.

Wende nach außen

Die Wende nach außen aus dem Sitz bildet bei den <u>C-Gruppen</u> den 2. Teil der Pflichtübung <u>C-Flanke.</u>

Der Bewegungsablauf entspricht dem der »Wende nach innen«. Dabei ist es erforderlich, sich kräftig <u>von beiden Griffen gleichzeitig abzudrücken und loszulassen.</u> An der Außenseite des Pferdes etwa auf der Höhe der Hinterhand mit der korrekten Landetechnik vorwärts landen und auslaufen.

Hauptfehler bei den Schwungbewegungen

• Ungenügendes falsches Schwungholen, mit labilen Beinen. Der nötige Rückschwung wird am Pferd abgebremst, wenn die Beine nicht weit gegrätscht nach hinten geschwungen werden.

53

- Zurückrutschen mit dem Gesäß während des Schwungholens.
- Die Arme sind beim Rückhochschwung zu früh durchgestreckt, der Oberkörper kann sich nicht nach vorn neigen und verhindert, daß die Beine nach hinten hochgeschwungen werden können.
- Die Schultern werden zu weit nach vorn geschoben, der Voltigierer kippt nach vorn über, es ist kein Abdruck vom Gurt mehr möglich.
- Wende: Der Voltigierer rutscht nur über den Pferderücken.
- Mangelnde Körperspannung und -streckung. Hohlkreuz. Zu spätes Schließen der Beine.
- Unterbrochener Bewegungsfluß; der Voltigierer verweilt zu lange am höchsten Punkt.
- Harte Landung auf dem Pferd beim Stützschwung; schlechte Landetechnik bei der Wende.

Der *Stützschwung* vorlings ist eine Übung der D-Pflicht.

Lernschritte für Schwungbewegungen

- Für alle Beinschwungbewegungen ist es notwendig, daß der Voltigierer über gute koordinative und konditionelle Fähigkeiten verfügt. Ohne das notwendige Bewegungsgefühl, die notwendige Stützkraft, Beweglichkeit und Körperspannung wird es nicht gelingen, eine große Schwunghöhe zu erreichen.
- Um die richtige Schwungtechnik zu lernen, sollen Vorübungen zu den Schwungübungen schon früh eingeübt werden. Damit wird geübt, die Schwunghöhe immer mehr zu steigern.
- Vorübung mit Hilfestellung zur Schulung von Bewegungsgefühl und Körperspannung für Schwungübungen: Ein Helfer sitzt oder steht auf dem Übungspferd. Ein Voltigierer schwingt hoch zum Stützschwung, wobei der Helfer ihn während des Aufschwungs an den Oberschenkeln oberhalb der Knie erfaßt und ihn zum senkrechten Handstütz hochführt.
- Die beste Vorübung für alle Schwungbewegungen ist der Stützschwung: Mehrere Stützschwünge hintereinander in einem bestimmten Rhythmus wiederholen, danach Wende nach innen oder außen.
- Stützübung: Mit den Beinen Schwung holen, beim Aufschwung der Beine auf die Arme stützen. Die Hüfte beugen und den Schwung abbremsen, dabei das Gesäß so hoch wie möglich schieben. Dann an den Beinen entlang wieder in den Sitz einleiten. Mehrmals hintereinander üben.
- Übungsvorschläge für die Kombinationen von mehreren Schwungübungen gibt es unter »Einvoltigieren am Pferd« (siehe S. 146 ff.).

54

Die korrekte Grundhaltung im Sitz

Der korrekte Sitz ist von grundlegender Bedeutung für alle Voltigierübungen und bildet die Ausgangsposition und den Abschluß für jede Pflichtübung und die meisten Kürübungen. Voraussetzung ist, daß der Voltigierer losgelassen im Gleichgewicht auf dem Pferd sitzen kann.

Bewegungsablauf

• Der Voltigierer sitzt (beide Hände sind noch an den Griffen) an dem tiefsten Punkt des Pferderückens direkt hinter dem Gurt. Mit aufgerichtetem Oberkörper, zurückgenommenen Schultern und erhobenem Kopf geht er geschmeidig in die Galoppbewegung ein.

• Das Körpergewicht ist in jeder Bewegungsphase des Pferdes auf beide Gesäßknochen verteilt, wobei der innere Gesäßknochen etwas mehr belastet ist, um sich der Innenlage des Pferdes anzupassen. Durch das Mitschwingen der Hüftpartie mit der Galoppbewegung wird der Schwung des Pferdes elastisch abgefangen.

• Die Schultern sollen schwer, aber gleichzeitig locker nach hinten-unten ziehen. Die Bauchmuskulatur ist leicht angespannt und der Brustkorb ist nach vorn gewölbt.

• Die Beine liegen am Pferd mit tiefen Knien, angelegten Unterschenkeln und nach unten gestreckten Fußspitzen. Die Beine sollen das Pferd umfassen. Die Knie sind leicht angewinkelt, so daß der Unterschenkel flach am Pferdeleib liegt. Vom Knie, Unterschenkel bis zur Fußspitze soll sich eine Gerade bilden.

Im Sitz sollen Oberkörper und Beine eine senkrechte Linie bilden.

• Ideal ist es, wenn – von der Seite gesehen – Kopf, Schultern, Hüfte und Ferse eine senkrechte Linie bilden.

Wichtig

• Um überhaupt mit Voltigierübungen beginnen zu können, muß man gelernt haben, im Sitz das Gleichgewicht auf dem Pferd zu halten. Dazu müssen die Schwerpunkte von Voltigierer und Pferd miteinander in Einklang gebracht werden. Stimmen die Schwerpunkte nicht überein, wird der Voltigierer nur schwer das Gleichgewicht auf dem Pferd halten können; gleichzeitig hat auch das Pferd Mühe, sich auszubalancieren. Es verkrampft sich, geht unregelmäßiger und läßt damit den Voltigierer unbequemer sitzen: er gerät ins Rutschen oder wird durchgeschüttelt.

55

- Erst wenn die Losgelassenheit im Schritt erreicht ist, wenn sich der Anfänger nicht mehr mit den Beinen anklammern muß, die Gesäßmuskulatur entspannt und die Hüftpartie flexibel ist, kann man mit dem Sitz im Galopp beginnen.
- Der Voltigierer sitzt losgelassen im Gleichgewicht, wenn er die Beine nicht mehr zum Festhalten braucht und die Hände von den Griffen lösen kann. Nun kann man zu <u>Sitzübungen zur Festigung des Sitzes</u> übergehen und mit der ersten Pflichtübung, dem Grundsitz, beginnen. Übungsvorschläge finden Sie hierzu auf Seite 142.

Hauptfehler

- <u>Spaltsitz:</u> Vorlage des Oberkörpers meist verbunden mit einem Hohlkreuz, der Voltigierer sitzt auf den Oberschenkeln statt auf dem Gesäß.
- <u>Stuhlsitz:</u> Der Oberkörper ist hinter der Senkrechten, die Knie sind hochgezogen und zu weit vorn.
- Schiefer Sitz mit Einknicken in der Hüfte; Sitz nicht in der Mitte des Pferdes oder zu weit hinten.
- Sitz mit Rundrücken oder mit Hohlkreuz.
- <u>Klammersitz:</u> Offene Knie, nach außen gedrehte Unterschenkel, Fersen klammern sich ans Pferd.
- Hochgezogene Fußspitzen, hochgezogene Knie und Unterschenkel, weggestreckte Beine.
- Schiefe Kopfhaltung oder Hängenlassen des Kopfes.
- Hochgezogener oder verkrampfter Schultergürtel.

Die richtige Armhaltung

Die Arme werden in <u>Seithalte</u> genommen bei den Pflichtübungen <u>A-/B-/C-Grundsitz, D-Knien und A-/B-Stehen</u> sowie als Grundhaltung bei vielen statischen Kürübungen.

Bewegungsablauf

- Wenn die Balance gefunden ist, werden die Griffe losgelassen und beide Arme direkt gestreckt in Seithalte geführt – etwas über die Waagrechte. Von vorn gesehen sollen die unverkrampft ausgestreckten Arme von den Schultern bis zu den Fingerspitzen eine gerade Linie bilden.
- Die Schultern sind tief und entspannt, Hand- und Ellbogengelenke sind gestreckt.
- Die Finger sind geschlossen und der Daumen liegt gestreckt an der Hand an. Die Handflächen zeigen nach unten.
- <u>Die Arme haben die optimale Höhe, wenn sich die Hände in Augenhöhe befinden.</u>
- Von der Seite her gesehen sollen sich die Arme und Hände genau in Verlängerung der Schulterachse befinden.
- Die Arme werden <u>wieder</u> direkt gestreckt an die Griffe geführt.

Hauptfehler

- Armhaltung entweder zu weit über oder unter der waagrechten Idealinie.
- Die Arme sind, von der Seite gesehen, vor oder hinter der senkrechten Linie.
- Hochgezogener und verkrampfter Schultergürtel, überstreckte Arme.
- Angewinkelte Ellbogen- und Handgelenke. Die Finger sind nicht geschlossen.

Die Pflichtübungen

Grundsitz

A-/B-/C-Sitz:
Sitz mit den Armen in Seithalte

D-Sitz:
Die gebeugten Arme liegen in der Hüftbeuge an

Bewegungsablauf
Die auf Seite 55 beschriebene korrekte
Grundhaltung im Sitz gilt auch für den

freien Grundsitz. Es kommt nun noch die
entsprechende Armhaltung dazu.

• Sofort nach dem Aufsprung in den Sitz
aufrichten, die korrekte Haltung einnehmen und gleich die Arme in die richtige
Position bringen. Die richtige Armhaltung
für die Seithalte siehe linke Seite.

• Mit dem Zählen erst beginnen, wenn
die Arme ganz ausgestreckt sind bzw. für
den D-Sitz in der Hüftbeuge liegen!

• In aufrechter, ruhiger Haltung mindestens vier Galoppsprünge sitzenbleiben.

• Nachdem die Arme im Sitz wieder an
den Griffen sind, folgt als nächstes die
Form der Fahne der jeweiligen Wettkampfklasse.

Ein geschmeidiger, tiefer Sitz mit guter Aufrichtung und korrekter Armhaltung.

D-Sitz

Beschreibung

- Im aufrechten Sitz (mit der dazugehörigen, auf den Seiten 55 u. 56 beschriebenen Grundhaltung) werden die Griffe losgelassen, die Arme zur Seite genommen und in den Ellbogen gebeugt. Die Hände liegen geschlossen in der Hüftbeuge an, dabei ist der Daumen angespreizt und zeigt nach hinten.

- Mit lockerer, tiefer und zurückgenommener Schulterhaltung zeigen die angewinkelten Ellbogen etwas nach hinten.

Wettkampf

- 1 Punkt Abzug für jeden fehlenden Galoppsprung, wenn der Voltigierer weniger als 4 Galoppsprünge sitzt.

So werden die Arme beim *D-Sitz* gehalten.

Lernschritte

- Um die anfängliche Angst und Verspannung zu überwinden, sollte man vielerlei Sitz- und Lockerungsübungen in allen Gangarten üben, um das Einfühlungsvermögen und Gleichgewichtsgefühl zu schulen und zu lernen, geschmeidig in die Bewegung des Pferdes einzugehen. Übungsvorschläge dazu sind auf den Seiten 142 ff. zu finden.

- Wenn die Balance soweit gefunden ist, daß die Griffe losgelassen werden können, wird der freie Grundsitz im Schritt geübt.

- Im Galopp: Erst im Sitz eine Hand lösen und seitlich hängenlassen, wieder zufassen. Jetzt abwechselnd links und rechts loslassen. Anschließend beide Hände gleichzeitig kurz lösen und wieder an die Griffe fassen. Im Gleichgewicht auf einer Stelle sitzen bleiben!

- Wenn der Voltigierer schon länger im Galopp mit angefaßten Griffen sitzen kann, ohne zu rutschen, und die Hände für mehrere Galoppsprünge von den Griffen lösen kann, die erwähnten Sitzübungen auch im Galopp üben.

- Nun abwechselnd mit dem linken oder rechten ausgestreckten Arm mehrere Galoppsprünge sitzen bleiben.

- Griffe loslassen, Arme wie für den D-Sitz in die Hüftbeuge legen. Sodann beide Arme in Seithalte führen und für einige Galoppsprünge frei sitzen bleiben. Allmählich beim freien Sitz die Anzahl der Galoppsprünge verlängern, bis der Voltigierer eine Runde im Galopp sicher im Grundsitz bleiben kann.

- Die Haltung des Grundsitzes mit der richtigen Armhaltung öfters vor einem Spiegel korrigieren.

Fahne

A-/B-Fahne:
Linker Arm und rechtes Bein werden gleichzeitig ausgestreckt

C-Fahne:
Arm und Bein werden nacheinander ausgestreckt

D-Fahne:
Stütz mit ausgestrecktem rechtem Bein, beide Hände sind an den Griffen

Bewegungsablauf
● Aus dem Sitz beidbeinig mit flachem Fußrücken weich aufknien (Bankstellung). Beide Unterschenkel sollen nebeneinander diagonal zur Wirbelsäule des Pferdes liegen: Die Knie zeigen nach innen, die Fußsohlen nach außen.
● Körpergewicht auf den rechten Arm und auf den linken Unterschenkel verlagern, der flach, vom Knie bis zum Fußrist, schräg auf dem Pferderücken liegt. Das Gesäß wird etwas nach hinten geschoben, damit die Bewegung des Pferdes im Knie- und Hüftgelenk abgefangen werden kann.
● Die Schultern befinden sich über dem Voltigiergurt, beide Schultern sind auf gleicher Höhe. Die Beckenpartie bleibt flach, und die Bauchmuskulatur ist gespannt.
● Bei der D-Fahne bleiben beide Hände an den Griffen und das rechte Bein wird nach hinten ausgestreckt. Die Ellbogen zeigen nach hinten; mit beiden Armen wird die Galoppbewegung abgefangen. Der Kopf ist nur leicht zurückgenommen (Nacken nicht überstrecken!).

● A-/B-/C-Fahne: Das rechte Bein aus dem Knien zur Streckung nach hinten führen und den linken Arm nach vorn ausstrecken.
● Für die C-Fahne werden der linke Arm und das rechte Bein nacheinander ausgestreckt.
Bei der A-/B-Fahne werden Arm und Bein dagegen gleichzeitig ausgestreckt.
● Der rechte Stützarm soll so angewinkelt werden, daß der Arm in der Bewegung mitfedert (der Ellbogen zeigt nach hinten). Der Kopf ist zurückgenommen und der Blick nach vorn gerichtet.

Eine harmonische, gut ausbalancierte und langgestreckte *Fahne.*

- Die Fußsohle des rechten Beines soll nach oben und die linke Hand mit geschlossenen Fingern mit der Handfläche nach unten zeigen.
- Die Längsachse des Voltigierers soll der Längsachse des Pferdes entsprechen. Die linke Hand und das rechte Bein befinden sich auf ungefähr gleicher Höhe über der Waagrechten. Der Fuß darf etwas höher als die Hand sein.
- Der Körper zeigt eine leichte Bogenspannung: Die Oberlinie des Voltigierers soll von der Hand bis zur Fußspitze einen gleichmäßigen, ungebrochenen, federnden Bogen beschreiben.
- Die »Fahne« muß 4 Galoppsprünge sicher ausgehalten werden. Erst wenn Arm und Bein vollkommen ausgestreckt sind, werden die Galoppsprünge gezählt. Dann mit der linken Hand wieder an den Griff fassen. Gewicht auf die Arme verlagern und das rechte Bein gestreckt nach vorn-unten führen. Wieder weich in den Sitz gleiten.
- Bei D-Gruppen folgt unmittelbar nach der Fahne der Abgang nach außen. Für C-Gruppen wird die C-Schere und für A- und B-Gruppen die Mühle angeschlossen.

Wettkampf
- 1 Punkt Abzug,
  - wenn der Voltigierer beim Aufbau der Fahne nicht mit beiden Beinen kniet oder bei Berühren des Pferdehalses mit der Hand,
  - bei der A-/B-Fahne, wenn Arm und Bein nicht gleichzeitig ausgestreckt werden,
  - für jeden fehlenden Galoppsprung.

Wichtig
- Die Oberlinie der Fahne hängt von der richtigen Position des linken Stützbeines ab: Je weiter vorne das Bein liegt, desto höher die Schulterpartie und desto niedriger das Becken. Je weiter hinten das linke Stützbein, desto niedriger ist die Schulter und desto höher sind das Becken und das rechte Bein.
- Je nach Körperbau des Voltigierers ist die ideale Position des Stützbeins, wenn das Knie mehr als etwa eine Handbreit hinter dem Gurt liegt und das Becken etwas hinter die Senkrechte geschoben wird. Der Körperschwerpunkt wird so über den Unterschenkel gebracht, daß dieser mit der ganzen Fläche aufliegt.

Hauptfehler
- Einbeiniges Knien beim Aufbau der Fahne.
- Falsche Lage des linken Stützbeins; dadurch fällt der Voltigierer nach vorn über oder kippt nach hinten. Das Körpergewicht liegt nur auf dem Knie, die linke Fußspitze ist hochgezogen.
- Der rechte Ellbogen ist durchgedrückt. Die Fahne ist vorne zu hoch und kippt mit der linken Schulter nach innen, oder der Voltigierer knickt zu stark mit dem Ellbogen ein und stützt sich mit der Hand auf den Pferdehals.
- Verkrampfung und Steifheit im Schultergürtel, vorgeschobene Schultern, ausgedrehtes rechtes Hüftgelenk, Knick in der Taille.
- Arm und Bein sind verschieden hoch und nicht gestreckt, es entsteht kein Bogen; instabile Haltung.

60

• Die Fahne ist verdreht oder schief, Arm und Bein zeigen nach innen bzw. außen.

• Starkes Mitschwingen mit dem Arm und Bein wegen mangelnder Körperspannung. Hohlkreuz.

• Starkes Mitschwingen mit dem Arm und Bein wegen mangelnder Körperspannung.

• Der Voltigierer fällt beim Abbau dem Pferd in den Rücken.

Lernschritte

• Im Halten und Schritt das Hinknien üben und Gewicht auf die Arme verlagern.

• Übung steigern, indem das rechte Bein nach unten weggestreckt wird. Nun dasselbe im Galopp.

• Als nächstes die D-Fahne (der linke Arm ist noch nicht ausgestreckt) erst im Schritt, dann im Galopp üben. Schwung abfangen und weich in den Sitz zurückgleiten. Die Anzahl der Galoppsprünge allmählich steigern.

• Kann der Voltigierer die Fahne so über einige Zeit im Schritt und Galopp durchhalten, wird jetzt der linke Griff kurz losgelassen und wieder angefaßt.

• Ist die Balance gefunden, erst das Bein und dann den Arm ausstrecken (C-Fahne). Dies ständig üben und die Anzahl der Galoppsprünge steigern.

• Die Haltung immer wieder korrigieren, bis die richtige Form der Fahne auf Anhieb direkt aus dem Knien ohne Nachkorrekturen entwickelt werden kann.

• Nun mehrmals das gleichzeitige Hochführen von Arm und Bein für die A-/B-Fahne üben und die Übung über einige Galoppsprünge aushalten.

Mühle

A-/B-Mühle:
Mühle mit ganzer Drehung im Vierertakt

C-Mühle:
Mühle mit ganzer Drehung im Fünfertakt

D-Mühle:
Zwei Beinwechsel im Vorwärtssitz mit je einer Vierteldrehung im Fünfertakt

Bewegungsablauf A-/B-/C-Mühle

Bei dieser Übung führt der Voltigierer eine ganze Drehung im aufrechten Sitz auf dem Pferderücken in vier Phasen aus, die im Vierertakt bzw. Fünfertakt aufeinanderfolgen. Bei jeder Phase erfolgt eine Vierteldrehung gegen den Uhrzeigersinn.

1. Phase

Aus dem Sitz das rechte Bein gestreckt nach innen über den Pferdehals führen zum Innensitz; das linke Bein bleibt dabei am Pferd liegen. Griffe nacheinander kurz loslassen, während das Bein über den Gurt geführt wird. Beide Hände fassen wieder zu. Im Innensitz liegen die Beine geschlossen am Pferd an, der Oberkörper ist aufrecht, der Voltigierer sitzt auf dem ganzen Gesäß.

2. Phase

Das rechte Bein bleibt am Pferd. Das linke Bein nun gestreckt über die Kruppe führen zum Rückwärtssitz. Mit den Händen wieder umgreifen. Im Rückwärtssitz liegen die Beine mit tiefen Knien wieder am Pferd, der Oberkörper ist aufgerichtet, der Kopf hochgenommen.

61

1. Phase: *Mühle* zum Innensitz.

2. Phase: *Mühle* zum Rückwärtssitz. Der Oberkörper sollte aufrechter sein.

3. Phase: *Mühle* zum Außensitz.

4. Phase: *Mühle* zum Vorwärtssitz.

3. Phase

Das linke Bein bleibt am Pferd liegen. Rechtes Bein strecken und hoch über die Kruppe des Pferdes nach außen führen zum Außensitz; hierbei den Schwerpunkt etwas nach innen verlagern, um der Fliehkraft entgegenzuwirken. Wieder die Griffe wechseln, die Beine schließen und an das Pferd anlegen.

4. Phase

Die Schulter jetzt schräg nach vorn drehen, Blickrichtung wieder nach vorne. Das rechte Bein bleibt am Pferd, linkes Bein nun gestreckt über den Pferdehals führen zum Vorwärtssitz. Die Hände kurz von den Griffen lösen, um das Bein vorbeizulassen.

• Das hochgeführte Bein soll bei jeder Phase einen hohen, weiten und gleichmäßigen Halbkreisbogen beschreiben. Die Beine werden im Sitz zuerst in der Hüfte ausgedreht und so hoch wie möglich geführt, dabei sind sie bis in die Fußspitzen gestreckt. Der höchste Punkt soll über der Wirbelsäule des Pferdes erreicht werden. Je enger der Winkel zwischen Bein und Oberkörper, desto besser!

• Die Beinführung und die Drehungen sollen flüssig ohne Verzögerungen erfolgen. Oberkörper und Kopf drehen in der Bewegung mit. Der Kopf ist hochgenommen und der Blick orientiert sich an den Fußspitzen. In den Sitzpositionen sollen die Beine nahe am Gurt am Pferd anliegen.

• Nach jeder Vierteldrehung die korrekte Aufrichtung des Oberkörpers wieder aufnehmen! Während den Drehungen auf einem Punkt sitzen bleiben und mit dem ganzen Gesäß den Kontakt zum Pferderücken behalten.

D-Mühle

Bewegungsablauf

• Die D-Mühle mit wechselseitiger Beinführung beginnt im aufrechten Vorwärtssitz. Alle 4 Phasen erfolgen im Fünfertakt.

• Im aufrechten Sitz das linke Bein über den Pferdehals nach außen zum Außensitz führen und wieder nach innen über den Pferdehals zurück zum Sitz vorwärts führen.

• Im Sitz nun das rechte Bein über den Pferdehals nach innen zum Innensitz führen und wieder über den Pferdehals zurück zum Sitz vorwärts.

• In allen vier Phasen die Griffe nacheinander loslassen, um das jeweilige Bein vorbeizulassen und wieder zuzufassen.

Die Takte der Mühle

Alle Phasen der Mühle folgen in einem gleichmäßigen Takt aufeinander. Ein Galoppsprung entspricht einem Takt, das heißt, man hat für jede Phase 4 bzw. 5 Galoppsprünge Zeit. Jedesmal, wenn ein Bein vom Pferd abhebt, beginnt wieder eine neue Phase. Dann muß mit dem Zählen der Takte erneut begonnen werden.

Bei der A-/B-Mühle erfolgt nach der 4. Phase der Abgang nach innen, der im gleichen Rhythmus angeschlossen werden muß. Also erst nach dem letzten Takt der letzten (4.) Phase das rechte Bein zum Abgang über den Pferdehals führen. Nicht im Vorwärtssitz noch zusätzlich 4 Galoppsprünge sitzenbleiben.

Nach der D-Mühle folgt das Knien und nach der C-Mühle das Stehen. Die letzte Phase der Mühle muß abgeschlossen sein, bevor die nächste Übung folgt.

Achten Sie deshalb darauf, daß die nächste Übung erst dann aufgebaut wird, wenn <u>alle 5 Galopptakte</u> der letzten Phase vorüber sind.

Wettkampf
- Für Taktfehler in jeder Phase gibt es 1 Punkt Abzug.

Tips
- Bei der Drehung in den Außensitz rutscht man leicht nach außen ab (Fliehkraft!). Ungeübte sollten deshalb zuerst mit der linken Hand an den inneren Griff und dann erst mit der rechten Hand an den äußeren Griff umgreifen. So sichert immer eine Hand am inneren Griff.
- Der Ablauf der Mühle muß sicher gekonnt sein, ehe man sich auf das Zählen der Takte konzentriert.
- Empfehlung: Die ganze Gruppe sollte sich auf einen <u>einheitlichen Rhythmus</u> einigen: Für jede Phase 2 Takte zum Führen des entsprechenden Beines und 2 Takte fürs Sitzen. Für die D- und C-Mühle 2 Takte für das Bein und 3 Takte für die Sitzphasen.

Hauptfehler
- Ungleicher Rhythmus, Taktfehler.
- Mangelnde Beinstreckung. Zu flache oder in Höhe und Weite unterschiedliche Beinführung.
- Die Beine werden nicht geführt, sondern geschwungen, hochgerissen oder verzögert über das Pferd geführt.
- Hochgezogene Knie oder weggestreckte Beine in den Sitzphasen.

- Vorlage oder zu starke Rücklage des Oberkörpers, Rundrücken oder Hohlkreuz, hochgezogene Schultern, Hängenlassen des Kopfes.
- Hin- und Herrutschen mit dem Gesäß; Abheben mit dem Gesäß während der Beinführung.
- Kopf und Oberkörper drehen nicht flüssig in der Bewegung mit.

Lernschritte
- Zunächst wird die Mühle am Übungspferd und im Halten geübt, damit der Voltigierer den Bewegungsablauf mit dem richtigen Umgreifen erproben kann.

<u>Zuerst im Schritt, danach im Galopp:</u>
- Rechtes Bein über den Pferdehals führen zum Innensitz und wieder zurück zum Sitz, wiederholen, dann Abgang nach innen. Ebenso linkes Bein nach außen und wieder zurück zum Sitz.
- <u>D-Mühle:</u> Beide Übungen verbinden: Linkes und rechtes Bein im Wechsel über den Pferdehals führen; 2 × wiederholen.
- Mühle bis zum Rückwärtssitz und zurück zum Sitz. Danach dasselbe: im Rückwärtssitz das rechte Bein mehrmals über die Kruppe nach außen führen und wieder zurück (ohne Umgreifen).
- Als nächstes die ganze Mühle mit richtigem Umgreifen bis zum Sitz vorwärts üben.
- Hervorragende Gleichgewichtsübungen zur Verbesserung des Sitzes sind der freie Innen- und Außensitz und das Üben der verschiedenen Mühlenformen <u>ohne Festhalten an den Griffen</u> in allen Gangarten.
- Nach und nach die Beinführung verbessern; mit zunehmender Sicherheit auf den richtigen Rhythmus achten.

Schere

A-/B-Schere:

1. Teil: <u>Vorwärtsschere</u> mit halber Drehung nach außen zum Rückwärtssitz

2. Teil: <u>Rückwärtsschere</u> mit halber Drehung nach innen zum Vorwärtssitz

C-Schere:

<u>Vorwärtsschere</u> mit halber Drehung zum Rückwärtssitz

2. Teil: <u>Stützschwung rücklings</u> (S. 67), Abgang aus dem Rückwärtssitz nach innen (S. 50) .

Bewegungsablauf A-/B-Schere

Die Schere ist eine Beinschwungübung mit einer <u>Scherbewegung</u> der Beine. Unter einer Scherbewegung versteht man einen gleichzeitigen Wechsel der gegrätschten Beine, wobei das linke Bein immer oben ist.

Bei beiden Teilen der Schere, die <u>flüssig</u> miteinander verbunden werden sollen, erfolgt jeweils eine halbe Drehung des Körpers. Kopf und Schultern werden in den Drehungen immer mitgenommen. Die Drehungen müssen beim Einsitzen jedesmal abgeschlossen sein.

1. Teil: Vorwärtsschere

• Aus dem <u>aufrechten Sitz</u> wird für den Aufwärtsschwung des Körpers über das Pferd mit der richtigen Technik Schwung geholt. (Siehe auch »Die richtige Schwungtechnik« auf S. 51.)

• Beim anschließenden schnellkräftigen Rück-Hochschwung der Beine werden die Arme gebeugt, der Oberkörper wird nach vorn geneigt und die Hüfte gestreckt.

• Im Aufwärtsschwung des Körpers bis zur maximalen Höhe wird der Schwerpunkt über den Gurt verlagert. Gleichzeitig werden die Arme durchgestreckt und <u>aus den Schultern</u> herausgedrückt.

• Im Verlauf des Aufschwungs wird mit einer <u>Linksdrehung der Hüfte</u> eine halbe Drehung des Körpers eingeleitet. Die Beine nehmen somit eine <u>Schrittposition</u> ein (sie werden dabei weder gekreuzt noch wechseln sie schon jetzt die Seite).

• Vor Erreichen des höchsten Punktes (Umkehrpunkt) erfolgt die <u>Scherbewegung: Dabei werden beide Beine eng aneinander vorbeigeführt und wechseln ihre Position:</u> Jetzt zeigt der linke Fuß nach außen und der rechte nach innen.

• Im Abwärtsschwung wird die halbe <u>Drehung des Körpers vollendet</u> und der Voltigierer gleitet geschmeidig in den aufrechten <u>Rückwärtssitz</u> am Gurt und legt die Beine wieder ans Pferd.

• Beim Einleiten richtet sich der Oberkörper auf und der Schwung wird mit Armen und Beinen (siehe »Die richtige Landetechnik auf dem Pferd« S. 53) abgefangen. Die Hände greifen um.

2. Teil: Rückwärtsschere

• Aus dem Rückwärtssitz wird <u>ohne Verzögerung</u> die Rückwärtsschere angeschlossen.

• Um wieder Schwung zu holen, werden im aufrechten Rückwärtssitz die Beine gestreckt und in Richtung Gurt geführt. Dabei wird die Hüfte gestreckt und vorgeschoben, um eine <u>Bogenspannung</u> zu erreichen.

• Die Beine werden daraufhin schnellkräftig in Richtung Kruppe aufwärts geschwungen, gleichzeitig werden die Arme

Eine hohe *Vorwärtsschere* mit richtiger Hüftdrehung und korrektem Beinwechsel.

gebeugt und der Schwerpunkt wird über den Gurt verlagert.

• Das Gesäß hebt möglichst hoch über dem Pferderücken ab, bis sich der Rücken des Voltigierers idealerweise waagrecht über dem Pferderücken befindet.

• Im Verlauf des Aufschwungs wird die Hüfte gebeugt und die Beine werden nach oben geschwungen. Durch eine Rechts-drehung des Beckens wird die halbe Dre-hung des Körpers nach innen eingeleitet.

• Vor Erreichen des höchsten Punktes (Umkehrpunkt) erfolgt die beschriebene Scherbewegung mit dem Beinwechsel, da-bei soll sich der Schwerpunkt im höchsten Punkt senkrecht über dem Gurt befinden und die Arme werden durchgestreckt.

• Der Winkel zwischen dem Oberkörper und den Armen soll möglichst groß sein.

• Im Abwärtsschwung wird die halbe Drehung des Körpers vollendet. Während die Beine wieder ans Pferd gebracht wer-den, richtet sich der Oberkörper wieder auf.

• Beim Eingleiten in den Sitz vw wird das Gewicht mehr auf die rechte Hand verlagert. Dann erfolgt der Griffwechsel.

• Der Voltigierer landet wieder weich auf dem Pferd. (Siehe »Die richtige Lande-technik auf dem Pferd« S. 53.)

• Für A-/B-Gruppen und Einzelvolti-gierer wird als nächste Pflichtübung das »Stehen« angeschlossen.

Stützschwung rücklings

- Bei den C-Gruppen gehört der Stützschwung rücklings nach der Vorwärtsschere zu der Pflichtübung C-Schere.

Bewegungsablauf

Der Bewegungsablauf gleicht dem der Rückwärtsschere, nur erfolgt hier keine Dreh-Scherbewegung, sondern die Beine bleiben während der ganzen Stützphase gegrätscht (Abb. S. 41).

- Im aufrechten Rückwärtssitz wird über die Bogenspannung Schwung geholt, die Beine werden aufwärts geschwungen, die Hüfte wird gebeugt und das Gesäß hebt vom Pferderücken so hoch wie möglich ab.

- Darauf wird der Schwung bei der Abwärtsbewegung mit den Armen abgefangen und der Voltigierer gleitet am Pferd entlang in den Rückwärtssitz.

- Danach folgt der Abgang aus dem Rückwärtssitz mit halber Drehung nach innen (siehe S. 50).

Wettkampf

- Wertnote 0 bei jeder falschen Drehrichtung der Schere.

Tips

- Das Gelingen einer korrekten Schere ist abhängig von der richtigen Schwungtechnik mit dem geschickten Ausnutzen des Galoppsprungs, dem schnellkräftigen Krafteinsatz der Arme und von einer zum richtigen Zeitpunkt einsetzenden Dreh-Scherbewegung mit einem ununterbrochenem Bewegungsfluß.

- Die Scherbewegung soll um den höchsten Punkt herum erfolgen, dabei sollen die Beine nahe gleich hoch sein.

- Die Ganzkörperspannung soll stets beibehalten werden.

- Bei der Rückwärtsschere muß sich der Voltigierer aus den Schultern herausstützen und die Schulterblätter dabei zusammenführen.

- Für den 1. Teil der Schere ist der Ristgriff von oben auf die Griffe (Griff 1 siehe S. 42) zu empfehlen. Für die Rückwärtsschere kann der Zwiegriff hilfreich sein: Im Rückwärtssitz greift die linke Hand von unten zum Ristgriff (4) um.

Hauptfehler

- Ungenügendes oder falsches Schwungholen (siehe auch »Die richtige Schwungtechnik« S. 51/52).

- Zu frühes Durchdrücken der Arme; der Oberkörper kann sich nicht nach vorn neigen. Dadurch wird verhindert, daß die Beine hochgeschwungen werden können.

- Der Voltigierer kippt zu weit nach vorn über und kann sich nicht mehr von den Griffen abdrücken. Somit ist kein Aufschwung möglich.

- Mangelnde Beinstreckung, fehlende Hüftstreckung und Körperspannung, Hohlkreuzhaltung.

- Unterbrechung des Bewegungsflusses am höchsten Punkt (fast ein Stillstand im Handstand).

- Lange Sitzphasen zwischen beiden Teilen der Übung, die Rückwärtsschere wird nicht direkt angeschlossen.

- Voltigierer kommt nicht mit dem Gesäß vom Pferd weg, oder das Gesäß hebt zu wenig vom Pferd ab.

67

Eine gelungene, hoch gestützte *Rückwärts-schere.*

• Die Drehungen werden zu spät eingeleitet und nicht vollendet; der Voltigierer landet schief auf dem Pferd und der Körper wird erst bei der Landung auf dem Pferderücken fertig gedreht.

• Bei der Drehung stützt sich der Voltigierer mit dem rechten Unterarm ab; Schultern und Kopf drehen nicht mit.

• Harte Landung auf dem Pferd.

Falsche Scherbewegung:

• Ein Bein wird während der Scherbewegung nach unten gezogen.

• Die Schere wird geschnitten. Dies bedeutet, daß die Beine zuerst gekreuzt werden und die Drehung des Beckens erst danach erfolgt, anstatt die Drehung zuerst durch die Hüften einzuleiten. Dadurch entsteht keine richtige Scherbewegung.

• Bei einer sogenannten Propellerschere wird keine Scherdrehung ausgeführt, sondern das Becken wird nur mit den offenen, gegrätschten Beinen gedreht.

Lernschritte

• Es erfordert viel Training, die Schere mit ihrem technisch schwierigen Bewegungsablauf zu beherrschen. Das Beherrschen der Vorübungen für die richtige Schwungtechnik und der Stützschwung rücklings sind Vorbedingung für das Erlernen der Schere (siehe S. 51 und 67).

• Ebenso sind alle Übungen zur Verbesserung der Körperspannung hilfreich: wie Quer- oder Längslieger und der Liegestütz mit den Beinen auf der Kruppe. Dabei soll die Spannung gehalten werden.

• Um die Drehung des Beckens für die Schere zu schulen, kann man zuerst ohne Schwung den Bewegungsablauf auf dem Übungspferd ausprobieren.

• Aus der Fahne mit rechtem Stützbein kann die Beckendrehung für die Vorwärtsschere geübt werden, indem man sich mit dem rechten Unterschenkel vom Pferderücken abdrückt und das linke Bein nach außen führt und rückwärts einsitzt.

• Erst wenn die Schere auf dem Übungspferd mit weicher Landung klappt, sollte diese auf dem Pferd trainiert werden.

• Dazu sollte man zuerst den Stützschwung in Verbindung mit der Vorwärtsschere üben. Dann wieder mit einer halben Mühle vom Rückwärtssitz in den Sitz vorwärts kommen.

• Man beginnt für die Rückwärtsschere mit dem Stützschwung rücklings (siehe S. 67). Diesen mehrmals wiederholen und auf eine weiche Landung achten.

• Die Rechtsdrehung des Körpers kann man auch aus der Bank rücklings mit hochgespreiztem linken Bein üben, indem man sich mit dem rechten Fuß vom Pferderücken abdrückt und die linke Hüfte und das linke Bein nach innen dreht.

• Sind beide Teile der Schere eingeübt worden, können diese nun zusammen geübt werden. Die Schwunghöhe nach und nach steigern und Vor- und Rückwärtsschere immer flüssiger miteinander verbinden.

Stehen

A-/B-Stehen:
Freies Stehen, die Arme sind in Seithalte

C-Stehen:
Freies Stehen mit locker hängenden Armen

D-Gruppen:
Sie zeigen als Vorstufe zum Stehen das freie Knien (S. 71)

Bewegungsablauf Stehen

• Aus dem Sitz in der Sattellage des Pferderückens weich aufknien; Unterschenkel und Fußrist sollen flach aufliegen.

• Beide Füße werden mit der ganzen Sohle etwa eine Handbreit hinter dem Gurt zum Hockstand aufgesetzt. Die Füße zeigen parallel nach vorne.

• Das Gewicht auf die ganzen Fußsohlen verlagern, dabei den inneren Fuß etwas mehr belasten, um der Fliehkraft entgegenzuwirken. Der Übergang vom Sitz zum Hockstand und dann zum Stehen soll weich und fließend sein.

• Beide Beine sollen hüftbreit nebeneinanderstehen.

• Wenn der Voltigierer sein Gleichgewicht gefunden hat, Griffe loslassen und sich bis zum aufrechten Stand aufrichten. Dabei nicht gleich das Gesäß hochreißen, sondern zuerst die Schultern hochnehmen und den Oberkörper allmählich aufrichten.

• Für das C-Stehen Arme neben dem Oberkörper mit tiefen Schultern locker hängen lassen. Für das A-/B-Stehen Arme in Seithalte nehmen. Die richtige Armhaltung ist auf Seite 56 genau beschrieben.

• Mit erhobenem Kopf, Blick geradeaus, mit leicht vorgeschobener Hüfte und etwas gebeugten Knie- und Fußgelenken mindestens vier Galoppsprünge aufrecht stehen bleiben. Dabei soll der Voltigierer die ganze Zeit mit der ganzen Fußsohle den Kontakt zum Pferd behalten.

Erst wenn die Übung voll entfaltet ist, also erst wenn der Voltigierer beim C-Stehen mit hängenden Armen aufrecht steht bzw. wenn er beim A-/B-Stehen die Arme in Seithalte genommen hat, werden die Galoppsprünge gezählt.

• Die Galoppbewegung des Pferdes wird durch die Hüft-, Knie- und Fußgelenke federnd abgefangen. Die Knie zeigen nach vorn.

• Nun die Arme wieder nach vorn an die Griffe führen, Gewicht auf die Griffe verlagern, mit den Füßen leicht vom Pferderücken abdrücken und mit gestreckten Beinen am Pferd entlang weich und geschmeidig in den Sitz gleiten und das Körpergewicht dabei abfangen.

• Nach dem A-/B-/C-Stehen folgt unmittelbar darauf die nächste Pflichtübung, die Flanke.

69

D-Knien

Bewegungsablauf

• Aus dem Sitz in der Sattellage des Pferderückens weich aufknien. Knie, Unterschenkel und Fußrist sollen parallel links und rechts der Wirbelsäule des Pferdes flach aufliegen.

• Die Knie sind fast geschlossen, die Unterschenkel können wie in einer V-Form etwas nach innen bzw. nach außen zeigen, um sich der Rundung des Pferderückens anzupassen.

• Gewicht auf die Unterschenkel verlagern, Griffe loslassen, Oberkörper aufrichten und die Hüfte strecken.

• Nun die Arme in Seithalte nehmen (siehe »Die richtige Armhaltung« S. 56).

• Mit erhobenem Kopf, Blick geradeaus, mindestens 4 Galoppsprünge frei knien und mit den Kniegelenken die Galoppbewegung abfangen.

• Nun die Hände wieder an die Griffe führen und den Schwerpunkt nach vorn verlagern. Über den flüchtigen Stütz, mit gestreckten Beinen, wieder geschmeidig in den aufrechten Sitz gleiten.

• Als nächste Übung folgt der Stützschwung mit der Wende nach innen.

Wettkampf

• 1 Punkt Abzug,
– wenn der Voltigierer nicht mit beiden Beinen vor dem Stehen kniet,
– wenn der Voltigierer sich mit der Hand am Pferdehals abstützt,
– für jeden fehlenden Galoppsprung bei weniger als 4 Galoppsprüngen beim Knien oder Stehen.

Tips

• Je weniger Zeit der Voltigierer vom Sitz bis zur vollständigen Aufrichtung mit gleichzeitigem Ausstrecken der Arme braucht, desto besser.

• Eine ungezwungene, lockere Haltung mit einer Grundspannung des Rumpfes (Bauch, Gesäßmuskulatur) auf der ganzen Fußsohle ist für ein sicheres Stehen unbedingt notwendig.

• Dies gilt ebenso für das freie D-Knien. Hier ist es wichtig, daß die Hüfte gestreckt bleibt und die Unterschenkel immer flach aufliegen!

• Üben Sie aus diesem Grunde wiederholt allerlei Varianten von Knien und Stehen in Form von Gleichgewichts- und Geschicklichkeitsaufgaben in allen Gangarten. Diese machen viel Spaß und die Verkrampfungen lösen sich dabei spielerisch. Konzentrationsfähigkeit, Standfestigkeit und Selbstsicherheit der Voltigierer verbessern sich erheblich. Geeignete Übungsvorschläge hierfür finden Sie im Kapitel »Vielseitige Voltigierpraxis«, Seite 143 ff.

Hauptfehler beim Knien und Stehen

• Häufige Fehler beim D-Knien sind eine gebeugte Hüfte und Vorlage – das Gewicht liegt zu weit vorn auf den Knien und die Fußspitzen sind angezogen.

• Eine zu starke Rücklage – der Schwerpunkt liegt zu weit hinten. Knie und Beine liegen zu weit auseinander, der Voltigierer rutscht ab.

• Fehler beim Stehen: Der Voltigierer richtet sich nicht vollständig auf, er nimmt das Gesäß zu hoch und verharrt in einer nach vorn gebeugten Haltung.

71

- Zu hastiges Aufrichten: der Voltigierer verliert das Gleichgewicht und fällt dem Pferd in den Rücken.
- Verzögerter Aufbau der Übung.
- Ungenügendes Federn mit den Knien.
- Der Voltigierer steht nicht auf den ganzen Fußsohlen. Gewicht auf den Fußspitzen: man fällt nach vorn über. Gewicht auf den Fersen: der Voltigierer hüpft nach hinten.
- Der Voltigierer steht mit versetzten Füßen oder zu breitbeinig oder macht Schritte. Gleichgewichtsverlust.
- Mangelnde Aufrichtung, verkrampfter Schultergürtel, fehlerhafte Armhaltung, Hängenlassen des Kopfes.

Aufrechtes *Knien* mit gestreckter Hüfte und flachen Unterschenkeln.

- Schiefes Stehen, unruhige Oberkörperhaltung, Hohlkreuz oder Rundrücken.
- Keine Beinstreckung beim Eingleiten zum Sitz. Harte Landung auf dem Pferd.

Lernschritte für Knien und Stehen

- Mit dem Stehen soll nicht allzu früh begonnen werden, da diese Übung von den Voltigierern viel Mut verlangt.
- Das freie Stehen im Galopp wird erlernt, wenn der Voltigierer im Galopp sicher frei sitzen, frei knien und im Hockstand federnd auf die Bewegung des Pferdes eingehen kann. Die folgenden Übungen zuerst im Schritt, danach im Galopp ausführen:
- Mit Hilfestellung: Ein Voltigierer sitzt vorwärts vor dem Gurt. Der hintere Voltigierer hält sich an seinen Schultern fest und richtet sich über das Knien zum Hockstand und zum Stand auf.
Oder: Der Vordermann sitzt rückwärts vor dem Gurt und kann mit den Händen dem Übenden Hilfestellung geben.
- Nun das Aufrichten allein üben: Vom Sitzen zum Knien, dann zum Hockstand mit Festhalten an den Griffen und nun wieder in den Sitz gleiten.
- Das aufrechte freie Knien im Schritt üben, dann im Galopp; Anzahl der Galoppsprünge steigern.
- Stehen im Schritt mit Hilfestellung: Ein Helfer geht neben dem Pferd her, faßt den Voltigierer an der linken Hand und hilft ihm, sich zum Hockstand und anschließend zum Stehen aufzurichten. Jetzt die linke Hand loslassen, der Voltigierer läßt die Arme hängen und versucht, frei zu stehen. Der Helfer sichert ihn an der Ferse und hilft anschließend dem Übenden wieder in den Sitz zu kommen.

• Aufrichten zum Stand im Galopp hinter einem Vordermann mit ‚Festhalten' üben. Mit zunehmender Sicherheit für einige Galoppsprünge erst eine Hand, dann kurz beide Hände loslassen.

• Als nächstes hinter dem Vordermann für einige Galoppsprünge frei stehenbleiben, elastisch mitfedern.

• Hat man mit den Vorübungen das notwendige Gleichgewichts- und Bewegungsgefühl erreicht, kann nun das freie Stehen ohne Hilfe geübt werden. Hier muß unbedingt darauf geachtet werden, daß der Voltigierer keinesfalls nach hinten fällt (Verletzungsgefahr), wenn er das Gleichgewicht verliert, sondern wieder nach vorn an die Griffe faßt. Anfänglich mit hängenden Armen stehen (C-Stehen). Erst wenn es gelingt, mit aufrechtem Oberkörper sicher frei zu stehen, werden die Arme in Seithalte geführt.

• Zur Festigung des Stehens allmählich die Anzahl der Galoppsprünge steigern, bis der Voltigierer eine ganze Runde sicher stehen kann.

• Die korrekte Körperhaltung und Seithalte der Arme ab und zu vor einem Spiegel kontrollieren.

Mit gestreckten Beinen in den Sitz gleiten.

Flanke

A-/B-Flanke:
1. Teil: Wende vom Sitz zum Innensitz
2. Teil: Wende aus dem Innensitz nach außen zur Landung

C-Flanke:
1. Teil: Wende vom Sitz zum Innensitz, rechtes Bein über den Pferdehals zum Sitz vorwärts führen
2. Teil: Wende aus dem Sitz nach außen zur Landung (Beschreibung S. 53)

D-Gruppen:
Stützschwung mit Landung auf dem Pferd im Sitz (S. 53), anschließend Wende nach innen zur Landung (Beschreibung S. 52/53)

Bewegungsablauf A-/B-Flanke

Die Flanke ist eine Beinschwungübung mit zwei Teilen, welche flüssig miteinander verbunden werden sollen.

1. Teil: Wende zum Innensitz

• Aus dem aufrechten Sitz wird für den Aufwärtsschwung des Körpers mit der richtigen Technik Schwung geholt.

• Während des schnellkräftigen Rück-Hochschwungs der Beine werden die Arme gebeugt, die Schultern etwas vorgeschoben und der Oberkörper neigt sich nach vorn.

• Im Aufwärtsschwung zum Handstütz bis zur maximalen Höhe wird die Hüfte gestreckt und die Schultern werden über den Gurt gebracht. Gleichzeitig werden die Arme durchgestreckt und aus den Schultern herausgedrückt. Der Kopf ist dabei etwas zurückgenommen. Die Beine im Aufschwung früh schließen.

73

Beim 1. Teil der *Flanke* sollen die Schultern senkrecht über den Gurt gebracht werden (links). Im höchsten Punkt wird die Hüfte gebeugt, und die Beine werden geschlossen nach vorne geführt (rechts).

- Mit Erreichen des höchsten Punktes (Umkehrpunkt) wird die Hüfte gebeugt (das Gesäß ist jetzt der höchste Punkt) und beide Beine werden geschlossen und gestreckt nach vorne-innen geführt. Die Hüfte zeigt dabei nach vorne. Der Körperschwerpunkt liegt über dem Gurt.

- Im Abwärtsschwung gleitet der Voltigierer mit gestreckten und geschlossenen Beinen weich in den Innensitz. Dabei wird das Becken erst beim Einsitzen gedreht. Der Schwung wird mit Armen und Beinen abgefangen, indem der Voltigierer mit dem rechten Bein am Pferd entlang gleitet.

- Beim Einleiten zum Innensitz richtet sich der Oberkörper wieder auf, und die Beine werden ans Pferd gelegt.

- Im aufrechten Innensitz sitzt der Voltigierer mit nach vorn gerichtetem Oberkörper nahe am Voltigiergurt auf dem ganzen Gesäß. Schultern und Kopf werden im rechten Winkel zur Schulterachse gehalten.

2. Teil: Aus dem Innensitz Wende über das Pferd nach außen

- Ohne Verzögerung wird nun aus dem Innensitz der zweite Teil der Flanke angeschlossen.

Beim 2. Teil der *Flanke* sollte der Voltigierer so hoch wie möglich nach außen schwingen und sich aus den Schultern heraus vom Gurt abdrücken. Besser mit der rechten Hand von oben auf die Mitte des Griffes fassen!

• Mit einer Ausholbewegung der geschlossenen und gestreckten Beine nach vorne bis zum Widerrist wird wieder Schwung geholt.

• Mit dem schnellkräftigen Rückhochschwung der Beine – an der Innenseite des Pferdes vorbei – werden die Arme gebeugt, wobei der Voltigierer über die rechte Hüfte rollt und den Oberkörper nach vorne neigt.

• Während des Aufwärtsschwungs des Körpers wird die Hüfte gestreckt, gleichzeitig werden die Arme durchgestreckt und die Schultern wieder über den Gurt gebracht.

• Bis zur maximalen Höhe mit geradem Körper und geschlossenen Beinen so hoch wie möglich über die Kruppe des Pferdes nach außen schwingen.

• Dafür kurz vor Erreichen des höchsten Punktes mit den Armen kräftig aus den Schultern heraus vom Gurt nach oben-außen abdrücken und die Griffe sofort loslassen, so daß in der anschließenden Flugphase ein Höhengewinn entstehen kann.

• Während der Flugphase die Hüfte gestreckt lassen und im Verlauf des Abwärtsschwungs den Oberkörper wieder aufrichten und die Hüfte dann leicht anwinkeln.

• An der Außenseite des Pferdes, etwa auf der Höhe der Hinterhand, korrekt vorwärts landen und in die Bewegungsrichtung auslaufen (siehe S. 51).

C-Flanke

Bewegungsablauf

• 1. Teil: Wie oben beschrieben mit Wende zum Innensitz.

• 2. Teil: Das rechte Bein nun aus dem aufrechten Innensitz gestreckt in einem hohen Bogen über den Pferdehals nach außen zum Vorwärtssitz führen. Unverzüglich wieder Schwung holen und mit einer Wende nach außen abgehen und korrekt landen.

Wettkampf

• 1 Punkt Abzug für Sturz oder Bodenberührung nach der Landung beim 2. Teil der Flanke.

75

Wichtig

• Die richtige Bewegungstechnik, das schnellkräftige Schwungholen mit dem Ausnutzen des Galoppsprungs sind entscheidend für das Gelingen einer hohen und schwungvollen Flanke.

• Beim Rück-Hochschwung zum Handstütz soll im Umkehrpunkt die maximale Höhe erreicht sein. Die Bewegung soll aber nicht zum Handstand führen und dadurch unterbrochen werden.

• Der Aufschwung aus dem Innensitz geht leichter, wenn die Beine dabei etwas vom Pferd abgehoben werden und nicht so eng am Pferd entlanggeschwungen werden. Die Hüfte kann so schneller gestreckt werden.

• Die beste Griffart für den 1. Teil der Flanke ist der Ristgriff von oben auf die Griffe (Griff 1 siehe S. 42). Für den 2. Teil kann es hilfreich sein, mit der linken Hand von unten zum Kammgriff umzugreifen (Griff 3, S. 42, Zwiegriff).

Hauptfehler

• Ungenügendes oder falsches Schwungholen.

• Zu frühes Durchdrücken der Arme. Der Oberkörper kann nicht nach vorn geneigt werden. Dadurch wird verhindert, daß die Beine hochgeschwungen werden können.

• Der Voltigierer kippt nach vorn über und kann sich nicht mehr von den Griffen abdrücken, somit ist kein Aufschwung möglich.

• Mangelnde Beinstreckung und Körperspannung. Die Beine werden nicht oder zu spät geschlossen.

• Unterbrechung des Bewegungsflusses (fast ein Stillstand im Handstand).

• Keine gerade Körperachse (Hohlkreuzhaltung), fehlende Hüftstreckung.

• 1. Teil der Flanke: Zu frühes Abbeugen der Hüfte, dadurch wird der Auftrieb gebremst. Die Hüfte bleibt nicht frontal und wird zu früh nach innen gedreht.

• Harte Landung im Innensitz auf dem Gesäß mit Hochschnappen der Beine. Der Oberkörper wird bei der Landung nicht wieder aufgerichtet.

• Kein korrekter Innensitz, offene Beine. Der Oberkörper ist nicht nach vorne gedreht und der Voltigierer sitzt nur auf einer »Pobacke« bzw. einem Oberschenkel.

• Zu lange Sitzphase im Innensitz zwischen beiden Teilen der Flanke.

• 2. Teil der Flanke: Der Voltigierer holt im Innensitz mit nur einem Bein Schwung, und die Beine werden nicht geschlossen.

• Der Abdruck von den Griffen erfolgt ungleich oder zu spät. Der Körper ist verdreht, es entsteht eine Schleuderbewegung.

• Der Voltigierer rutscht nur über den Pferderücken oder bleibt außen hängen, da kein Abdruck von den Griffen erfolgt.

• Falsche, harte Landung; Sturz nach der Landung auf dem Boden.

Lernschritte

• Die Flanke ist eine technisch schwierige Übung, die viel Training erfordert. Deshalb sind das Beherrschen der Vorübungen für die richtige Schwungtechnik, wie z. B. der Stützschwung und das geschmeidige Einleiten in den Sitz, Grundvoraussetzungen für das Erlernen der Flanke (siehe auch »Lernschritte« S. 54).

- Nützlich sind auch alle Übungen zur Körperspannung wie Querlieger oder Liegestütz.
- Zuerst ohne Schwung die Flanke auf dem Übungspferd ausprobieren, um den Bewegungsablauf kennenzulernen.
- Zur Übung des 1. Teils der Flanke: Zum Üben des korrekten Einleitens in den Innensitz aus dem gestützten Stand auf dem Pferderücken mit angewinkelter Hüfte sich mit den Füßen abdrücken und die Beine strecken. Nach vorne gewandt am Pferd entlang mit dem rechten Bein kontrolliert in den Innensitz gleiten.
- Nach der Wende zum Innensitz das rechte Bein wie bei der C-Flanke wieder über den Pferdehals zum Sitz führen und den 1. Teil der Flanke mehrmals wiederholen.
- Als Vorübung zum 2. Teil: Zuerst den Abdruck von den Griffen mit einem Abgang aus dem Knien oder einer Wende nach außen üben.
- Rechtes Bein zum Innensitz führen (oder für Fortgeschrittene Aufsprung zum Innensitz) und mit geschlossenen Beinen Wende über das Pferd nach außen.
- Nun beide Teile der Flanke zusammen trainieren und allmählich die Höhe immer mehr steigern. Nach und nach werden beide Teile immer flüssiger miteinander verbunden.

Der ehemalige Weltmeister *Michael Lehner* erreicht beim 1. Teil der *Flanke* die maximale Höhe nahe an der Senkrechten.

Die Kür

Die Bewegungsformen des Voltigierens

Die Bewegungsformen des modernen Voltigierens lassen sich weitgehend aus Bewegungen der Gymnastik, des Geräteturnens und der Sportakrobatik ableiten. Beim Voltigieren werden diese Bewegungen auf die Vorwärtsbewegung des Pferdes übertragen und erfahren somit noch eine Steigerung, da das Schwingen des Pferderückens stets abgefangen und bei jeder Bewegung miteinbezogen werden muß. Eigenschaften, Kondition, der Ausbildungsstand und die Belastbarkeit jedes Pferdes beeinflussen diese Bewegungsmöglichkeiten und setzen ihnen Grenzen. So wird niemals jede Übungsvariation auf jedem Pferd möglich sein! Hierin liegt auch der Bezug zum Reiten: Wie vom Reiter, so wird auch vom Voltigierer ein ständiges Sich-Einstellen, Anpassen und Reagieren auf das Pferd verlangt. Ebenso wie bei anderen gestalterischen (kompositorischen) Sportarten werden auch im Voltigieren immer wieder neue Übungsmöglichkeiten und -elemente entwickelt. Zusammenstellung und Gestaltung von Küren unterliegen dabei gewissen modischen Einflüssen und ständigen Veränderungen. In den letzten Jahren zeichnen sich folgende Trends ab:

• Betonung der Bewegungsdynamik. Es werden mehr dynamische Übungen, vor allem im oberen Leistungsbereich, eingesetzt. Statische Übungen sind nicht mehr rein statisch, sondern werden durch die Veränderung von Arm- und Beinhaltung und die Kombinationen mit dynamischen Elementen aufgelockert.

• Hervorhebung tänzerischer Gestaltungselemente in Abstimmung der Bewegungen und dem Setzen von Akzenten zu einer speziell ausgewählten passenden Musik. Entwicklung von eigenen Kür-Choreographien.

• Erhöhte Schwierigkeiten mit mehr akrobatischen Übungsformen, z. B. bei Gruppenübungen auf der höchsten Ebene über dem Pferd oder mit sehr schwierigen Auf- und Abgängen in Verbindung mit dynamischen Bewegungsverbindungen.

• Aufsprünge erfolgen gleich in die richtige Endposition, z. B. einen Handstand u. ä. Die Übungen werden nicht mehr nur auf- und abgebaut, sondern zu anderen Übungsformen weiterentwickelt.

• Größere Bewegungsvielfalt durch geschickte Übungsauswahl und Wechsel der Bewegungsrichtungen und Bewegungsebenen. Das Pferd wird »umturnt«.

Einteilung der Übungsformen

Aus wenigen Grundübungen lassen sich durch Variationen eine Vielzahl von Übungsformen, -verbindungen und -kombinationen für die Kür entwickeln. Alle Übungsformen und ihre Varianten, die nicht Teil der Grund- und Pflichtübungen sind, werden als Kürübungen bezeichnet. Sie umfassen Einzel-, Doppel- und Dreierübungen mit Bewegungsformen aus allen Strukturgruppen.
Die Bewegungsformen im Voltigieren werden in dynamische und statische Übungsformen eingeteilt:
• Dynamische Übungsformen sind schwunghafte Bewegungen, bei denen

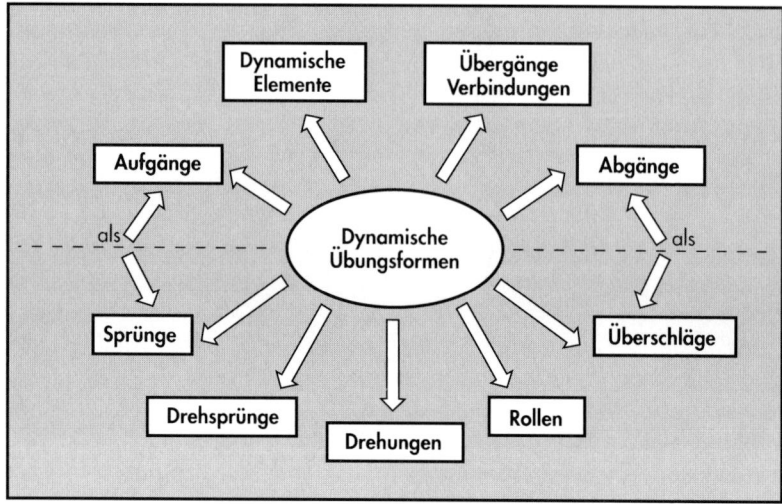

die Haltung verändert wird. Dazu zählen z.B. Auf- und Abgänge, Übergänge, Sprünge und Drehungen.

• Unter <u>statischen Übungsformen</u> versteht man Übungen, bei denen eine Haltung über eine bestimmte Zeit in einem <u>Gleichgewichtszustand beibehalten und der Schwerpunkt nicht verändert wird</u>, wie z.B. bei Fahnen oder Standwaagen.

Strukturgruppen

<u>Jede komplexe Bewegung läßt sich aus einer einfacheren Bewegung oder Grundform ableiten.</u> Um einen besseren Überblick über die verwirrende Vielfalt der Bewegungsformen im Voltigieren zu gewinnen, ist es hilfreich, sie in größere Gruppen, sogenannte <u>Strukturgruppen,</u>

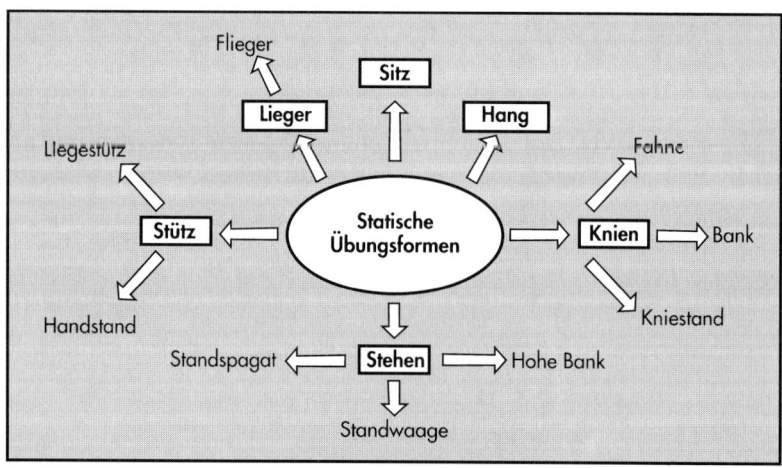

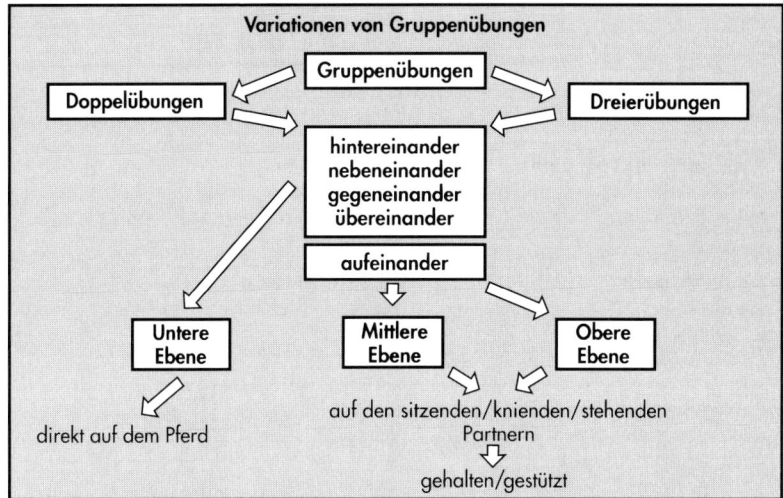

nach dem Prinzip der Bewegungsverwandtschaften mit übergeordneten Bewegungsbegriffen wie Schwüngen, Fahnen u. ä. einzuteilen.

Eine klare Trennung ist kaum möglich, da bei Bewegungskombinationen oft einige Strukturgruppen ineinander übergehen oder mehrere Grundelemente gleichzeitig – wie bei den Gruppenübungen – miteinander kombiniert werden.

Methodische Hinweise

Bereits Anfänger können einfache Kürübungen ausführen. Die vielfältigen Kürformen lockern den Unterricht auf und bilden eine willkommene Abwechslung neben dem üblichen Einüben der Grund- und Pflichtübungen.

Eine sinnvolle Hinführung zu neuen Kürformen richtet sich nach allgemeinen methodischen Grundsätzen (siehe auch S. 135). Für das Voltigieren ergeben sich folgende Leitlinien:

● Übungen, die auf bekannten, schon erlernten Übungen aufbauen, werden vor neuen, unbekannten Bewegungsabläufen erlernt.

● Eine Kürübung wird in der Grobform erlernt, bevor Einzelheiten verbessert werden, um die Feinform zu erreichen.

● Die Übungen sind zuerst am Boden, am Übungspferd, am Pferd im Halten und dann im Schritt einzuüben, bevor diese im Galopp ausgeführt werden.

● Übungen in leichter Form vor einer schwierigeren Ausführungsform: zuerst mit Festhalten an den Griffen, dann mit ausgestreckten Armen. Übungen auf unterer Ebene erfolgen vor solchen auf einer höheren Ebene; Einzelübungen vor Doppel- und Dreierübungen.

● Übungen in Bewegungsrichtung des Pferdes vor Übungen gegen die Bewegungsrichtung (rückwärts oder seitwärts).

● Einfache Bewegungsverbindungen vor komplexen wie z. B. mit Drehungen oder Schwüngen.

81

Die Kür

Variationsmöglichkeiten von Kürübungen

Ausgangspositionen und Bewegungsrichtungen des Voltigierers am und auf dem Pferd

Positionen der Voltigierer

hinter dem Gurt	in Sattellage auf dem Pferderücken auf der Kruppe
auf dem Gurt vor dem Gurt	auf dem Widerrist auf dem Pferdehals

in Seitenschlaufen innen/außen
an der Seite des Pferdes innen/außen

Bewegungsverhalten in Beziehung zum Pferd

nach vorn gewandt zum Pferdekopf	Beispiele:
nach hinten zur Kruppe	Knien vorwärts
nach innen zur Zirkelmitte	Knien rückwärts
nach außen zur Zirkelaußenseite	Knien seitwärts

vertikal:
aufrecht – Kopf ist oben	Stehen
Kopf zeigt nach unten	Schulterstand

horizontal:
Längsverhalten	Fahne vw
Querverhalten	Querfahne
Bauchlage: bauchlings	Bauchlieger
Rückenlage: rücklings	Flieger rücklings
Seitenlage: seitlings	Seitlieger

Bewegungsrichtungen

	Beispiele:
vorwärts	Knien vorwärts
rückwärts	Knien rückwärts
seitwärts	Knien seitwärts

Armhaltungen
Vorhalte
Rückhalte
Seithalte
Hochhalte
Tiefhalte
Hüfthalte

festgehalten
einarmig
beide Arme frei

gebeugt
gestreckt
gehalten
geschwungen
geführt
gekreist
gegrätscht

Beinhaltungen
vorspreizen
rückspreizen
seitspreizen
hochspreizen

gestützt
beidbeinig
einbeinig

Steigerung der Schwierigkeit von Kürübungen

Veränderung der Übungsform	leichter	schwerer
Art der Bewegungs-verbindungen	statisch einfach	dynamisch komplex
Ausgangsposition	in Sattellage	an der Seite des Pferdes, auf der Kruppe usw.
Verhalten zum Pferd	vorlings horizontal Längsverhalten	rücklings seitlings vertikal Querverhalten
Art der Abstützfläche	Griffe	Pferdehals, Pferderücken, Kruppe
Abstützen bei Partnerübungen	auf Schultern, Rücken/Füßen des Partners	auf den Händen des Partners
Positionen der Voltigierer	hintereinander übereinander	nebeneinander aufeinander
Anzahl der Abstützpunkte	beidhändig beidbeinig	einhändig einbeinig beide Arme frei
Größe der Abstützfläche	auf dem Rücken auf Gesäß, Knien	auf den Händen auf den Fußsohlen auf einem Bein
Abstand zum Gurt	am Gurt	auf dem Hals auf der Kruppe
Abstand zum Pferd, Höhe	untere Ebene	mittlere Ebene obere Ebene
Bewegungsrichtung	vorwärts	rückwärts seitwärts
Wechsel der Bewegungsrichtung	eine Richtung	mit Drehungen, Umschwüngen usw.
Armbewegungen Beinbewegungen	angefaßt gehalten geschlossen	frei, einarmig geschwungen gekreist u. gegrätscht

Man beginnt mit leichten Einzelübungen und kombiniert dann die Pflichtformen zu Doppel- und Dreierübungen, die bei den Voltigierern besonders beliebt sind. Mit zunehmendem Können werden darauf aufbauend die bekannten Kürformen durch neue Übungsvariationen ständig erweitert. Von Anfang an sollte Wert auf eine vielseitige Übungsauswahl gelegt werden, die für alle Voltigierer ausführbar ist. Die einfachen Formen und die verschiedenen Grundpositionen der Partnerübungen sollen alle Voltigierer erlernen, ohne sie zu früh auf die Positionen für »Ober- und Untermänner« in der Kür festzulegen.

Durch die Zusammenarbeit der ganzen Gruppe bei der Kür werden Kooperation, Kreativität, Vielseitigkeit und Verantwortung der Voltigierer gefördert. So haben die Voltigierer in der Kür die Möglichkeit, gemeinsam neue Übungskombinationen zu erfinden und auszuprobieren.

Das Zusammenspiel bei Gruppenübungen wird mit den Voltigierern systematisch eingeübt. Die Voltigierer müssen lernen, sich aufeinander einzustellen und ihre Bewegungen untereinander abzustimmen: z. B. die Arme gleichzeitig in die Seithalte zu führen, den Wechsel bei Auf- und Absprüngen und Übergängen zu koordinieren sowie bei Hebe- und Stützübungen den Krafteinsatz der Unterleute aufeinander abzustimmen. Da die Voltigierer oft nicht sehen können, wie sich ein Voltigierer hinter ihnen verhält, müssen sie quasi blindlings aufeinander vertrauen können. Insbesondere bei Höchstschwierigkeiten wie z. B. dem »Handstand auf der Schulter« muß sich der Obermann unbedingt auf die Unterleute, die ihn im Handstand halten und stützen, verlassen können!

Eine Zuordnung der Übungsformen nach gemeinsamen Bewegungsmerkmalen befähigt den Trainer, auf bekannte, ähnliche Bewegungsformen zurückzugreifen, die bisher schon sicher erlernt worden sind. Kennt der Ausbilder die typischen Merkmale einer Bewegung und die dazugehörende Strukturgruppe, so kann er den Bewegungsablauf leichter erfassen und Rückschlüsse auf die Idealbewegung ziehen. Wurde zum Beispiel die Pflichtübung Fahne zuvor schon erlernt, sind Technik und Haltung der Fahne bekannt, so können für die Kür daraus viele ähnliche Übungsteile entwickelt werden: Fahne rückwärts, Doppelfahne, Fahne aufeinander, Fahne auf der Schulter usw.

Griffe für Kürübungen

Die Griffe spielen eine entscheidende Rolle beim Aufbau von Kürübungen. Sie sollen den Voltigierern einen bestmöglichen Halt und die größte Sicherheit geben. Die Griffe müssen jeweils auf die nachfolgende Übung abgestimmt sein, so daß man gleich in die richtige Position gelangt, ohne umzugreifen. Die richtigen Griffe hängen ab von

– der Art der Zielübung und Übungsverbindung,
– Größe und Körperbau der beteiligten Voltigierer und des Pferdes,
– der Position des Voltigierers auf dem Pferd und seiner Bewegungsrichtung.

Vor der Entwicklung einer neuen Übung werden verschiedene Griffmöglichkeiten ausprobiert. Die geeignetste Griffassung ist die, bei der man den sichersten Halt hat, und solche Griffe, die sich beim Abbau der Übung am leichtesten wieder lö-

sen lassen (wichtig bei Stürzen!). Die Grundgriffe sind auf S. 42 und Beispiele für Griffe für Gruppenaufgänge auf S. 90/91 zu finden.

Die Kürübungen

In diesem Buch kann nur eine beschränkte Übungsauswahl aus der Vielzahl von Kürformen vorgestellt werden. Die aufgeführten Übungen dienen als Anregung dazu, selbst andere, eigene Formen zu erfinden. Videoaufzeichnungen von verschiedenen Küren sind eine bewährte Hilfe, um Aufbau und Ausführung sowie die Verbindung verschiedenartiger Kürübungen wiederholt beobachten und analysieren zu können.

Die Bewegungsbeschreibungen der Kürübungen beziehen sich jeweils auf die Ausgangsstellung auf dem Pferd, aus der eine Übung entwickelt wird.

Die Übungen werden immer von der Zirkelmitte aus – also von innen – und in der Bewegungsrichtung des Pferdes auf der linken Hand gesehen.

Es sind bewußt keine verbindlichen Schwierigkeitsgrade der Übungen angegeben, da sich diese ändern können und national sowie international nicht einheitlich sind. Maßgeblich für die gegenwärtige Einstufung der Schwierigkeitsgrade der Übungen für eine Wettkampfkür ist das geltende nationale bzw. internationale Reglement.

Für eine abwechslungsreiche Unterrichtsgestaltung und zum Erlernen der ersten Kürformen ist eine Übungsauswahl für einfache Einzel- und Partnerübungen auf den Seiten 141 ff., »Vielseitige Voltigierpraxis«, aufgeführt.

Dynamische Übungsformen

Dynamische Übungsformen lassen eine Kür abwechslungsreicher und lebhafter wirken. Sie bestehen aus Aufgängen, Abgängen, Übergängen und dynamischen Elementen (siehe Schema S. 80). Dynamische Übungen sind ein wichtiges Gestaltungselement für eine Kür und können je nach Schwierigkeit und Ausführungsform als eigene Übungsteile mitgezählt werden.

Im Gruppensport sind in den letzten Jahren neue Aufsprung- und Abgangsformen hinzugekommen, bei denen der Obermann vom Boden direkt in die oberste Ebene zu einer Gruppenübung aufspringt (z. B. Aufsprung in den Flieger) oder von dort abspringt.

Das Einzelvoltigieren hat den Voltigiersport durch zahlreiche neuartige dynamische Einzelelemente bereichert.

Abkürzungen

vw	= vorwärts: nach vorn gewandt
rw	= rückwärts: nach hinten
sw	= seitwärts: zur Seite
vl	= vorlings: Front des Voltigierers zeigt zum Pferd
rl	= rücklings: Rücken des Voltigierers zeigt zum Pferd
sl	= seitlings: eine Seite des Voltigierers zeigt zum Pferd
VV	= Vorderer Voltigierer
HV	= Hinterer Voltigierer
MW	= Mittlerer Voltigierer
OV	= Oberer Voltigierer
UV	= Unterer Voltigierer
/	= oder

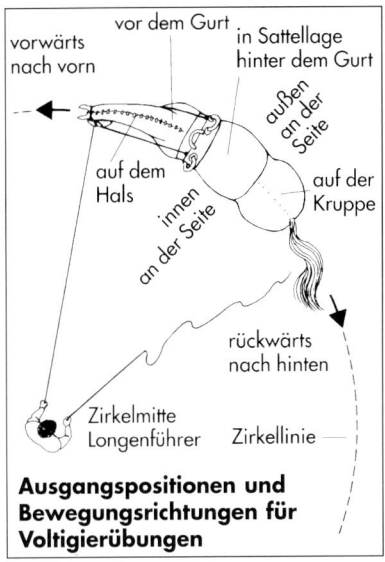

vor dem Gurt

vorwärts
nach vorn

in Sattellage
hinter dem Gurt

außen an der Seite

auf dem
Hals

innen an der Seite

auf der
Kruppe

rückwärts
nach hinten

Zirkelmitte
Longenführer

Zirkellinie

**Ausgangspositionen und
Bewegungsrichtungen für
Voltigierübungen**

Es gelten folgende Leitlinien:

• Dynamische Übungsteile werden aus vorhergehenden statischen Übungsteilen entwickelt bzw. schaffen Übergänge zu den folgenden Übungsverbindungen. Mit gelungenen, harmonischen Auf-, Ab- und Übergängen erzielt man eine besondere gestalterische Wirkung in der Kür.

• Es sollen möglichst kurze, zeitsparende, dazu effektvolle Auf-, Ab- und Übergänge ausgewählt werden. Mit Aufsprüngen gleich in die richtige Ausgangsposition für die nachfolgenden Übungen und Abgängen direkt aus der letzten Position eines Voltigierers läßt sich viel Zeit sparen. So wird der Aufbau bzw. Abbau der Übungen wesentlich abgekürzt.

• Es ist auf ein optimales Ausnutzen des Schwungs der Galoppbewegung des Pferdes zu achten, um eine möglichst große Höhe und Weite bei der Ausführung der Schwungbewegung zu erreichen.

• Eine Kür sollte stets verschiedene Aufgangsformen enthalten und mit einem gelungenen Abgang ihren wirkungsvollen Abschluß finden.

• Die meisten Übungsbeispiele können sowohl an der Innenseite als auch an der Außenseite des Pferdes, vor-, rück- oder seitwärts durchgeführt werden, deshalb werden diese Variationen nicht immer gesondert erwähnt. Wenn nicht anders angegeben, wird die Übung stets von innen und vorwärts ausgeführt.

• Die dynamischen Teile werden kurz beschrieben, da eine bildliche Darstellung sehr schwierig ist.

Aufgänge

Jede Übungsfolge, jeder Wechsel der Voltigierer beginnt mit einem Aufsprung. Ausgehend vom Grundaufgang bei der Pflicht sind viele Abwandlungen möglich. Die Technik des Pflichtaufsprungs muß beherrscht werden, bevor man beginnt, neue Formen im Galopp einzuüben. Dazu muß die erforderliche Sprung-, Stütz- und Zugkraft ausreichend entwickelt sein.

Übungsbeispiele für Einzelaufgänge

1 Aufsprung in den Innensitz

Nach einem kräftigen Absprung vom Boden die Hüfte beugen, um das Gesäß möglichst hochzubringen. Den Oberkörper nach unten neigen, Beine geschlossen lassen, das Gesäß nach oben schieben, an den Gurt heranziehen und im Innensitz hinter dem Gurt landen. Dieser Aufgang eignet sich, um bei Partnerübungen vor einen Voltigierer aufzuspringen.

2 Aufsprung in den Außensitz

Nach dem Absprung die Beine geschlossen lassen, mit gestreckten Beinen über den Pferderücken nach außen schwingen und im Außensitz landen.

3 Scheraufsprung zum Rückwärtssitz

Nach einem energischen Absprung Hüfte beugen und das Gesäß möglichst hochbringen, linkes Bein nach hinten-oben spreizen und Hüfte nach links drehen, dann linkes Bein nach außen über die Kruppe schwingen – das rechte Bein bleibt an der Innenseite des Pferdes; mit Schultern und Körper mitdrehen und im Rückwärtssitz landen.

4 Aufsprung zum Sitz rw auf den Pferdehals

Dieser Aufsprung ist direkt auf den Pferdehals oder über den flüchtigen Innensitz möglich. Nach dem Absprung mit geschlossenen Beinen wird der Oberkörper über das Pferd nach außen gebeugt. Der Voltigierer stützt sich auf seinen rechten Arm, dreht das Becken nach hinten, während er das linke Bein über den Pferdehals nach vorn-außen führt. Er richtet sich wieder auf und landet im Rückwärtssitz auf dem Hals.

Variation:

Aufsprung auf den Pferdehals über den Außensitz

5 Aufsprung ins Knien

Kräftiger Absprung, Beine geschlossen lassen, auf die Arme stützen, Hüfte und Knie beugen, dabei das Gesäß möglichst hochbringen. Mit den Unterschenkeln flach im Knien auf dem Pferd landen. Oberkörper aufrichten.

Variationen:

– Aufsprung ins Knien seitwärts
– Aufsprung in die Fahne

6 Aufsprung in den Hockstand

Gleicher Bewegungsablauf wie bei Aufsprung Nr. 5. Kräftiger Absprung, um das

Gesäß und die gebeugten Beine hoch über das Pferd bringen zu können. Nun flach auf den ganzen Fußsohlen auf dem Pferderücken in der Hocke aufsetzen.

Variationen:

– Aufsprung in den Stand
– Aufsprung in die Standwaage

7 Aufsprung in den Liegestütz

Nach einem kräftigen Absprung beide Beine geschlossen hochschwingen, dabei die Arme erst beugen und in der Flugphase über dem Pferd allmählich durchdrücken. Im Liegestütz mit den Füßen (auf dem Fußrist) auf der Kruppe landen.

Variation:

Aufsprung mit einbeiniger Landung

Ein Bein wird vor der Landung nach oben abgespreizt.

8 Aufsprung in die Rückenlage

Rechte Hand am inneren Griff, linke Hand greift an den äußeren Griff. Nach dem Absprung Hüfte beugen und mit dem Rücken zum Pferd drehen, sich an den Gurt ziehen und in Rückenlage längs auf dem Pferd landen.

9 Aufsprung in den Innenstütz quer vl

Mit der linken Hand am inneren Griff festhalten und die rechte Hand auf dem Pferderücken aufstützen. Abspringen, den Oberkörper zum Pferd drehen und zum Stütz auf dem Pferd kommen (mit nach unten gestreckten und geschlossenen Beinen).

Variation:

Aufsprung zum Innenstütz mit sofortigem Durchhocken zum Außensitz

10 Aufsprung in den Schulterstand

Die rechte Hand faßt den äußeren Griff von unten, die linke den inneren von oben. Aus dem kräftigen Absprung Hüfte beugen, Knie anziehen, den Oberkörper an der inneren (bzw. äußeren) Halsseite des Pferdes nach vorn beugen; die rechte (bzw. linke) Schulter hinter dem Widerrist aufsetzen und die Beine nach oben zum Schulterstand vw führen.

11 Rückwärts-Rollaufsprung zum Sitz rw auf dem Pferdehals

Beide Hände am inneren Griff, abspringen, sofort nach hinten drehen, beide Beine geschlossen nach hinten hochschwingen und Beine an den Körper ziehen. Während der Rollbewegung beide Beine strecken und öffnen, dann sich vor den Gurt ziehen.

Übungsbeispiele für Gruppenaufgänge

Bei diesen Aufgängen ist es sehr wichtig, daß der Absprung vom Boden und das Hochziehen des Voltigierers auf das Pferd nahezu gleichzeitig erfolgen. Dazu müssen sich alle Voltigierer genau aufeinander abstimmen. (Griffformen für Gruppenaufgänge siehe S. 90/91.)

12 Doppelaufsprung hintereinander

Griff 1 oder 2. Dies ist die einfachste Art, wie mehrere Voltigierer hintereinander aufspringen können: Der VV zieht den aufspringenden Voltigierer mit der rechten Hand hinter sich zum Sitz, Knien oder in den Stand hoch.

13 Aufsprung unter Hochschwingen zum Sitz

Ein Voltigierer auf dem Pferd macht einen Stützschwung, während ein zweiter Voltigierer zum Sitz vor ihn aufspringt.

14 Aufsprung zum Sitz oder Stand vorn

Ein stehender bzw. sitzender Voltigierer zieht den aufspringenden Voltigierer direkt in den Sitz zum Stand rw auf den Gurt (Griff 3 oder 4).

15 Rollaufsprung mit Hochziehen in den Stand/Knien

Während des Absprungs mit dem Rücken zum Pferd drehen (Blick zur Zirkelmitte), Beine anhocken und mit einer Rolle rw im Seitstand oder Knien sw auf dem Pferd landen.

16 Aufsprung auf die Fahne/Bank

Griff 5. VV Sitz rw auf dem Hals, HV in der Bank/Fahne. Der dritte aufspringende Voltigierer erfaßt die Arme des VV und springt direkt zum Sitz auf den Rücken des HV auf.

17 Aufsprung in den hochgestützten Liegestütz/Flieger

Der HV faßt den MW im Sprung an den Oberschenkeln und drückt ihn hoch in den Stütz auf den Schultern des VV. Griff wie Nummer 8, Seite 91.

Dieser Griff kann für *Rollaufsprünge rückwärts* angewandt werden (Übung 15).

Griff 1 und Griff 2 für Vorwärtsaufgänge in Positionen wie Sitz, Knien oder Stand.

Griff 3 für Aufgänge vor den Gurt rw. Griff 4 für Aufgänge vor den Partner vw/rw.

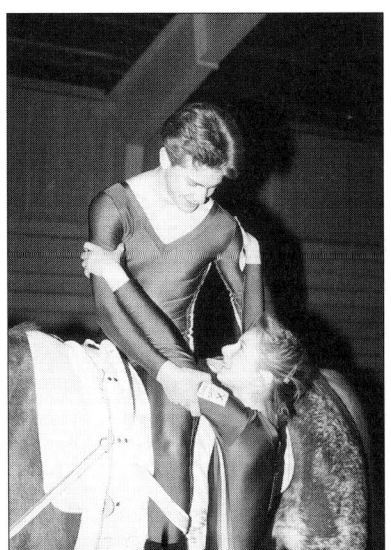
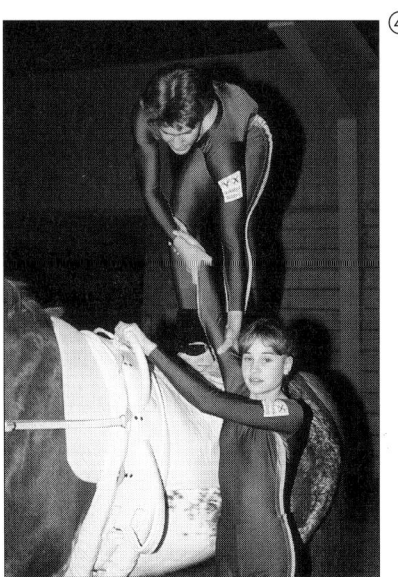

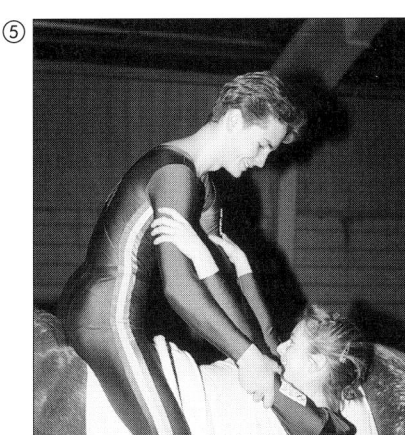

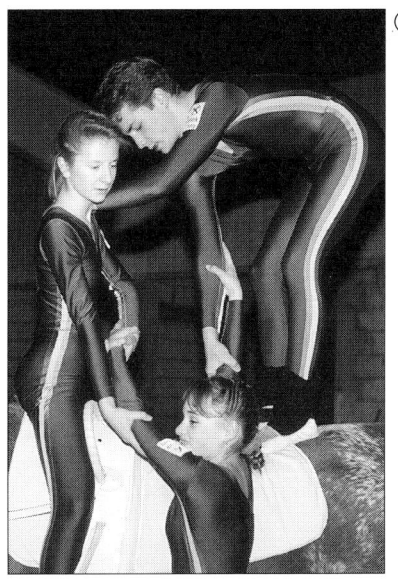

Griff 5 für alle Positionen hinter dem Gurt.

Griff 6 für Aufgänge zwischen zwei Partner.

Griff 7 für Seitwärtsaufgänge.

Griff 8 für Aufgänge in den Stütz/Flieger.

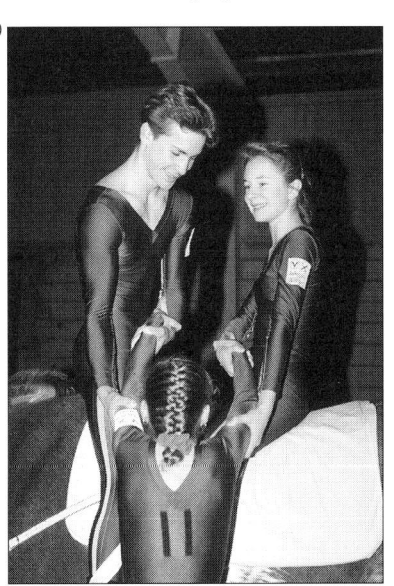

91

Abgänge

Für Abgänge gibt es zahlreiche Variationsmöglichkeiten. Sie werden hauptsächlich <u>nach außen und hinten</u> ausgeführt, damit die folgenden Voltigierer schneller aufs Pferd zur nächsten Übung aufspringen können. Schwierige Abgänge wie Überschläge, Rollen, Salti u. ä. müssen am Boden oder sogar in der Turnhalle vorgeübt und sicher beherrscht werden, bevor sie auf dem Pferd gesprungen werden. Bei <u>Gruppenabgängen</u> ist darauf zu achten,

daß die stützenden Partner den abspringenden Voltigierer möglichst lange mit den Armen führen. Die Griffe müssen jedoch gelöst werden, bevor der abspringende Voltigierer den Boden erreicht.

Stets Wert auf korrekte, sichere Landungen legen (siehe S. 51).

Übungsbeispiele für Einzelabgänge

1 Wende von der Kruppe mit halber Drehung

Aus dem Rückwärtssitz Beine hochschwingen und Hüfte nach außen drehen, mit den Händen abdrücken, Schultern mitdrehen und mit geschlossenen Beinen vw außen landen.

Variation:

Wende vom Sitz rw auf dem Pferdehals mit halber Drehung nach außen

2 Wende vom Pferdehals mit Drehung über den Pferderücken

Aus dem Sitz rw vor dem Gurt Beine rückhochschwingen, mit der linken Hand auf dem Pferderücken abstützen und mit einer Rechtsdrehung nach innen über den Pferderücken schwingen und vw landen.

3 Wende aus der Fahne/dem Knie

Aus der Fahne mit dem ausgestreckten rechten Bein Schwung holen, mit dem linken Unterschenkel und den Armen vom Pferd abdrücken, Beine schließen und zur Wende nach innen oder außen abgehen.

Variation:

Wende aus der Fahne rw vom Pferdehals mit halber Drehung nach außen

4 Bocksprung über die Kruppe

Aus der Bank rw beide Hände auf der Kruppe aufsetzen, Gewicht auf die Arme verlagern, sich fest mit den Händen und Unterschenkeln vom Pferd abdrücken. Beine grätschen und strecken, dann mit

geschlossenen Beinen weit hinter dem Pferd landen.

5 Abhocken aus dem Seitstütz

Aus dem Stütz vl an der Innenseite des Pferdes mit geschlossenen Beinen über den Pferderücken abhocken.

6 Strecksprung

Aus dem Stehen mit beiden Füßen vom Pferd nach oben abdrücken, die Arme nach oben schwingen. Den ganzen Körper bis in die Fußspitzen spannen, Beine schließen und außen landen.

7 Grätschwinkelsprung

Ein solch perfekt ausgeführter, hoch gesprungener Grätschwinkelsprung, wie auf Seite 92 abgebildet, ist nur etwas für Könner.

Leichtere Variation:

Grätschsprung

8 Handstandabgang

Handstütz, mit dem rechten Bein Schwung holen, mit dem linken Bein vom Pferderücken abdrücken, Gewicht auf die Arme verlagern und mit gestreckten Beinen zum Handstand aufschwingen. Mit den Armen vom Gurt abdrücken.

9 Rolle vw an der Schulter des Pferdes nach außen

Im Hockstand oder Knien linke Schulter an die äußere Halsseite des Pferdes legen, mit den Füßen vom Pferd abdrücken, Kopf einziehen und nach außen abrollen.

10 Rolle rw über die Kruppe

Aus dem Sitz vw vor dem Gurt über die Rückenlage auf dem Pferderücken mit angezogenen Beinen nach hinten rollen. Mit den Händen von der Kruppe abdrücken zur Landung vw hinter dem Pferd.

11 Rolle rw quer zum Pferd

Innensitz, rechte Hand am inneren Griff, die linke Hand drückt sich vom Pferd ab, über die Rückenlage quer über den Pferderücken nach außen rollen.

Wichtig: während des Abrollens nach vorne drehen, um sicher zu landen.

12 Salto vw/rw

Der Salto rückwärts wird aus dem Stand auf der Kruppe nach hinten gesprungen; der Salto vorwärts aus dem Stand in Sattellage nach vorn-außen (Abb. S. 85 u. S. 95).

13 Handstandüberschlag nach vorn

Der Handstandüberschlag vw wird aus dem Vorwärtsstehen über den Handstütz am Gurt nach vorn-außen ausgeführt. Dabei kräftig vom Pferd abdrücken!

14 Rad/Radwende

Aus dem Seitstand rw oder sw beide Hände nacheinander auf der Kruppe aufsetzen und vom Pferd abdrücken.

Für den *Handstandabgang seitwärts* ist eine ausgezeichnete Körperspannung erforderlich.

*Übungsbeispiele für
Gruppenabgänge*

15 <u>Doppelabgang nach vorn</u>

Aus dem Doppelsitz führen beide Voltigierer gleichzeitig ein Bein nach vorn-oben zum Abgang nach innen oder außen.

16 <u>Wende aus dem Querlieger von der Bank/hohen Bank</u>

Der oberste Voltigierer schwingt mit gestrecktem Körper und geschlossenen Beinen vom Querlieger zur Landung nach außen ab.

17 <u>Unterschwung von der hohen Bank</u>

Vom Sitz (oder Querlieger) auf der hohen Bank nach außen schwingen, Beine dann unter der hohen Bank zur Landung nach innen führen und mit geschlossenen Beinen abrutschen.

Der *Salto rückwärts* setzt ein hohes Maß an Mut und turnerischem Können voraus.

18 Übersprung

VV nimmt im Sitz vw die Arme hoch, der stehende HV stützt sich auf die Hände des VV und springt mit beiden Füßen nach oben ab, zieht die Knie an und springt zwischen den Armen hindurch über den Kopf des VV nach außen ab. Der Untermann muß im Sprung den HV gut abstützen und dann mit den Armen nach unten führen. Vor der Landung Hände lösen!

19 Übergrätschen

Wie zuvor, der HV springt in einer Grätsche über seinen Partner, der ihn mit beiden Händen in der Mitte stützt.

20 Übersprung rw

Vom Stand vw auf dem Gurt springt der VV über den sitzenden HV nach hintenaußen ab.

21 Handstandabgang von der Schulter

Der HV stützt sich im Stand auf den Schultern des VV, holt mit einem Bein Schwung zum Handstand und drückt sich von den Schultern des VV zum Handstandabgang nach innen oder außen ab.

22 Stützrolle von den Schultern

Aus dem Knien auf den Schultern (statische Übung 11) nach außen abrollen.

23 Rolle aus dem Querlieger auf den Armen

Der OV liegt im Querlieger (statische Übung 33) auf den Armen zweier sich gegenübersitzender Partner und rollt vw nach innen oder außen ab.

24 Abrollen vom Schulterlieger

Aus dem Schulterlieger (statische Übung 32) vw nach außen abrollen. Der Untermann sitzt, kniet oder steht dabei.

25 Rolle aus dem Querlieger

Aus der Querlage vl auf der hohen Bank mit einer Rolle vw seitwärts abrollen (Abb. S. 113 o. li.).

26 Sprungrolle (Starabgang)

Der VV sitzt, der stehende HV stützt sich auf die ausgestreckten Arme des VV und springt nach oben ab. Im Sprung über den VV führt er mit angezogenen Beinen eine Rolle vw aus. Die Beine werden wieder gestreckt und der Voltigierer landet weit außen am Boden. Der stützende Voltigierer muß die Hände vor der Landung lösen.

Übergänge

Übergänge verbinden mehrere Übungsteile zu einer Übungsfolge. Sie sollen von einer vorangehenden Übung zur zweckmäßigsten Ausgangsstellung für die folgenden Übungsteile führen und so möglichst flüssige, harmonische Verbindungen herstellen.

Umständliches, langwieriges Auf- und Abbauen von Übungsteilen kann durch geschickte Verbindungen und möglichst kurze Wege vermieden bzw. abgekürzt werden. Der Bewegungsablauf der meisten Übergänge gleicht vielen Abgangsformen; so ist z. B. die Rolle aus dem Schulterlieger sowohl als Abgang wie auch als Übergang möglich.

Übergänge bestehen in der Kür aus Sprüngen, Drehungen mit Schwüngen, Scheren, Rollen und Überschlägen und werden eingesetzt für:

– Richtungswechsel von vw nach rw oder umgekehrt,

– Positionswechsel von vorn nach hinten, von der unteren auf eine höhere Ebene, von vl nach rl und sl.

– Platzwechsel der Voltigierer bei Doppel- und Dreierübungen von hinten nach vorn oder umgekehrt, von unten nach oben.

Dieser *gehockte, gestützte Rollsprung* verlangt eine genaue Abstimmung der Voltigierer unter-einander (Variation von Übung 26).

Übergänge sind immer im Zusammen-hang mit den dazu passenden statischen Übungsteilen zu sehen. Sie können hier nur aus den Übungsverbindungen heraus-gelöst dargestellt werden. Zur Anregung werden im folgenden einige bekannte For-men aus einer Vielzahl von Verbindungs-möglichkeiten herausgegriffen.

Übungsbeispiele

1 Aus dem Innensitz auf den Pferdehals drehen

Das linke Bein wird aus dem Innensitz nach vorn über den Pferdehals mit einer halben Drehung nach außen geschwun-gen zum Rückwärtssitz auf dem Hals.

2 Vorwärtsschere/Rückwärtsschere aus dem Sitz auf dem Hals

Aus dem Sitz vor dem Gurt kann die Be-wegungsrichtung mit einer halben Schere für Übungen auf dem Hals gewechselt werden.

3 Drehung aus Knien/Fahne/Stand-waage

Das ausgestreckte rechte Bein mit einer halben Körperdrehung über den Pferde-hals führen zum Rückwärtssitz vor dem Gurt.

4 Fahne/Standwaage-Scherdrehung

Rechtes Bein nach oben schwingen, mit dem linken vom Pferderücken abdrücken, mit einer Hüftdrehung das linke Bein nach außen führen und das rechte nach innen (Beine kreuzen), Landung im Rückwärtssitz.

5 Platzwechsel

Bei diesem Übergang wechseln zwei Voltigierer ihre Plätze aus dem Doppelsitz von vorn nach hinten. Der VV wird aus dem Innensitz vom HV an der Taille umfaßt und zum Sitz vw hinter ihm herumgehoben.

6 Drehungen im Lieger/Flieger/Liegestütz

Die Lage des Fliegers kann gewechselt werden:

– vom Flieger vw zum Flieger rw/sw.,
– vom Flieger vl zum Flieger rl oder sl.

Wichtig ist dabei, daß der OV die Körperspannung beim Drehen beibehält.

7 Umschwünge

Schwunghafte Drehungen erfolgen über den beidarmigen Stütz und sind in vielerlei Formen und aus verschiedenen Positionen ausführbar.

Umschwung aus dem Vorwärtssitz

– zum Sitz rw auf den Hals,
– mit einer ganzen Drehung über den Pferdehals wieder zum Sitz rw.

Aus dem Rückwärtssitz vor dem Gurt

– zum Sitz vw/rw oder zur Fahne vw auf dem Pferderücken.

Umschwung aus der Fahne vw

– zum Sitz rw vor dem Gurt,
– zur Fahne rw auf dem Hals,
– mit Hochschwingen zur Standwaage mit Umschwung auf dem Hals.

Umschwung aus der Fahne rw auf dem Hals zum Sitz/Knien oder Fahne vw.

8 Umschwung aus dem Stand

Auf die Griffe stützen, mit beiden Beinen an der Innenseite des Pferdes entlanggleiten, dann das linke Bein nach außen über den Pferdehals zum Rückwärtssitz führen.

9 Umschwung aus dem Stütz oder Handstand

Dieser Übergang erfolgt aus dem Stütz vw über den Partner mit Drehung zum Sitz rw oder Stand rw.

10 Durchhocken aus dem Seitstütz

Von innen/außen mit beiden Beinen über den Pferderücken durchhocken zum Innen-/Außensitz. Vgl. Abgang 5.

11 Übersprung/Übergrätschen

Diese Sprünge entsprechend den Abgängen 18 und 19 mit Landung auf dem Pferd im Stand oder Sitz vor dem Partner.

Variation: Übersprung rw

Wie Abgang 20 mit Landung im Stand vw auf dem Pferderücken hinter dem Partner.

12 Rolle rw auf den Pferdehals

Aus der Rückenlage (Kopf und linke Schulter liegen an der Innenseite des Pferdes) mit den Beinen Schwung holen und zum Rückwärtssitz vor den Gurt rollen.

Variation:

Rolle rw zur Fahne rw auf dem Hals

13 Aufrollen zum Schulterlieger

Der HV umfaßt den VV mit einem Arm an der Hüfte. Dieser rollt rw auf die Schulter des Untermanns zum Schulterlieger.

Variation:

Abrollen vom Schulterlieger zum Sitz

14 Aufrollen zum Schulterstand

Aus der Rückenlage Beine hochschwingen und zum Schulterstand rw auf dem Pferderücken aufrollen.

Variation: Abrollen aus dem Schulterstand vw oder rw zur Rückenlage

Statische Übungsformen

Der Aufbau von statischen Übungen hängt davon ab, aus welcher Ausgangsstellung oder aus welchem vorhergehenden Übungsteil eine Übung jeweils entwickelt wird. Deshalb wird darauf verzichtet, den Aufbau für jede einzelne Übung gesondert zu beschreiben.
Viele Übungsbeispiele können sowohl an der Innenseite als auch an der Außenseite des Pferdes vor-, rück- oder seitwärts und mit verschiedenen Arm- und Beinhaltungen durchgeführt werden. Diese Variationen sind nicht extra erwähnt. Ist nichts anderes angegeben, werden Übungen stets von innen und vorwärts beschrieben. Siehe hierzu auch das Schaubild über die Strukturgruppen Seite 80 und die Variationsmöglichkeiten Seite 81/82.

Mit Rollen lassen sich viele abwechslungsreiche Über- und Abgänge in der Kür gestalten.

Im Wettkampf muß jede statische Kürübung mindestens 3 Galoppsprünge ausgehalten werden.

Beispiele für Einzelübungen

Übungsformen im Sitz

1 Schneidersitz
Der Voltigierer sitzt nahe am Gurt und legt ein Bein schräg über den Gurt und das andere Bein darüber. Beide Beine werden vor dem Gurt gekreuzt.

2 Spreizsitz
Das linke Bein liegt angewinkelt über dem Gurt, mit der rechten Hand die rechte Fußsohle von oben ergreifen und das Bein gestreckt zur Seite hochziehen.

Übungsformen mit Knien, Kniestand, Bank und Fahne

3 Freies Knien rw
Die Unterschenkel liegen links und rechts der Wirbelsäule des Pferdes. Aufrecht mit gerader Hüfte knien.
Variation: Knien sw

4 Kniestand (Prinzensitz)
Das linke Bein liegt schräg über dem Pferderücken, das angewinkelte rechte Bein wird mit dem Fuß flach auf dem Pferderücken aufgesetzt oder ausgestreckt (Abb. S. 130).
Variation: Kniestand sw oder rw (Abb. S. 100 u. S. 183)

5 Bank rl
Bei der Bank mit hochgespreiztem rechten Bein und ausgestrecktem linken Arm muß die Hüfte gestreckt werden.

6 Fahne rw auf dem Pferderücken
Aus der Bank rw wird das linke Bein

schräg über den Pferderücken gelegt, dann das rechte Bein und den linken Arm zur Rückwärtsfahne ausstrecken.

Variation: Querfahne

7 Fahne rw auf dem Hals

Aus dem Rückwärtssitz vor dem Gurt linkes Bein schräg über den Pferdehals legen, rechtes Bein zur Fahne hochführen. Mit den Armen gut abstützen, um ein Abkippen zu verhindern.

Übungsformen mit Stehen/Standwaage/Standspagat

8 Stand in der Schlaufe vorwärts

In der Abbildung auf Seite 101 oben wird der Stand mit einem hochgespreizten Bein außen gezeigt (Variationen siehe Abb. S. 129 u. S. 175).

Kniestand rw mit ausgestrecktem Bein, eine Variation von Übung 4.

9 Freies Rückwärtsstehen

Aus dem Hockstand vorsichtig zum Rückwärtsstehen aufrichten (siehe S. 101)

10 Standwaage/Standspagat gestützt

Bei dieser Übung wird ein Bein möglichst hoch gespreizt.

11 Bielmann-Standwaage in der Schlaufe

Bei dieser Standwaage, die eine ausgezeichnete Spreizfähigkeit und Beweglichkeit im Rücken und im Schultergelenk verlangt, müssen die Hand und der Fuß über Kopfhöhe so weit wie möglich hochgezogen werden. Hier steht die Einzelvoltigiererin mit dem linken Bein in der Außenschlaufe.

Lieger/Stütz/Handstand/ Schulterstand

12 Lieger

Der Lieger kann gezeigt werden als

– Querlieger/Längslieger vl, rl oder sl
– Seitlieger vl hochgespreizt

13 Stütz vorlings

Im gestreckten Stütz vl mit beiden (geschlossenen) Beinen oder einem Bein auf der Kruppe abstützen.

14 Schulterstand vorwärts

Die Schulter hinter dem Widerrist auflegen und zum Schulterstand aufschwingen. Der Schulterstand kann aus dem Sitz, dem Knien oder Hockstand, der Standwaage oder dem Handstand entwickelt werden.

Variation: Schulterstand rw auf dem Pferderücken (Abb. S. 103).

15 Freier Handstand

Die Griffe unten anfassen. Gewicht auf die Arme verlagern und aus dem Sitz oder Hockstand in den Handstand aufschwingen (Abb. S. 102).

Stand in der Schlaufe rw (Variation Übung 8).
Ein sicheres, freies *Rückwärtsstehen*
(Übung 9). ⇨
Bielmann-Standwaage sw (Übung 11).

Beispiele für Gruppenübungen

Übungsformen mit Sitzvariationen

1 Schultersitz im Sitzen
Für einen sicheren Sitz werden beide Beine des OV hinter dem Rücken des Untermanns verschränkt.
Variation:
Schultersitz im Knien

2 Schultersitz im Stehen
Diese Übung braucht für den Aufbau einen Vordermann, an dessen Schultern sich der stehende Voltigierer abstützen kann.

Der *Spreizsitz auf einer Schulter* ist eine attraktive Variante von Übung 2.

3 Strecksitz quer auf den Armen
Zwei Voltigierer sitzen sich gegenüber, der HV legt seine Arme gestreckt auf die Schultern des Vordermanns, während dieser den quer auf den Armen sitzenden Voltigierer sichert.

4 Hochsitz: Strecksitz hochgestützt
Die Übung kann auch von der Mitte aus oder von vorn aufgebaut werden. Der OV wird vom Stand aus in der Mitte oder auf dem Gurt zum Strecksitz hochgestützt. Der Hochsitz kann von den UV vw oder rw gestützt werden.

5 Sitz auf der freien hohen Bank
Der OV springt von hinten auf die hohe Bank auf und klemmt sich mit beiden Beinen fest.
Variation:
Spreizsitz auf der hohen Bank

Übungsformen mit Grätschsitz oder Spagat

6 Spagat auf den Schultern gehalten
Die Beine des nach vorn gewandten OV liegen auf den Schultern der beiden UV auf, die ihn an den Beinen und an der Schulter (oder am Oberkörper) sichern.

7 Hochgestützter Grätschsitz
Die auf der rechten Seite abgebildete Kürübung veranschaulicht den im Sitzen hochgestützten Grätschsitz. Dieser wird aus dem Stand zwischen 2 Unterleuten entwickelt.

8 Seitspagat rw im Liegen gestützt
Eine besonders einfallsreiche Variante ist der durch einen liegenden Untermann gestützte Seitspagat.

Hochgestützter Grätschsitz rw (Übung 7). ⇨
Kleines Bild: *Gestützter Seitspagat* (Übung 9). ⇨

9 Spagat/Grätschsitz im Stehen vw gestützt

Die auf Seite 105 unten abgebildete Kürübung wird aus dem Seitstand zwischen den beiden Unterleuten aufgebaut und verlangt eine hohe Spreizfähigkeit des Obermanns.

**Übungsformen mit Knien –
Kniestand/Bank – Fahne**

10 Doppelknien/Dreierknien

Dies sind einfache Kürübungen für Anfänger. Die Voltigierer knien eng beieinander mit aufrechter Hüfte.

Ein sicherer Untermann ist Voraussetzung für die *Fahne auf der hohen Bank* (Übung 16).

11 Knien auf der Schulter

Die Unterleute sollen etwa gleich groß sein und eng zusammensitzen, während der OV mit beiden Beinen auf deren Schultern kniet. Die Unterschenkel des OV müssen eng an den Hals der UV angelegt werden.

12 Doppelter Prinzensitz

Eine einfache Doppelübung. Die linken Unterschenkel der beiden Voltigierer liegen parallel schräg über dem Pferd (Variation siehe Abb. S. 147).

13 Doppelfahne

Der hintere Voltigierer muß etwas größer sein, um über seinem Partner eine Fahne zeigen zu können. Der UV greift unten an die Griffe, der OV ganz oben. Die Unterschenkel der beiden Voltigierer liegen parallel eng zusammen.

14 Fahne aufeinander

Die Übung wird aus dem Stehen über der Fahne entwickelt. Der OV kniet schräg über dem Rücken des UV. Die ausgestreckten Beine sollen parallel sein. Mit dem ausgestreckten linken Arm erhöht sich der Schwierigkeitsgrad der Übung.

15 Doppelfahne gegeneinander

Die Übung besteht aus einer Kombination der Fahne rw auf dem Hals des Pferdes und der Fahne vw. Der VV lehnt sich mit dem Oberkörper nach außen und faßt die Griffe oben an, während der HV sich nach innen lehnt und die Griffe unten anfaßt.

16 Fahne auf der hohen Bank

Diese Übung wird aus dem Sitz auf der Bank entwickelt. Der Rücken des Untermanns sollte annähernd waagrecht (kein Hohlkreuz) sein. In den Knien mitfedern! (Siehe S. 106.)

Variation: Querlieger auf der hohen Bank (Abb. S. 113 oben)

Übungsformen mit Variationen von Ständen

17 Sitzen – Knien – Stehen

Eine einfache, sehr hübsche Übung, wenn alle Partner größenmäßig zusammenpassen und die Armhaltung gut aufeinander abgestimmt ist.

18 Doppelstehen

Eine klassische Übung, die zwei sichere Steher verlangt und aus dem Sitzen–Stehen entwickelt wird. Der VV darf beim Aufrichten den Oberkörper nicht hochreißen, um seinen Partner nicht aus dem Gleichgewicht zu bringen.

Die argentinische Nationalmannschaft präsentiert den *hochgestützten Stand* mit viel Ausdruck.

107

Großes Bild: Eine attraktive Stand-Variation ist das *Stehen über und auf der Bank* (Übung 22).
Kleines Bild: Eine leichte Kürübung ist das *Stehen über der Fahne* (Übung 21).

19 Dreierstehen

Drei Voltigierer stehen der Größe nach gestaffelt eng hintereinander, damit sie Platz auf dem Pferd haben.

20 Freies Stehen auf der Schulter

Die Übung kann mit ein oder zwei Unterleuten aufgebaut werden. Der Untermann muß den auf seinen Schultern stehenden Voltigierer am Unterschenkel stützen.
Variation:
Stehen sw auf den Schultern von zwei Unterleuten

21 Stehen über der Bank/Fahne

Bei dieser leichten Übung steht der OV breitbeinig über der Fahne/Bank des UV und drückt seine Beine leicht an dessen Taille an.

22 Stehen über und auf der Bank/Fahne

Wie Übung 21. Ein leichterer Voltigierer steht noch auf dem Gesäß des unteren Voltigierers.

23 Stehen auf dem Oberschenkel eines Stehers

Eine akrobatische Übung mit hohem Schwierigkeitsgrad, die einen sicheren Steher voraussetzt (Abb. S. 125 re).

24 Stern

Der äußere Voltigierer hat den rechten Fuß in der äußeren Schlaufe und der innere Voltigierer den linken Fuß in der inneren Schlaufe. Der Steher in der Mitte hält die zwei Voltigierer an den Oberarmen. Beide lehnen sich so weit wie möglich nach außen bzw. innen (Abb. S. 186).

Erstaunlich ist immer wieder, welche neuen Ideen die Voltigierer entwickeln: Das Mädchen der Kölner Gruppe steht bei dieser Standvariation mit einem Bein auf der Schulter und dem anderen auf dem Rücken des Untermanns.

Übungsformen mit Standwaage oder Standspagat

25 Doppelstandwaagen

Dies sind beliebte Anfängerübungen, die in vielen Varianten gezeigt werden können:

– Standwaagen gegeneinander in den Schlaufen,
– Standwaagen rw in den Schlaufen,
– Standwaage in der Schlaufe rw und Fahne vw gegeneinander.

Eine weitere Variante dazu siehe Abb. Seite 110.

Exakte parallele Beinhaltung zeigen die US-Mädchen bei der *doppelten Nadel,* einer Variation der *doppelten Standwaage* (Übung 25, S. 109).

26 Sitz – Standwaage

Die Variationen dieser Kürübung sind für leichtere Küren geeignet. Der Voltigierer kann die Standwaage auf die Schultern eines anderen Voltigierers gestützt vw oder rw zeigen.

Variation:

Standwaage rw auf dem Gurt – Sitz vw

27 Standwaage im Sitz gehalten

Der VV steht auf dem Gurt vor dem sitzenden Voltigierer und wird am Stützbein gehalten (Abb. S. 111, großes Bild).

Variation:

Bielmann-Standwaage vw gehalten

28 Fahne – Standwaage

Die Übung wirkt am besten, wenn beide Voltigierer größenmäßig zusammenpassen und die Arme und Beine gleichzeitig parallel ausstrecken.

29 Standwaage auf der Schulter

Diese schwere Übung ist leichter, wenn sie mit zwei Unterleuten ausgeführt wird: Der OV steht auf dem HV und wird vom vorderen Voltigierer an den Händen gestützt.

Variation:

Fahne auf der Schulter

30 Standwaage sw auf den Armen

Die Übung wird aus dem Seitstand zwischen zwei Unterleuten aufgebaut. Der OV zeigt eine Standwaage auf den ausgestreckten Armen der unteren Voltigierer (Abb. S. 111, kleines Bild).

31 Sitz rw – Standwaage auf der Bank/Fahne

Der OV steht in der Standwaage auf der Bank und stützt sich auf die Arme des vor dem Gurt sitzenden Vordermanns.

Die Kür

Lieger/Stütz/Handstand/ Schulterstand

Diese Übungen können mit einer Vielzahl von Haltungen gezeigt werden: Ausführung vw, rw oder sw, Beinhaltung geschlossen, gegrätscht, ein Bein gebeugt; Liegestütz oder Handstand im Sitz vw oder rw gehalten, von einem oder zwei Voltigierern gehalten bzw. gestützt, einarmiger Handstand oder einarmig gehalten.

Schulterlieger im Stehen in vorbildlicher Haltung (Variation Übung 33).

32 Schulterlieger im Sitzen
Bei dieser Übung liegt der OV gestreckt auf der rechten Schulter des UV. Mit der linken Hand stützt der Untermann ihn an der linken Schulter, mit der rechten umfaßt er dessen Hüfte. Aufbau wie Übergang Nr. 13.
Variationen:
Schulterlieger im Stehen rl (siehe links)
33 Querlieger auf den Armen
Zwei Voltigierer im Sitz gegeneinander, die Arme werden gestreckt auf die Schultern des Partners gelegt. Der dritte Voltigierer legt sich quer mit gespanntem Körper vl auf die Arme der Unterleute zum Querlieger. Arme zur Seite ausstrecken.
Variation:
Querlieger auf der Bank/hohen Bank (Abb. S. 113 o. li.)
34 Fliegender Engel
Die Übung wird aus der Schubkarre entwickelt und kann im Stehen und im Knien gezeigt werden. Der Voltigierer hat den besten Halt, wenn er die Beine hinter dem Rücken in der Taille des Stehers verschränkt. Schwerer ist die Übung mit ausgestreckten Beinen, die fest gegen den Steher gepreßt werden.
35 Flieger
Die Abbildungen auf Seite 113 rechts oben und links unten und auf Seite 124 rechts zeigen einige der vielfältigen Ausführungsformen dieser bekannten Übung mit verschiedenen Positionen der Unterleute und der veränderten Lage des »Fliegers«.
36 Liegestütz im Sitzen hochgestützt
Der hochgestützte Liegestütz auf der Schulter des sitzenden VV läßt sich mit denselben Variationen wie der Flieger verändern.

Querlieger auf der Hohen Bank (Variation Übung 33).

Variante des *Fliegers rücklings-seitwärts* (Übung 35).

Flieger seitlings hochgespreizt.

Sitz rw – Handstand seitwärts (Übung 37).

37 Handstand – Sitzen

Der Handstand kann gegrätscht oder geschlossen vw bzw. rw gehalten werden (Abb. S. 124 li.).

Variation: Handstand sw im Rückwärtssitz gestützt (Abb. S. 113 re.)

38 Handstand/Liegestütz rw auf der Kruppe

Der HV stützt sich mit beiden Händen auf die Kruppe und schwingt in den Stütz, während der VV (im Sitz rw) ihn an den Oberschenkeln hochdrückt.

Querlieger auf den Armen seitwärts im Stehen (Variante zu Übung 33).

Variation:
Liegestütz rw auf der Bank

39 Holmenstand

Der OV stützt sich mit beiden Schultern im Schulterstand auf die ausgestreckten Arme der Unterleute (Abb. S. 125 li.).

40 Liegestütz – Stehen (Schubkarre)

Bei dieser beliebten leichten Kürübung schwingt der VV hoch zum Stützschwung, der HV erfaßt ihn an den Oberschenkeln (Abb. S. 148).

41 Handstand – Stehen

Der Handstand kann aus der gestützten Standwaage oder mit Hochschwingen aufgebaut werden (Abb. S. 127).

42 Doppelter Liegestütz/Handstand nebeneinander

Diese Übung verlangt einen sehr sicheren Steher in der Mitte und wird aus dem einbeinigen Stand in den Schlaufen aufgebaut.

43 Handstand auf den Schultern

Diese schwere Dreierübung kann als Handstand auf einem Sitzenden, im Stehen gehalten werden (Abb. S. 179) oder als Handstand auf der Bank/Fahne gezeigt werden.

44 Handstand hochgestützt

Diese Übung ist eine Steigerung vom Handstand auf den Schultern. Sie erfordert viel Kraft vom UV, da dieser im Sitz den Handstand auf seinen Händen hochdrücken muß (siehe S. 115, großes Bild).

45 Handstand/Schulterstand sw auf der Schulter/den Armen

Diese Übungen werden aus dem Seitstand des MV entwickelt (Abb. S. 116 bzw. S. 120 und S. 123).

Kleines Bild: *Handstand rückwärts auf der hohen Bank.* ⇨

◁ Zwei Abwandlungen des *Handstands seitwärts auf der Schulter* (Übung 45).

46 Liegestütz im Liegen hochgestützt

Der Untermann hat beide Beine in der Schlaufe und legt sich vom Sitz zurück, während er den OV im Liegestütz vorwärts abstützt.

In hervorragender Ausführung zeigen die Mädchen aus Köln den *im Lieger gestützten Handstand rückwärts* (Übung 46).

117

Kürausführung

Wie bei anderen gestalterischen (kompositorischen) Sportarten – wie Turnen, Sportakrobatik, Eiskunstlaufen und rhythmischer Sportgymnastik – werden Voltigierbewegungen danach beurteilt, wie gut Technik und Ausführung der Übungen gelingen. Die Qualität der Bewegungen bildet hier den Bewertungsmaßstab – im Gegensatz zu Sportarten wie Schwimmen oder Leichtathletik, wo es auf meßbare Kriterien wie Geschwindigkeit oder Weite ankommt.

Die optimale Ausführung orientiert sich an bestimmten, bei den Pflichtübungen beschriebenen Bewegungsnormen und Techniken, die auch auf die Kürformen übertragbar sind. In der Kür werden diese Grundhaltungen variiert. Die Anforderungen in der Kür sind durch die großen Bewegungsmöglichkeiten in der Verbindung von dynamischen mit statischen Elementen sehr vielseitig. Außer der ständigen Anpassung an den Schwung der Galoppbewegung kommt bei Gruppenübungen eine zusätzliche Gewichtsbelastung für den Untermann hinzu, die eine vermehrte Kraftanstrengung erfordert, während der Obermann meist auf einer kleinen Unterstützungsfläche eine ganz besondere Gleichgewichtsleistung vollbringen muß. Deshalb müssen zum Erlernen von Kürtechniken spezielle körperliche Voraussetzungen vorhanden sein und alle Grund- und Pflichtübungen beherrscht werden. Ohne die entsprechenden körperlichen Grundlagen kann eine befriedigende Ausführung der Kürübungen kaum gelingen und das Risiko für gefährliche Stürze wird erhöht.

Kriterien der Bewegungsqualität

Die allgemeinen Kriterien der Bewegungsqualität sind auf alle Übungen im Einzel- und Gruppenvoltigieren anwendbar:

Bewegungsgenauigkeit

Die ausgeführte Übung stimmt mit der Idealform der Bewegung in Technik und Haltung möglichst weit überein. Sie ist gekennzeichnet durch

– korrekte Ausführungsform für die Technik der Übung,
– Körperspannung und -streckung,
– passende, korrekte Ausdruckshaltung zur Variation und Gestaltung der Bewegung.

Bewegungssicherheit und Gleichgewicht

Die Schwerpunkte von Voltigierern und Pferd stimmen überein. Völlig sichere Bewegungsausführung ohne Gleichgewichtsverlust und Nachkorrekturen.

Bewegungsrhythmus und Eingehen auf die Bewegungen des Pferdes

Die Bewegungen erfolgen im Einklang mit dem Bewegungsrhythmus der jeweiligen Gangart des Pferdes. Eine Übung verläuft in dem ihr eigenen Bewegungsrhythmus.

Bewegungselastizität und Rücksichtnahme auf das Pferd

Der Voltigierer geht so auf das Pferd ein, daß er elastisch seinen Schwung abbremst, dem Pferd nicht in den Rücken fällt und es in seinem Rhythmus nicht stört. Dazu gehören u. a. weiche, ge-

schmeidige Übergänge beim Einleiten in den Sitz oder bei Positions- und Richtungswechseln.

Bewegungsfluß

Fließende Verbindungen von Bewegungsphasen wie Absprung, Landung, Ausholbewegungen, kurze Sitzphasen zwischen Übungsteilen, harmonische Übergänge, Abstimmung der Krafteinsätze.

Der *im Sitzen hochgestützte Schulterstand seitwärts,* gelungen ausgeführt von der Gruppe Malmö (Variante von Übung 45).

Bewegungsdynamik

Die Krafteinsätze der Voltigierer sind aufeinander abgestimmt: gleichzeitiges Hochdrücken bei Stützübungen wie dem »Flieger« oder die Koordination von Auf- und Absprüngen.

Bewegungsweite und Bewegungsumfang

Optimale Höhe und Weite der Bewegung und Ausnutzen der vollen Gelenkbeweglichkeit.

Bewegungsharmonie

Harmonie der Voltigierer mit dem Pferd. Die Bewegungen der Voltigierer sind im Einklang miteinander und bei Positions- und Richtungswechseln sowie Bewegungsfolgen aufeinander abgestimmt.

Nur durch vielseitiges Üben und Trainieren wird erreicht, daß das Zusammenspiel der Voltigierer sicher, flüssig und koordiniert erfolgt im Einklang mit den Bewegungen des Pferdes. Dadurch wird der Eindruck der scheinbaren Mühelosigkeit und Leichtigkeit erweckt, ohne daß dem Zuschauer die Schwierigkeit der Übungen voll bewußt wird.

Auf die richtige Technik kommt es an

Unter Bewegungstechnik versteht man die Idealform einer Bewegung mit dem geringstmöglichen Kraftaufwand, der für die korrekte Bewegungsausführung einer Übung notwendig ist:

– Bei statischen Übungen das Einnehmen einer bestimmten korrekten Haltung mit der richtigen Verlagerung des Schwerpunkts,

– bei dynamischen Übungen der korrekte Schwungeinsatz oder Drehimpuls – immer angepaßt an das Pferd.

Ein Hauptziel des Trainings im Voltigieren ist es, durch Üben und gezieltes Training die sportliche Technik und Ausführung immer mehr zu vervollkommnen und damit der Idealform näherzukommen.

Technisch sauber ausgeführte Übungen machen es einfacher, das Gleichgewicht zu halten, und erleichtern es den Unterleuten und dem Pferd, die Übungen auszubalancieren. Eine falsche Technik kann über einen längeren Zeitraum gesundheitliche Schäden, wie Rückenprobleme, zur Folge haben. Deshalb ist es für den Übungsleiter unerläßlich, von Anfang an auf eine korrekte Bewegungstechnik und Ausführung Wert zu legen.

Häufige Ausführungs- und Technikfehler

Mangelnde Bewegungssicherheit
Gleichgewichtsverlust, Wiederholen von Übungen, Festklammern zur Verhinderung von Stürzen, Zusammenbrechen von Übungen auf dem Pferd, Stürze.

Mangelndes Gleichgewicht
Die Übungen werden weniger als 3 Galoppsprünge ausgehalten, Hin- und Herrutschen auf dem Pferd.

Haltungsfehler
Mangelnde Oberkörperaufrichtung, Hohlkreuzhaltung, Rundrücken, zu starke Vor- oder Rücklage, Hängenlassen des Kopfes, hochgezogene Schultern, Verspannung und Verkrampfungen.

Mangelnde Körperspannung
Fehlerhafte Beinhaltung bzw. fehlende Beinstreckung, hochgezogene Knie oder Fußspitzen, fehlerhafte Armhaltung, abgeknickte Hände u. ä.

Schlechter Bewegungsfluß
Unterbrechungen und Verzögerungen bei Auf- und Abbau sowie Übergängen der Übungen, ruckartige Bewegungen; nicht abgestimmte Krafteinsätze der Voltigierer, kein Ausnutzen des Galoppsprungs.

Geringe Bewegungsweite
Schlechte Spreizfähigkeit bei statischen Übungen. Geringe Höhe und Weite bei Schwüngen und Drehungen.

Die richtige Bewegungstechnik ist Voraussetzung für das Gelingen solcher Kürkombinationen *(Schulterlieger rücklings)*.

Hinweise zu Stütz- und Hebeübungen

Stützende untere Positionen der Voltigierer

Beim Sitzen oder Stehen der Unterleute ist auf die korrekte Grundhaltung und Grundspannung zu achten, um die zusätzliche Gewichtsbelastung des Obermanns richtig abfangen zu können und um Rückenschäden zu vermeiden. Siehe die Ausführung der entsprechenden Pflichtübungen auf den Seiten 55 und 69.

Tip
Der sitzende Untermann hat mehr Halt, wenn er die Beine durch die Fußschlaufen steckt.

Bei einer Unterposition in der Bank, Fahne und hohen Bank soll der obere Voltigierer auf dem Kreuzbein der Bank oder Fahne stehen. Diese Übungen müssen mit einem geraden Rücken und angespannter Bauchmuskulatur durchgeführt werden.

Gestützte oder gehaltene Oberposition (Obermann)

Dazu gehören Übungen wie Lieger/ Flieger/Stütz/Handstand/Schulterstand/ Standwaagen in verschiedenen Haltungsformen. Der gestützte bzw. gehaltene Obermann darf sich dabei nicht passiv verhalten. Er sollte sich nicht allein von seinem Partner stützen oder halten lassen, sondern muß seine Übungsaufgabe selbst aktiv ausführen, d. h. er muß die spezielle Technik z. B. eines Handstands oder einer Standwaage selbst beherrschen.

Oft ist zu beobachten, daß der Obermann vom Untermann in eine bestimmte Haltung »geformt« wird (der Obermann wird voltigiert!). Eine solche Ausführung ist von den Unterleuten schwer zu halten, da sich der Obermann mit dem Rücken durchhängen läßt (Hohlkreuz), anstatt sich durch die notwendige Körperspannung leicht zu machen! All diese Übungen sollten mit einem geraden Rücken und mit vollständiger Körperspannung bis in die Fußspitzen ausgeführt werden.

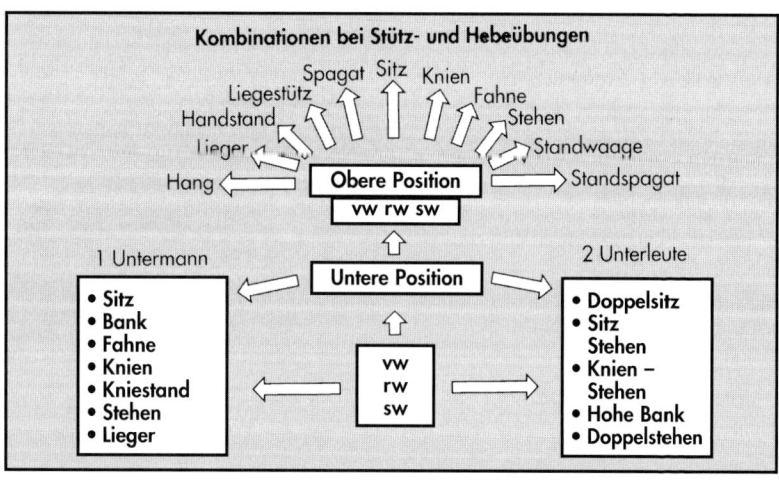

Kombinationen bei Stütz- und Hebeübungen

Die Faszination des Voltigiersports äußert sich in Dynamik, Präzision und Harmonie der Voltigierer mit dem Pferd (Übung 45).

Beim <u>Handstand</u> soll der Schwerpunkt des Körpers über der Unterstützungsfläche – den Händen – liegen, der Kopf ist leicht zurückgeneigt mit Blick auf die Hände, die Arme werden aus den Schultern herausgestreckt.

Bei der Kürgestaltung können die Voltigierer ihr Können und ihre Kreativität zum Ausdruck bringen.

Küraufbau

In der Kür haben die Voltigierer die Möglichkeit, ihr Können und ihre Phantasie in einer selbst gestalteten Übungsfolge zum Ausdruck zu bringen. Wenn der Ausbilder Wert auf eine vielseitige Ausbildung mit einem breiten Übungsangebot gelegt hat, wird die Gruppe bald über eine große Auswahl von Übungen für ein abwechslungsreiches Kürprogramm verfügen. Es sollten immer mehr Übungen mit verschiedenen Besetzungen bei Partnerübungen ausprobiert und eingeübt werden, als man später in die Kür wirklich aufnehmen kann. Muß die Kür gegebenenfalls später noch umgeändert werden – z. B. bei Aus-

fall eines Voltigierers –, so ist es eine große Erleichterung, wenn man dann auf einige »Ersatzübungen« zurückgreifen kann. Ein schwieriger, akrobatischer Kürinhalt und eine geschickte Kürgestaltung allein machen noch keine gute Kür aus, auch eine gelungene Ausführung gehört dazu. Es sollten nur solche Übungen in das Kürprogramm aufgenommen werden, welche die Voltigierer sicher beherrschen. Eine schlecht ausgeführte Kür wirkt zwangsläufig unharmonisch und unsicher und verfehlt bei der Vorführung die erwünschte Wirkung. Dies führt bei Wettkämpfen nicht nur zu Abzügen in der Ausführungsnote, sondern wirkt sich auch negativ auf die Inhalts-, Gestaltungs- und Gesamtein-

Eine schwierige Kürfolge aus der Weltmeisterschaftskür der Gruppe aus Neuss.

drucksnote aus. Wichtigste Grundregel für die Übungsauswahl und Übungszusammenstellung: Lieber eine einfachere Übungsauswahl vorziehen und diese technisch sauber und sicher darstellen! Alle nachfolgend aufgeführten Regeln und Hinweise gelten für das Gruppen- und Einzelvoltigieren gleichermaßen, außer wenn anders angegeben.

Die wichtigsten Regeln für eine Wettkampfkür

1 Kürübungen müssen sich von Pflichtübungen unterscheiden, sonst bleiben sie ohne Bewertung. Elemente der Grund- und Pflichtübungen können für eine Kür in Form von Variationen, Kombinationen und Verbindungen verwendet werden.

2 Bei Wettkämpfen stehen A-/B-/C-Gruppen höchstens 5 Minuten zur Verfügung und D-Gruppen nur 4 Minuten. Für das Einzelvoltigieren beträgt die Kürhöchstzeit 1 Minute, für das Doppelvoltigieren 2 Minuten (siehe Übersichten auf den S. 180 ff.).

3 Jeder Voltigierer einer Gruppe muß an der Kür mit mindestens einem Übungsteil beteiligt sein.

4 Die Kürgestaltung soll auf eine zur Kür passende Musik abgestimmt sein. Es ist nur Instrumentalmusik erlaubt.

5 Mehrfach gezeigte Übungsteile werden in der Bewertung nur einmal gezählt.

125

6 Wird derselbe Übungsteil mit Abwandlungen in verschiedenen Schwierigkeitsgraden gezeigt, so zählt nur die schwierigste Ausführungsform.

7 Jede Kürübung, die nicht im Galopp ausgeführt ist, bleibt ohne Bewertung.

8 Statische Übungsteile müssen mindestens 3 Galoppsprünge lang ausgehalten werden, andernfalls bleiben diese Übungen für den Wert der Schwierigkeit unberücksichtigt.

9 Eine Gruppenkür kann aus Einzel-, Doppel- und Dreierübungen bestehen, bei C-Gruppen sind nur 6 statische Übungen erlaubt. D-Gruppen zeigen eine Pflichtkür, die nur Einzel- und Doppelübungen enthält. Ab 1997 sind beim Einzelvoltigieren international ebenfalls Pflichtküren möglich.

10 Gruppenübungen mit mehr als 3 Voltigierern gleichzeitig auf dem Pferd sind nicht erlaubt; 2 Voltigierer müssen dabei den Kontakt zum Pferd behalten.

Im Kapitel »Voltigieren als Wettkampfsport« finden Sie mehr zu den Küranforderungen der einzelnen Wettkampfklassen und zur Kürbewertung (siehe S. 180 und S. 187).

Entwicklung einer Kür

1. Stufe: Grundlagen zum Erlernen von Kürübungen

- Schaffung der körperlichen Voraussetzungen, von gymnastisch-turnerischen Grundlagen, Gleichgewichtsschulung.
- Grundausbildung durch Erlernen der Grund- und Pflichtübungen.
- Einführung der ersten Kürformen am Übungspferd, im Halten und im Schritt.
- Schulung der Grundformen und Grundpositionen ohne Partner.

- Schulung der Zusammenarbeit durch einfache Partnerübungen.
- Richtiges Landen und Verhalten bei Stürzen.

2. Stufe: Vielseitige Grundausbildung für die Kür

- Wiederholen und Festigen von bekannten Übungsabläufen (Grund- und Pflichtübungen, Grundpositionen und -kombinationen).
- Ausprobieren von neuen Übungsformen gemäß dem Leistungsstand.
- Variieren von bekannten Übungsformen.
- Erproben von Partnerübungen mit verschiedenen Partnerbesetzungen.
- Entsprechende Sturzschulung.

3. Stufe: Übungsauswahl, Festigen und Stabilisieren

- Entwickeln zusätzlicher Kürideen, z. B. für Verbindungen von Übungsfolgen nach Ideen der Voltigierer.
- Auswählen einer Reihe von möglichen Kürformen entsprechend dem Können.
- Suche nach der optimalen Besetzung bei den Partnerübungen.
- Möglichst gleichmäßige Beteiligung aller Voltigierer bei den vorgesehenen Übungsteilen.
- Verbessern der Ausführung und der Bewegungssicherheit.
- Speziell auf die Übungen abgestimmtes Sicherheitstraining.

4. Stufe: Zusammenstellung und Gestaltung der Kür

- Mitbeteiligung der ganzen Gruppe bei der endgültigen Übungsauswahl und der Kürgestaltung.

- Auswählen der besten Übungen, die im Laufe des Trainings sicher gelungen und die auf das Pferd und das Können der Gruppe abgestimmt sind.
- Schriftliches Festhalten der vorhandenen Übungsteile in einem Kürgerüst.
- Zusammenstellung der Übungen zu Übungsfolgen mit interessanten Übergängen unter Beachtung der Kriterien für eine gute Kürgestaltung (siehe S. 131 ff.).
- Variieren von Auf- und Abgängen.
- Abkürzen des Auf- und Abbaus der statischen Übungsteile und der Sitzphasen durch passende dynamische Bewegungsverbindungen sowie Auf- und Abgänge.
- Auswahl einer geeigneten Kürmusik.
- Sturzschulung und Reaktionsschulung für die ausgewählten Übungsteile.

5. Stufe: Verfeinerung bis zur Vorführreife

- Training zur Festigung und Verbesserung der Sicherheit und des Bewegungsflusses sowie des Zusammenspiels der Voltigierer bei Übungsfolgen.
- Einsatz zusätzlicher gestalterischer Elemente, wie z. B. verschiedener Armbewegungen.
- Einüben der Übungsfolgen. Entwicklung einer harmonischen Choreographie mit besonderen Höhepunkten, die auf eine passende Musik bzw. Musikstücke abgestimmt wird.
- Training der gesamten Kürfolge unter wettkampfmäßigen Bedingungen unter Beachtung der zugelassenen Höchstzeit.
- Üben der Pflicht und Kür mit Stoppen der Zeit.

Handstand-Stehen, vorgeführt von der Gruppe aus Malmö (Übung 41).

• Erfahrungen aus den ersten Wettkämpfen verwerten: Sollten eventuell Übungen weggelassen oder ausgetauscht werden?

Eine einmal gut zusammengestellte Wettkampfkür sollte, wenn keine Voltigierer ausfallen, während der ganzen Saison ohne wesentliche Änderungen beibehalten werden: für zunehmende Bewegungssicherheit, zur Gewöhnung für das Pferd und damit sich die Kür als Ganzes immer besser einspielt.

Überlegungen zur Kürzusammenstellung

Für die Gruppenkür

• Wie ist die Kondition und Belastbarkeit des Pferdes? Ist das Pferd so trainiert, daß es der höheren Gewichtsbelastung und den ständigen Gewichtsverlagerungen einer Kür von ca. 5 Minuten mit Doppel- und Dreierübungen gewachsen ist?

• Reagiert das Pferd bei bestimmten Übungen empfindlich? Nicht jede Übung ist auf jedem Pferd möglich. Keinesfalls irgendwelche Übungen erzwingen, gegen die das Pferd sich wehrt!

• Ist das Gebäude des Pferdes auch für Doppel- und Dreierübungen geeignet? Zeigt das Pferd eine starke Rückenbeugung?

• Wieviel Zeit steht für das Kürprogramm zur Verfügung? (4 Minuten für D-Gruppen, höchstens 5 Minuten für A-/B-/C-Gruppen)

• Wie ist die Gruppe zusammengesetzt? Altersstufe, Größe, Gewicht, große Leistungsunterschiede, Wettkampferfahrung, Jungen, Mädchen, neue Gruppenmitglieder? Beispielsweise wird sich eine Gruppe mit fast nur gleich großen Voltigierern schwerer tun, Stütz- und Hebeübungen aufzubauen, als eine Gruppe mit unterschiedlichen Voltigierern.

• Welchen Ausbildungs- und Leistungsstand haben die Voltigierer? Welcher Schwierigkeitsgrad ist möglich?

• Jeder Voltigierer soll seinem Können und seiner Eignung entsprechend mit Übungen an der Kür beteiligt sein, die zu ihm passen und seine Stärken herausstellen: Ober- oder Untermann, ein guter Steher, Beherrschen von turnerischen Elementen (Handstand, Standwaage, besondere Ab-, Aufgänge u. ä.). Man sollte niemals auf einer Übung bestehen, die sich ein Voltigierer nicht zutraut.

• Wie können alle Voltigierer im Wechsel gleichmäßig an der Kür beteiligt werden? Eine Kür sollte nicht nur mit ein paar »Stars« aufgebaut werden. Der Ausbilder muß vielmehr Wert darauf legen, daß jeder Voltigierer seinen Fähigkeiten entsprechend mit verschiedenen Übungen eingesetzt wird und er das Gefühl hat, mit seiner Leistung zum Gelingen der gesamten Kür beizutragen.

• Auf welchen grundlegenden Fertigkeiten kann die Gruppe aufbauen? Welches Übungsrepertoire steht zur Verfügung? Wie sind die koordinativen und konditionellen Fähigkeiten?

• Welche Ideen und Vorstellungen haben die Voltigierer für die Kür? Eine Kür ist eine gemeinschaftliche Aufgabe, bei der die Gruppe sich selbst darstellen kann; die Gruppenmitglieder sollten auch ihre eigenen Ideen einbringen können.

• Wie soll die Kür beginnen und was ist ein passender Abschluß?

Für die Einzelkür

Es ist erstaunlich, welche Entwicklung seit der Einführung des Einzelvoltigierens der Küraufbau und die Kürgestaltung in dieser Disziplin genommen hat. Sowohl vom Schwierigkeitsgrad als auch von der Bewegungsvielfalt und dem Ideenreichtum her hat diese Disziplin ein sehr hohes Niveau erreicht. In einer individuellen Bewegungsgestaltung, passend zu seiner Persönlichkeit und seinem Können, kann der Einzelvoltigierer seinen eigenen Stil und seine Kreativität in seiner Kür zum Ausdruck bringen. Er muß dazu sein Leistungsvermögen und seine Kondition richtig einschätzen können, um eine seinen Fähigkeiten entsprechende Kür möglichst reibungslos und flüssig durchturnen zu können. Auch für das Einzelvoltigieren gelten die bei der Gruppenkür aufgeführten Kriterien. Ergänzend hier weitere Hinweise, mit denen sich der Einzelvoltigierer befassen sollte:

• Das Pferd sollte in der Größe zum Voltigierer passen. Ein großer athletischer Voltigierer kann beispielsweise auf einem kleinen und damit für ihn unpassenden Pferd leicht lächerlich wirken.

• An das Voltigierpferd werden bei der Einzelkür besondere Anforderungen gestellt. Das Pferd sollte im Voltigiersport schon erfahren und an die Belastungen einer Kür gewöhnt sein, da es wegen der größeren Dynamik und der schnellen Bewegungsfolgen bei der Einzelkür größere Gewichtsverlagerungen ausbalancieren muß.

• Es ist von Vorteil, wenn man auf vielfältige Erfahrungen im Gruppensport zurückgreifen kann. Allerdings braucht die Umstellung vom Gruppenvoltigierer zum Einzelvoltigierer seine Zeit, bis man seinen eigenen individuellen Stil gefunden hat.

• Der Einzelvoltigierer muß in der Lage sein, sich schnell auf wechselnde Situatio-

nen einzustellen und selbständig und eigenverantwortlich handeln können.

Folgende Fragen stellen sich bei einer Einzelkür:

- Welche Übungen sind auf dem Pferd realisierbar?
- Auf welche Übungen kann ich zurückgreifen?
- Welche neuen, passenden Übungsteile lassen sich daraus entwickeln, und wie lassen sich diese ergänzen und miteinander kombinieren?
- Welche neuen Übungsformen kann ich dazulernen?
- Welche Übungsauswahl soll getroffen werden?
- Wie können die ausgewählten Übungen möglichst flüssig mit geschickten Übergängen miteinander verbunden werden?
- Welcher Schwierigkeitsgrad wird damit erreicht?
- Was ist ein effektvoller Anfang, und was ist ein passender Abschluß der Kür?
- Wie teile ich meine Kräfte während des Kürverlaufs ein? Brauche ich noch Kraftreserven z. B. für einen schweren Übungsteil am Ende der Kür?
- Welche gestalterischen Arm- und Beinbewegungen unterstreichen die Bewegungsformen?
- Welche Musikauswahl soll getroffen werden, die den persönlichen Bewegungsstil betont und zur Galoppade des Pferdes paßt?
- Wie kann ich die Musik umsetzen und passend interpretieren?
- Wieviel Zeit brauche ich für die Kürelemente?
- Welches Risiko gehe ich bei Höchstschwierigkeiten ein?

Kürgestaltung

Die Gestaltung der Kür hängt von dem Können und der Kreativität einer Gruppe bzw. des Einzelvoltigierers ab. Hinter einer wirkungsvollen Kür steckt immer eine gute Planung und ein durchdachter Aufbau. Sie wirkt interessant und abwechslungsreich, wenn folgende Regeln beachtet werden:

- Harmonie zwischen Voltigierern und Pferd: Optimales Zusammenspiel der Voltigierer untereinander, Abstimmung der Bewegungen und Eingehen auf die Bewegung des Pferdes.
- Abwechslung bei der Auswahl der Elemente: Statische und dynamische Übungsformen sollen in einem harmonischen Wechsel gleichermaßen Verwendung finden.
- Wechsel in der Übungsfolge mit Übungselementen aus verschiedenen Strukturgruppen: Also z. B. nicht hauptsächlich Fahnen und Standwaagen, sondern auch Handstände, Liegestützübungen usw.
- Vielfalt der Auf- und Abgänge und Übergänge ist ein wesentliches Element der Kürgestaltung.
- Abwechslung in den Variationsmöglichkeiten der Kürübungen: Wechsel der Ausgangspositionen auf dem Pferd, dem Verhalten zum Pferd, Bewegungseinrichtungen und -ebenen, Variation von Arm- und Beinhaltungen (siehe Schaubilder »Strukturgruppen« und »Variationsmöglichkeiten von Kürübungen« auf S. 82).
- Durch Verbindung der einzelnen Übungsteile zu Übungsfolgen ergeben sich fließende Übergänge und ein zeitsparender Bewegungsfluß. Das Pferd soll nie-

mals »leer« werden. Bei einer Gruppenkür ist eine wiederholte Blockbildung mit
den gleichen Voltigierern zu vermeiden,
außerdem sollen alle Voltigierer einer
Gruppe annähernd gleichmäßig an der
Kür beteiligt sein.

• Prinzip der Steigerung: Aus einer einfa-
cheren Übung in einer Übungsfolge wird
eine schwerere entwickelt.

• Höhepunkte können in der Kür Akzente setzen. Die einmalige Ballung von
Schwierigkeiten ist nicht sinnvoll. Dagegen wird ein spannungsreicher Kürverlauf
durch eine gelungene Verteilung der
Höhepunkte erreicht. Ein interessanter
Anfang erweckt Aufmerksamkeit und ein
»Abfallen« der Kür zum Ende hin hinter-
läßt einen langweiligen Eindruck.

• Originalität und Kreativität: Einbau
neuartiger, selbsterfundener Übungsteile,
die einen gewissen »Überraschungsef-
fekt« haben.

• Musikalität: Durch Abstimmen der Bewegungen auf eine passende Musik wird
eine besondere Harmonie und Ausstrahlung erreicht.

Gestaltete Bewegung verlangt eine geschickte Choreographie, die mit der Persönlichkeit und dem Können der Voltigierer übereinstimmen soll und in Harmonie mit dem Pferd erfolgen muß.

Gut gewählte Gestaltungselemente haben
einen Sinn, d. h. sie passen zu einer bestimmten Bewegung, zur Musik, setzen
Akzente und werden im richtigen Moment eingesetzt. Künstlerisch gut abgestimmte Arm- bzw. Beinbewegungen unterstreichen bestimmte Elemente, sie
wirken natürlich, harmonieren mit dem

Bewegungsrhythmus und verlaufen im
Einklang mit der Musik. Dies setzt eine
gewisse Reife und viel Können voraus.

Unter Gestaltung ist nicht gemeint, daß jeder Voltigierer unbedingt mit den Armen
und Beinen »wedeln« muß, insbesondere
wenn er die Übungen noch nicht ganz beherrscht! Deshalb sollten Anfänger eine
schlichte Gestaltung wählen.

Eine originale Einzel-Kürgestaltung von
Weltmeisterin *Tanja Benedetto.*

Der Voltigier-
unterricht

Wie in keiner anderen Sportart kommt es im Voltigierunterricht auf das optimale Zusammenwirken von Gruppe, Pferd und Longenführer an. Je feiner diese Wechselbeziehungen aufeinander abgestimmt sind, desto zielgerichteter und effektiver wird eine Übungsstunde verlaufen. Der Übungsleiter hat dabei vielerlei Aufgaben zu erfüllen:

• Lernziele und Lehrwege auswählen: Was soll in der Stunde wie erreicht werden?

• Das Pferd korrekt longieren und sinnvoll einsetzen.

• Die richtige Organisationsform für die verschiedenen Aufgaben finden.

• Den Unterrichtsablauf so leiten, daß er stets den Überblick über alle Voltigierer und das Pferd behält.

• Das Verhalten und die Fortschritte der Voltigierer stets im Unterrichtsgeschehen miteinbeziehen.

• Den Unterricht vielseitig, freudvoll und erlebnisreich gestalten.

• Bewegungsaufgaben stellen, erklären und korrigieren.

Die Übungsmöglichkeiten sind von den Eigenschaften des Pferdes, seiner Kondition und seiner Belastbarkeit abhängig. Daher muß das Pferd stets in die Planung einbezogen werden.

Hoffentlich fangen wir gleich an! Wer ist als nächste dran?

134

Lernziele

Der Übungsleiter kann seinen Unterricht nur vorbereiten und planen, wenn er sich vorher Gedanken darüber gemacht hat, was er in seinem Unterricht erreichen möchte. Je genauer er seine Voltigierer kennt, desto besser kann er die Zielsetzung seines Unterrichts darauf abstimmen. Lernziele dienen als Leitlinien im Unterricht und beschreiben zum Beispiel, was die Voltigierer am Ende einer Übungsstunde oder nach einer längeren Zeitspanne können sollten.

Lernziele beziehen sich nicht nur auf Bewegungsfertigkeiten, sondern sie schließen auch psychische, kognitive und soziale Fähigkeiten mit ein. Demnach sollte der Übungsleiter nicht nur auf die Vermittlung von sportlichem Können Wert legen, sondern auch die erzieherischen Möglichkeiten dieses Sports nutzen.

Lehrmethoden

Unter Methodik versteht man die Lehrweise des Unterrichtens. Sie fragt danach, wie Lerninhalte vermittelt werden und richtet sich an den angestrebten Lernzielen und Lerninhalten aus. Durch planmäßiges, stufenweises Steigern der Anforderungen in Lernschritten werden Übungsformen erlernt. Dazu gibt es allgemeine bewährte Grundsätze:

– Das Vorgehen erfolgt von bekannten zu unbekannten Bewegungsabläufen;
– von der leichten Übung geht es zur schweren, von der einfachen zur komplexen;
– von der Grobform zur Feinform.

Man unterscheidet im Unterricht hauptsächlich zwei Lehrverfahren:
1. Durch Vormachen, Vorzeigen, Erklären oder Beschreiben vermittelt der Ausbilder eine Bewegungsvorstellung von den Übungen, die gelernt werden sollen.
2. Der Übungsleiter stellt eine Bewegungsaufgabe. Die Voltigierer sollen selbst zweckmäßige Lösungen finden.

Im Voltigieren wird man anfangs die erste Methode einsetzen, um die Grundlagen der Pflicht in Lernschritten zu erarbeiten. So wird eine Übungsaufgabe am leichtesten erfaßt und für den Sportler gut nachvollziehbar; dabei werden die Hauptpunkte eines Bewegungsablaufs herausgestellt. Schwierige Bewegungsabläufe müssen oft mehrmals verdeutlicht und wiederholt werden. Fortgeschrittenen können Bewegungsaufgaben z. B. beim Entwickeln von Kürübungen gestellt werden, für die sie eigene Wege ausprobieren und finden sollen.

Ein Sportler kann eine Übungsaufgabe dann richtig ausführen, wenn er sie verstanden hat.
Er muß

– eine Bewegungsvorstellung vom Ablauf der Übung haben, die er ausführen soll;
– die Erklärungen und Anweisungen auch verstehen, die ihm der Übungsleiter gibt.

Im Einzelvoltigieren kann vermehrt die Fachsprache verwendet werden. Anweisungen und Korrekturen während des Übens sind am wirksamsten, wenn sie klar, unmittelbar, kurz und treffend angebracht werden.

Obwohl in den Vereinen die Voltigiergruppen im allgemeinen nach ihrem Können

135

eingeteilt werden, findet ein Übungsleiter selten eine einheitliche Gruppe vor. Es ist nicht ungewöhnlich, daß Kinder und Jugendliche verschiedener Altersstufen, Jungen und Mädchen, Anfänger und Fortgeschrittene in einer Gruppe zusammengefaßt sind. Ein guter Ausbilder muß in seinem Unterricht all diesen Voraussetzungen Rechnung tragen; darüber hinaus kann er abschätzen, welche differenzierten Anforderungen er jedem einzelnen Voltigierer zu stellen vermag.

Wenn eine Schwierigkeit gemeistert ist, sollte dieser Lernfortschritt auch durch Lob bestätigt werden. Dies spornt die Voltigierer dazu an, wiederum weitere Aufgaben zu bewältigen und führt so zu weiteren Erfolgserlebnissen. Stets sollte das Positive anerkannt und herausgestellt werden, auch wenn nur ein kleiner Fortschritt erreicht worden ist. Stellt man fest, daß ein Voltigierer einer Aufgabe nicht gewachsen ist, so greift man lieber wieder auf einfachere Übungsaufgaben zurück.

Die Methodik des Unterrichtens ist die Kunst, gerade die nächstmögliche Stufe mit Erfolgsaussicht zu verlangen, ohne die Sportler zu überfordern!

Wie werden Bewegungsfehler korrigiert?

Um Fehler genau korrigieren zu können, ist es ein großer Vorteil, wenn der Ausbilder selbst voltigiert hat und seine eigenen Bewegungserfahrungen einbringen kann. Dazu braucht er eine genaue Kenntnis der Bewegungsabläufe und viel Übung im »Bewegungssehen«. Er muß die Fähigkeit haben, Bewegungen zu analysieren und Fehler zu erkennen, sowie zwischen Nebenfehlern und Hauptfehlern unterscheiden können.

• Oft liegt es an den fehlenden körperlichen und koordinativen Voraussetzungen, daß Fehler beim Bewegungslernen auftreten. Kann sich der Voltigierer z. B. bei der Wende nicht genügend mit den Armen abdrücken, so muß die Stützkraft der Arme speziell durch Gymnastikübungen trainiert werden.

• Beim Auftreten von mehreren Fehlern muß der Ausbilder die Ursache des Hauptfehlers erkennen und mit gezielten Bewegungsanweisungen Lösungswege zur Behebung des Hauptfehlers geben können. Dadurch werden meistens andere kleinere Fehler gleich mitbeseitigt.

• Bewegungskorrekturen stets mit praktischem Üben verbinden!

• Immer nur einen Fehler korrigieren; mehrere Fehler werden nacheinander verbessert: erst die groben, dann die feineren Fehler.

• Sollten sich bei einer Aufgabe bei den meisten Voltigierern dieselben Fehler zeigen, so wird die ganze Gruppe anschließend zusammen korrigiert.

• Einzelkorrekturen werden gegeben, wenn Fehler während des Übens nur bei einzelnen Voltigierern auftreten.

• Einfachere Vorübungen und das Zerlegen einer Übung in Teilbewegungen helfen, technische Fehler zu vermeiden.

• Haltungsfehler lassen sich am besten im Schritt, am Übungspferd und vor dem Spiegel korrigieren.

Unterrichtsplanung

Da die Unterrichtszeit meistens zu kurz und das Pferd nur begrenzt belastbar ist, muß die Übungsstunde straff und gut durchdacht organisiert sein. Im Gruppenunterricht entstehen zwischen den Übungszeiten des einzelnen immer Pausen. Während höchstens drei Voltigierer gleichzeitig auf dem Pferd üben können, müssen die anderen warten oder durch Zusatzaufgaben beschäftigt werden. Die effektive Übungszeit innerhalb einer Stunde ist für jeden Voltigierer ziemlich kurz bemessen.

Deshalb sollte besonders bei Anfängern ein Kind nicht zu lange allein auf dem Pferd bleiben, sondern lieber später noch einmal an die Reihe kommen. Besonders Kinder achten darauf, wie oft und wie lange jeder auf dem Pferd sein durfte; deshalb sollte ihnen allen annähernd die gleiche Übungszeit eingeräumt werden!

Für ihre Freude am Voltigierunterricht ist für die Kinder hauptsächlich die reine Übungszeit auf dem Pferd ausschlaggebend!

Tips für den Unterrichtsablauf

- Alter, Entwicklungs- und Ausbildungsstand stets berücksichtigen.
- Mit spielerischen Übungen beginnen und das Üben auflockern.
- Die Grundstruktur einer Übungsform sorgfältig und korrekt erarbeiten. Späteres Umlernen ist immer viel mühsamer!
- Durch häufiges Üben und Korrigieren allmählich die Bewegungen von der Grobform zur Feinform hin entwickeln und durch ständige Wiederholung verbessern und festigen.

- Klare Bewegungsvorstellungen durch anschauliche Erklärungen oder Demonstrationen vermitteln.
- Vielseitig und abwechslungsreich üben lassen, um das Interesse und die Motivation wachzuhalten.
- Kurze, knappe und anschauliche Anweisungen geben.
- Eine breite Übungsbasis legen und frühe Spezialisierungen auf alle Fälle vermeiden.

Unterrichtsorganisation

Von seinem Standort in der Mitte des Zirkels muß der Ausbilder sein Pferd im Auge behalten, gleichzeitig aber auch Anweisungen an die übenden Voltigierer und die außerhalb des Zirkels wartenden Voltigierer geben, ohne die Gesamtübersicht zu verlieren. Das Einlaufen in die Zirkelmitte erfolgt grundsätzlich erst, wenn das Pferd an der Gruppe vorbei ist. In der Zirkelmitte sollten sich nie mehr als drei Voltigierer befinden, da der Longenführer sonst beim Longieren gestört wird. Zum Erklären und Demonstrieren von Übungen stellen sich die Voltigierer links vom Pferd in einem Halbkreis auf, damit jeder den Bewegungsablauf beobachten kann. Dabei ist vor allem auf einen Sicherheitsabstand zum Pferd zu achten.

Im folgenden einige Ratschläge für einen effektiven Unterrichtsverlauf:
- Die Aufstellung der Voltigierer muß nicht der Größe nach erfolgen. Die Reihenfolge der Voltigierer sollte vielmehr leistungsmäßig so festgelegt werden, daß durch unterschiedliches Können bedingte Schrittphasen und Galopp-Phasen zusammengelegt werden können.

Bei dieser Aufstellung können alle sehen, was gezeigt und erklärt wird.

• Jeder Voltigierer muß wissen, wann er an der Reihe ist. Jeder muß aufmerksam beobachten, was auf dem Pferd geschieht, um rechtzeitig wieder bereitzustehen.

• Unnötige Verzögerungen können vermieden werden, wenn der nächste Voltigierer rechtzeitig zum Aufsprung anläuft, während der übende Voltigierer auf dem Pferd zum Abgang ansetzt.

• Einfache Übungsformen sollten bald partnerweise durchgeführt werden, damit die Voltigierer schneller an die Reihe kommen. Sie machen den Kindern besonders viel Spaß und bereiten sich gleichzeitig auf die Kürübungen vor. Es muß jedoch vorher ausgemacht werden, wer mit welchem Partner welche Übung zusammen ausführt.

• Nach jedem Üben sollen die Voltigierer noch um den Zirkel herum an ihren Platz laufen und nicht den Weg zur wartenden Gruppe abkürzen; so bleiben sie länger in Bewegung.

• Die wartenden Voltigierer können durch Zusatzaufgaben am Turnpferd vielseitig beschäftigt werden.

Aufbau einer Übungsstunde

In der Übungsstunde sind die Übungen nicht beliebig aneinanderzureihen, sondern der Ablauf der Stunde sollte vorher festgelegt und auf einen Unterrichtsschwerpunkt ausgerichtet werden. Dies erfordert vom Voltigierausbilder eine vorherige Planung der Übungsstunde. Die Stunde darf jedoch nicht nach einem starren Schema ablaufen, sondern richtet sich an der Unterrichtssituation und den Lernerfolgen aus.

Bei Anfängergruppen wird die meiste Übungzeit im Schritt oder am Turnpferd in Anspruch genommen, während bei Fortgeschrittenen- und Turniergruppen vermehrt im Galopp geübt wird. Jedoch sind je nach Kondition und Ausbildungsstand des Pferdes den Trainingsmöglichkeiten im Galopp Grenzen gesetzt. Pro Übungsstunde sind höchstens zwei lange Übungsphasen im Galopp zu empfehlen. Eine Galopp-Phase sollte dabei nicht länger als 10 bis 12 Minuten sein. Diese Art

138

Stundengliederung		
30 Minuten vor der Stunde	**Hauptteil ca. 30 Minuten**	**Schlußteil 10–15 Minuten**
• Pferd vorbereiten; Putzen, Auftrensen, Decke auflegen, Aufgurten, Bandagieren.	Inhalte und Aufgaben von Übungsstunden können u. a. je nach Leistungsniveau umfassen:	Der Stundenabschluß dient zur Auflockerung. Die Stunde endet mit einer Schrittphase und/oder Übungsformen am Turnpferd.
• Pferd 10–15 Min. im Schritt führen oder reiten.	• Erlernen neuer Übungsformen.	• Belastungswechsel: Auflockern und Beruhigen: einfache Übungen erfinden, Voltigierspiele, Übungen nach freier Wahl usw. (siehe S. 151 ff.).
Einleitung 10–15 Minuten	• Wiederholen und Üben von bereits bekannten Pflicht- und Kürtechniken.	
• Pferd ablongieren auf beiden Händen.	• Korrigieren und Ausprobieren von Übungsformen am Übungspferd entsprechend den Bewegungsaufgaben am Pferd.	• Abschlußgespräch und Auswertung des Stundenverlaufs.
• Ausrüstung überprüfen, Nachgurten.		• Pferdedienst: Ausbinder des Pferdes lösen, Gurt lockern, im Winter Decke auflegen, Pferd trockenführen oder ohne Sattel trockenreiten.
• Voltigierer: Aufwärmen durch Lauf- und Sprungübungen.		
• Vorbereitende Gymnastik am Boden und an den Cavaletti.	• Festigen und Verfeinern bereits bekannter Übungsformen.	
• Einstimmen auf das Hauptziel der Unterrichtsstunde im Hauptteil durch spezielle Gymnastik.	• Erfinden neuer Ideen für Kürübungen.	• Pferd evtl. trockenreiben, abbürsten, Sattellage abwischen, Hufe auskratzen.
• Einfache Grundübungen und spielerische Übungsformen (siehe S. 141).	• Gestalten und Variieren von Übungsverbindungen und Kombinationen für die Kür.	• Hufschlag ebnen, Ausrüstung aufräumen.
• Für Fortgeschrittene: Einvoltigieren im Galopp mit schnellen Auf- und Absprüngen (siehe S. 146).	• Training unter Wettkampfbedingungen als Vorbereitung für ein Turnier.	

des Intervalltrainings hat bessere konditionelle Trainingsauswirkungen auf das Pferd als Galopp-Phasen von längerer Dauer. Jeder Galopparbeit sollte eine Schrittphase von mindestens 10–15 Minuten folgen, bevor man wieder mit der Galopparbeit beginnt. Für die Schrittphasen werden die Ausbinder grundsätzlich länger geschnallt. Diese Zeit kann dazu genutzt werden, Korrektu-

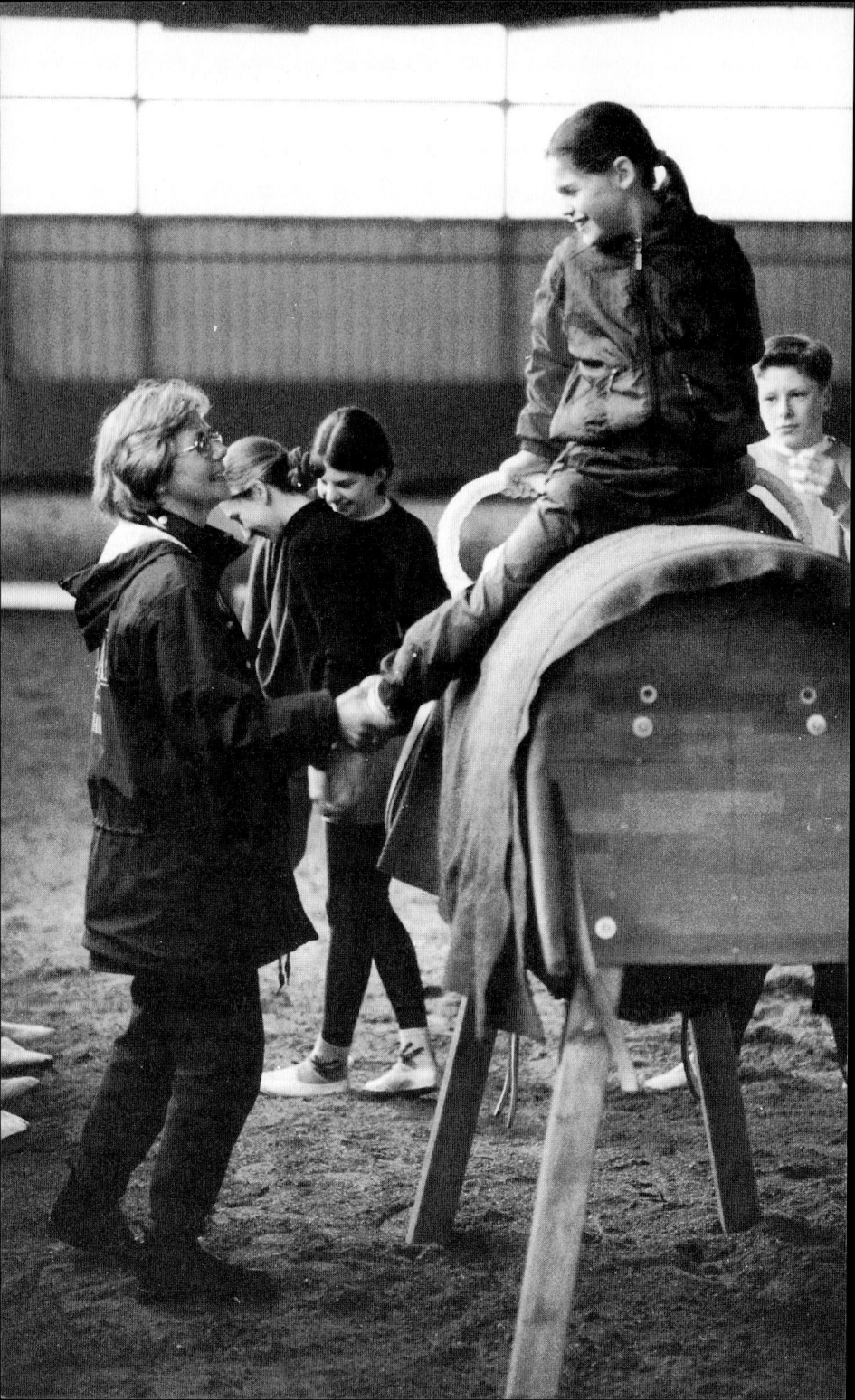

ren anzubringen, Übungen zu festigen oder neue Übungen einzuüben. Übungen im Halten kommen nicht unmittelbar nach einer Galopp-Phase, sondern es wird erst eine Schrittpause angeschlossen.

• Am Anfang der Stunde nach dem Aufwärmen sollen Geschicklichkeits-, Schnelligkeits- und Reaktionsübungen folgen.

• Das Lernen neuer Übungsformen (koordinativ-technische Schulung) muß stets vor der konditionellen Schulung kommen. Die Technikschulung in der Pflicht oder das Ausführen von schwierigen, akrobatischen Kürformen verlangt ein hohes Maß an Konzentration und führt zu schnellerer Ermüdung.

• Um einem einseitigen Training entgegenzuwirken, sollte auch auf der rechten Hand voltigiert werden; das ist für Pferd und Voltigierer von Vorteil.

• Partnerübungen nicht zu Beginn der Galopparbeit ausführen, da die Belastung allmählich gesteigert werden soll.

Vielseitige Voltigierpraxis

Es muß nicht immer nur »Grundsitz – Fahne – Mühle ...« sein, vielmehr gibt es eine Vielfalt von einfachen Übungen und Spielformen, die Anfängern und Spielgruppen Spaß machen. Alle Kinder zeigen gerne Kunststücke. Schaffen sie es in kurzer Zeit, allein oder zusammen einfache Kunststücke auf dem Pferd zu lernen, bedeutet dies ein großes Erfolgserlebnis! Viele dieser Übungsformen sind auch für Fortgeschrittene als Konzentrationsübungen reizvoll und eignen sich nach einer anstrengenden Übungsphase als Stundenausklang zur Entspannung.

Bei der Arbeit mit Anfänger- und Spielgruppen wird der Übungsleiter mehrfach gefordert. Ein ausgebildeter Helfer sollte ihm auf jeden Fall zur Seite stehen. Er sollte am Pferd mitgehen und das übende Kind im Auge behalten. Gegebenenfalls leistet er Sicherheits- oder Hilfestellung.

Grund- und Vorübungen – teilweise spielerisch verpackt

Durch die folgenden Übungen sollen

– die Voltigierer mit dem Pferd vertraut gemacht und die ersten Körper- und Bewegungserfahrungen vermittelt werden,

– die verschiedenen Gruppenpositionen und Bewegungsrichtungen auf dem Pferd sowie die Zusammenarbeit und gegenseitige Hilfestellung eingeübt werden,

– das Rhythmus- und Gleichgewichtsgefühl in den Gangarten Schritt, Trab und Galopp geschult werden. Die Bewegungen des Pferdes werden bewußter wahrgenommen, wenn man bei geeigneten Übungen die Augen schließt.

– Geschicklichkeit, Gewandtheit, Koordination und Konzentration sollen verbessert werden. Mit zunehmender Bewegungssicherheit werden die Übungen nach und nach erschwert: Arme loslassen, die Übungen rück- oder seitwärts, zu zweit und zu dritt oder in einer anderen Gangart ausführen (siehe S. 82/83). Weitere Übungsmöglichkeiten finden Sie in den Kapiteln »Die Pflicht« und »Die Kür«, Anregungen für allerlei Spielformen im Kapitel »Voltigieren spielerisch«.

Von Anfang an stets auf eine korrekte Bewegungsausführung achten!

Einzelübungen im Liegen

Hierzu gibt es viele Variationsmöglichkeiten in den verschiedenen Positionen: mit lockerem oder gespanntem Körper, mit ausgestreckten oder hängenden Armen und Beinen.

- Aus dem Sitz vw sich locker nach vorne auf den Pferdehals legen, die Beine bleiben dabei am Pferd liegen. Oder: mit Rücken und Kopf nach hinten aufs Pferd legen (Abb. unten).

Variation: In Rückenlage die geschlossenen Beine senkrecht nach oben strecken (Kerze).

- Längslieger: auf dem Bauch mit Blick nach vorne auf den Pferderücken legen (Abb. S. 16).
- Aus dem Rückwärtssitz mit dem Bauch auf die Kruppe legen.
- Querlieger: Quer über den Pferderücken mit Blick nach innen oder außen legen.

Übungen im Sitzen

1 Pferd loben

Mit einer Hand im Rhythmus das Pferd mehrmals am Hals loben, dann in beide Hände klatschen und die Hand wechseln.

Variation: Im schnellen Wechsel das Pferd einmal mit der linken und einmal mit der rechten Hand loben oder das Pferd hinter sich links und rechts auf die Kruppe klopfen.

Auf dem blanken Pferderücken kann man sich am besten in die Bewegungen des Pferdes einfühlen. Nur auf absolut zuverlässigen Pferden geht dies ohne Ausbinder!

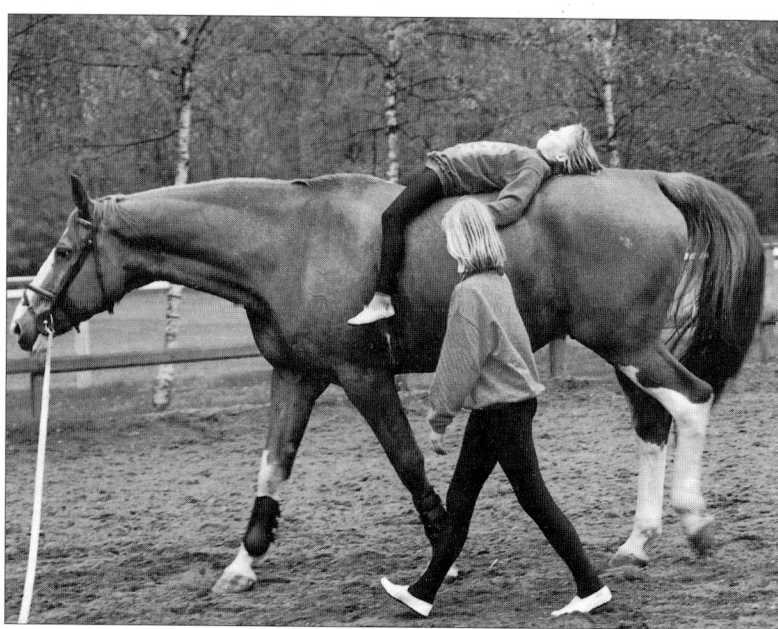

2 Lockerungsübungen im Sitz

Kopf nach vorn und zur Seite neigen; Arme nach oben zur Decke strecken oder auf- und abschwingen; Arm- und Schulterkreisen nach vorn und hinten und gegengleich; mit gebeugten Armen im Schultergürtel zurückfedern; Arme in die Taille stützen und Rumpfdrehen nach links und rechts.

3 Koordinationsübungen

Gleichzeitig auf Zuruf im schnellen Wechsel mit einer Hand an die Nase und mit der anderen an einen anderen Körperteil fassen (ans Ohr, auf den Kopf usw.).

4 Sitzvariationen

In allen Ausgangspositionen vw, rw oder sw, angefaßt oder einarmig: Schneidersitz, Spreizsitz mit einem hochgespreizten Bein, Schwebesitz mit wechselseitigem Beinkreuzen – alles kombiniert mit passenden Abgängen. Im Langsitz rw mit auf der Kruppe liegenden geschlossenen Beinen aufrecht frei sitzen, dann Schwebesitzabgang nach außen.

5 Mühlevariationen

Halbe Mühle (nach innen oder außen) vom Sitz vw zum Rückwärtssitz und zurück zum Sitz; D-Mühle mit Beinwechseln über den Pferdehals (wie auf S. 63) oder rw über die Kruppe.

Variation: Mit geschlossenen Beinen schnell nach innen und außen über den Pferdehals oder die Kruppe schwingen; zur Verbesserung des Gleichgewichts Mühle ohne Festhalten nach innen und außen und mit schneller oder langsamer Beinführung.

6 Umsteiger

Aus dem Innensitz mit dem linken Bein zum Sitz rw vor den Gurt und wiederum über den Außensitz zum Sitz vw hinter dem Gurt umsteigen.

Übungen im Knien/Hockstand

1 Fahnevariationen

Abwechselnd das linke oder rechte gestreckte Bein am Pferd vorbei ab- und aufwärtsschwingen oder beugen und strecken; mit schwungvollem Wechsel des Stützbeins über den Stütz. Fahne rw, mit den Händen auf der Kruppe aufgestützt oder Fahne auf dem Hals festgehalten; Fahne sw.

2 Bank oder Knien vw, sw oder rw (mit Bocksprung über die Kruppe).

3 Hockstand

Mit rhythmischem Federn, Füße bleiben auf den ganzen Fußsohlen. Nun auf die Arme stützen, Beine durchdrücken, mit den Füßen abdrücken und in den Innensitz gleiten, Wende nach außen.

4 Prinzensitz vw oder rw

Im Prinzensitz ohne Festhalten das Stützbein von links nach rechts wechseln. Dasselbe ist auch mit einer halben Drehung nach hinten und vorn möglich.

Variation: Prinzensitz rw auf dem Hals (ein Bein steht auf dem Pferderücken).

5 Bank rl

Mit hochgespreiztem oder zur Seite ausgestrecktem Bein, das Bein heben und senken und dabei das Gesäß oben lassen!

Gleichgewichtsübungen im Stehen

Im Schritt geht ein Helfer neben dem Pferd mit und gibt Sicherheitsstellung. Fortgeschrittene können die Standsicherheit im Galopp mit den folgenden Übungen verbessern:

1 Mit Hilfestellung aus dem Stehen

im Schritt nach innen oder außen abspringen. Später alle Stehübungen mit freiem Abspringen kombinieren. Auf die korrekte Landetechnik achten!

2 Rhythmisieren

Im Galopprhythmus die Arme gegengleich locker rhythmisch mitschwingen, gleichzeitig in den Knien mitfedern.

3 Freies Aufstehen

Aus dem Knie (oder Prinzensitz) mehrmals aufstehen und wieder hinknien, ohne die Griffe zu berühren.

4 Kniebeugen

In schnellem oder langsamem Tempo (für Könner rw).

5 Geschicklichkeitsstehen

Mit geschlossenen Augen stehen. Jacke an- und ausziehen oder einen Gummiring auf dem Kopf balancieren.

Schaffe ich es, das Gleichgewicht zu halten?

6 Stehen mit Positionsänderung

Drehung zum Seitwärts- oder Rückwärtsstehen und zurück zum Vorwärtsstehen (Drehung mit Schritten oder Umspringen).

7 Zahlenspiel

Auf Zuruf zeigt der freistehende Voltigierer die angegebene Zahl mit den Fingern einer Hand oder mit beiden Händen.

8 Mit Geräten

Im Stand oder Knie mit 2 Bällen jonglieren; einen Reifen hochhalten oder im Stand durch einen Reifen steigen; im gebückten Stand Achterkreisen mit dem Ball durch die Beine.

Übungsfolgen üben und variieren

Durch die Verbindung von Einzelelementen der Grund-, Pflicht- und Kürübungen ergeben sich unzählige Kombinationsmöglichkeiten für Übungsfolgen, die ständig durch neue Übungsteile ergänzt oder verändert werden können.

Die Kreativität wird gefördert, wenn die Voltigierer selbst Ideen für die Zusammenstellung von Übungsfolgen entwickeln.

- Hier ist das Ziel die Verbesserung der Konzentration und des Bewegungsflusses. Durch das auswendige Nachturnen wird das Bewegungsgedächtnis geschult.
- Alle Übungsfolgen werden mit Sicherheits- bzw. Hilfestellung eines geübten Helfers auf dem Turnpferd geübt. Die Aufsprünge am Turnpferd erfolgen am besten vom Minitrampolin aus.
- Jeder Handgriff und jeder Platzwechsel muß sitzen, bevor der Bewegungsablauf im Schritt auf dem Pferd weitergeübt wird. Fortgeschrittene können daraus schon eine einfache Einzelkür im Galopp entwickeln.
- Zum Stundenausklang kann man bekannte Übungsfolgen im Schritt mit längeren Ausbindern und auf der rechten Hand wiederholen.

Vorschläge für Übungsfolgen

1 Aufsprung – D-Mühle mit Beinwechsel – halbe Flanke zum Innensitz – linkes Bein über die Kruppe zum Rückwärtssitz – Spreizsitz rw – Wende von der Kruppe nach außen mit halber Drehung.

2 Anlauf von hinten mit Bocksprung aufs Übungspferd zum Sitz – Fahne – durch die Fahne mit dem rechten Bein umsteigen zum Rückwärtssitz – Schneidersitz rw – Schwebesitz – die geschlossenen Beine über den Außensitz zum Sitz vw führen – Knien vw – Rolle vw am Hals nach außen ab.

3 Aufsprung zum Innensitz – Querlieger rl – vom Innensitz auf den Pferdehals umsteigen zum Rückwärtssitz vor dem Gurt – Standwaage in der Schlaufe außen – Außensitz vor dem Gurt – Umsteigen zum Sitz vw hinter dem Gurt – Fahne vw – Wende aus der Fahne nach außen.

4 Aufsprung zum Knien – Einscheren zum Rückwärtssitz – Bank rl – aus der Bank einscheren zum Vorwärtssitz – Zurücklegen zur einfachen Kerze – wieder aufrichten – Stützschwung vw – Aufschwingen zum Knien – Wende aus dem Knien nach außen.

5 Aufsprung ins Knien – Fahne – aus der Fahne umsteigen zum Sitz rw – rechtes Bein zum Außensitz führen – Umdrehen zum Querlieger vl – vom Außenstütz nach innen durchhocken.

6 Aufsprung zum Knien – Schulterstand – Einscheren zum Rückwärtssitz – Prinzensitz rw – Fahne rw – Bocksprung.

7 Aufsprung zum Knien – Prinzensitz mit 2× Stützbeinwechsel – direkt zum Stehen und vom Stand über den Stütz Einscheren zum Rückwärtssitz – Rolle rw auf den Hals zum Rückwärtssitz vor dem Gurt – Prinzensitz auf dem Hals (ein Bein auf dem Pferderücken) – wieder einsitzen hinter dem Gurt zum Rückwärtssitz – Bank rücklings mit hochgespreiztem rechten Bein – Bocksprung über die Kruppe.

8 Aufsprung zur Fahne – Fahne vw – Hochschwingen zur gestützten Standwaage – Einscheren zum Sitz rw – Schwebesitz mit Beine 2× kreuzen – Stützschwung rl – Rückwärtsschere zum Sitz vw – Handstandabgang.

9 Scheraufgang zum Rückwärtssitz – Fahne rw – Prinzensitz rw – rechtes Bein auf der Kruppe aufsetzen zur Bank rl – wieder einsitzen – Rolle rw auf den Hals mit Scheren zum Sitz vw vor dem Gurt – Abgang nach außen vom Hals.

Jetzt sind die Voltigierer dran

• Der Übungsleiter (oder ein Voltigierer) gibt eine Einzelkür mit 4–7 Übungsteilen vor. Wer kann die Übungen ohne Unterbrechung auswendig ohne Fehler nachturnen?

• Wer erfindet für die ganze Gruppe einen neuen Auf-, Ab- bzw. Übergang oder andere Armbewegungen dazu?

• Bei einer vorgegebenen Übungsfolge soll jeder einen anderen Abgang o. ä. turnen, der aber in diesem Durchgang nur einmal vorkommen darf.

• Wir erweitern die Übungsserie in jedem Durchgang um eine oder mehrere Übungen. Wer schafft es am längsten, jede Übungsfolge fehlerlos nachzuturnen?

• Wir spielen dazu ein kurzes Musikstück. Wem fallen dazu noch passende Gestaltungselemente ein? Wenn solche Übungsfolgen häufig geübt und variiert werden, hat die Gruppe eine breite Basis, auf der sie aufbauen kann. Somit können die Voltigierer bald selbst eigene kleine Übungsfolgen erfinden. Jeder Voltigierer erhält die Aufgabe, eine eigene Kürfolge von 3–5 Übungen mit einem Ab- und Aufgang zusammenzu-

stellen. Ist eine Übungsfolge besonders gelungen, sollte diese gleich notiert werden. In der nächsten Stunde kann man diese wiederholen und wieder etwas abwandeln.

Einvoltigieren im Galopp

Das »Einvoltigieren« dient nach dem Aufwärmen zur Einstimmung der Voltigierer für das Training im Galopp oder als Konditionstraining mit dem Pferd. Es ist außerdem eine hervorragende Koordinations- und Rhythmusschulung. Als Voraussetzung müssen die Voltigierer verschiedene Auf- und Absprünge sowie Wenden im Galopp beherrschen. Die Abgänge erfolgen zweckmäßigerweise nach außen, damit in schnellen Folgen verschiedene Auf- und Abgänge kombiniert werden können und Zusammenstöße verhindert werden.

Achten Sie darauf, daß die ganze Gruppe flott hintereinander ans Pferd läuft. Die Übungen werden zügig angeschlossen, so daß das Pferd nie leer weitergaloppiert.

Hierzu einige Übungsvorschläge

1 Reaktionsübung

Der Longenführer gibt jedem Voltigierer erst beim Anlaufen ans Pferd die Art des Aufsprungs an oder erst nach dem Aufsprung, welche Übung und welcher Abgang folgt.

2 Auf-Ab

Aufsprung in den Sitz – Abgang nach innen – Bodensprung – sofort wieder aufspringen; mehrmals hintereinander mit verschiedenen Aufsprüngen üben.

3 Die Gruppe ist immer in Bewegung

Aufsprung in den Sitz, sofort Abgang nach

außen (oder Wende nach außen), nach vorne weiterlaufen, das Pferd überholen und um den Zirkel herum wieder zum Platz laufen. Die nächsten Voltigierer wechseln sich in schneller Folge auf dem Pferd ab.

4 Variationen für oben

Aufsprung ins Knien – Wende aus dem Knien nach außen; Scheraufsprung – Rückwärtsschere – Wende nach außen; Aufsprung in den Innensitz – Wende über das Pferd nach außen wie beim 2. Teil der Flanke.

5 Mehrere schnelle Stützschwünge hintereinander

Ein Voltigierer gibt das Tempo durch Zuruf oder Klatschen an, anschließend Wende nach außen.

6 Aus dem Sitz aufschwingen in die Fahne (oder Aufsprung in die Fahne), danach Wende aus der Fahne nach außen.

7 Aufschwung aus der Fahne zur gestützten Standwaage – Handstandabgang nach außen.

8 Aufsprung in den Innensitz – Beine geschlossen über den Hals führen zum Außensitz und wieder zurück, danach aus dem Innensitz Wende nach außen.

9 Aufsprung in den Innensitz – Stützschwung, Beine grätschen – Sitz – Wende zum Außensitz – Beine geschlossen über den Pferdehals nach innen führen – Wende aus dem Innensitz nach außen.

10 Aufsprung – Wende in den Innensitz, rechtes Bein über den Pferdehals wieder zum Sitz (2×) – Wende nach außen.

Bei leichteren Partnerübungen wie dem *doppelten Prinzensitz* lernen die Voltigierer, aufeinander einzugehen (Übung 4, S. 99).

Vorschläge für leichte und mittelschwere Kürübungen

Aus den erlernten Grundformen können für Gruppenküren Partnerübungen mit zwei oder drei Voltigierern zusammengestellt werden, die wiederum mit Auf-/Ab- und Übergängen kombiniert werden (siehe auch das Kapitel »Die Kür«, S. 78 ff.). Einige der folgenden Übungsbeispiele sind auch in der Pflichtkür für D-Gruppen enthalten (siehe S. 182):

1 Sitzen – Knien; (Sitzen –) Knien – Stehen; Doppelknien, Doppelprinzensitz; Sitz rw – Stehen rw festgehalten; Doppelstehen; Stehen über der Fahne oder Bank; Knien auf den Schultern. Das Knien kann immer durch den Prinzensitz ausgetauscht werden.

2 Verschiedene Stände in der Schlaufe: mit aufgesetztem anderen oder ausgestrecktem Bein oder hochgespreiztem Bein.

3 Schultersitz (und Stehen); Sitzen auf der Bank; Spreizsitz auf der Schulter.

4 Doppelfahne; Fahne gegeneinander; Doppelfahne rw; Fahne – Standwaage; Querlieger und Fahne; Querlieger auf der Fahne / Bank; Fahne auf der Schulter.

5 (Doppelte) Standwaage mit den Armen auf dem Pferderücken gestützt oder (doppelte) Standwaage in der Schlaufe vw, rw oder sw oder gegeneinander.

6 Sitzen und Standwaage; Seitstandwaage in der Schlaufe und Knien; Standwaage auf der Schulter.

7 Schulterlieger; Querlieger auf Bank; Querlieger und Fahne / gestützte Standwaage; Querlieger auf den Armen von zwei Sitzenden; Schulterstand oder Handstand im Sitz gestützt; Schubkarre im Stehen gehalten.

8 Sitzen rw mit aufgelegtem Liegestütz rw; hochgestützter Liegestütz auf Schultern von zwei sitzenden Unterleuten.

Die *Schubkarre* ist eine beliebte Kürübung für leichtere Küren (Übung 40, S. 114).

Voltigieren spielerisch

Voltigierstunden lassen sich durch Bewegungsspiele mit dem Pferd als lebendigem Spielpartner abwechslungsreich gestalten. Daher sollten Voltigierspiele einen festen Platz im Voltigierunterricht einnehmen.

Voltigierspiele machen Spaß

Wofür Voltigierspiele?

● Voltigierspiele sind für alle Alters- und Könnensstufen einsetzbar und können in einer Reithalle ohne aufwendige Spielgeräte durchgeführt werden.
● Spielerische Formen eignen sich als Stundenauftakt zum Aufwärmen oder als Abschluß sowie zur Verbindung einzelner Stundenteile. So kann ein im Schritt durchgeführtes Spiel nach einer Übungsphase im Galopp zur Erholung des Pferdes und als Abwechslung für die Voltigierer dienen.
● Die ganze Gruppe kann einbezogen werden und alle Voltigierer sind gleichzeitig beschäftigt. So entstehen keine so langen Wartezeiten wie sonst.
● Verschiedene Aufstellungsformen, das korrekte An- und Mitlaufen mit dem Pferd und der Wechsel der Voltigierer untereinander lassen sich durch Spiele einüben.
● Spiele bieten wichtige Gemeinschaftserlebnisse und fördern das Zusammengehörigkeitsgefühl.
● Durch Spielformen können vielseitige Bewegungserfahrungen gesammelt werden. Sie bieten einen hohen Erlebniswert, fördern Geschicklichkeit und Balance und dienen als Konzentrations- und Reaktionsschulung. Spiele mit geschlossenen Augen eignen sich besonders zur Schulung des Bewegungs- und Rhythmusgefühls.

Hinweise zur praktischen Durchführung

Das Pferd muß immer in die Spielplanung einbezogen werden. Zu wilde, laute oder riskante Spielformen, bei denen wenig Rücksicht auf das Pferd genommen wird, sollen vermieden werden.

● Pferde, welche noch nicht mit dem Ablauf von Spielen und den dazugehörigen Spielgeräten vertraut sind, müssen schrittweise daran gewöhnt werden.
● Voltigierspiele sollen ein einfaches Regelwerk haben. Die Spielidee muß zu Beginn klar sein. Wenn man mehrere Minuten lang erklären muß, aber nur eine Minute lang spielen kann, ist dies reizlos! Spielregeln lassen sich immer wieder abwandeln und fördern somit Kreativität und Phantasie.
● Die Aufstellung der Gruppe und der Ordnungsrahmen sollen möglichst übersichtlich bleiben und während der Spieldauer eingehalten werden. Grundsätzlich dürfen die Voltigierer nicht vor dem Pferd hin- und herlaufen und es nicht stören.
● Laufspiele stets in Bewegungsrichtung des Pferdes ausführen und nicht entgegengesetzt!
● Voltigierspiele können sowohl im Schritt oder Trab als auch auf der linken

bzw. rechten Hand zum Ausgleich des Pferdes durchgeführt werden. Spielformen im Galopp bilden ein ideales Geschicklichkeitstraining für Fortgeschrittene.

• Im Spiel vorkommende Übungsformen müssen zuvor eingeübt worden sein.

• Der Ausbilder gibt als Spielleiter Anregungen. So lange ein Spiel läuft, sollte er sich aber so wenig wie möglich in das Spielgeschehen einmischen und nur dann eingreifen, wenn es wirklich notwendig ist (z. B. bei Störung des Pferdes oder gefährlichen Situationen). Korrektes Longieren ist dabei selbstverständlich eine Grundvoraussetzung.

• Die Auswahl der geeigneten Spiele erfolgt nach Zielsetzung und entsprechend der Alters- und Leistungsstufe der Voltigierer. Spiele ohne Pferd werden an dieser Stelle nicht vorgestellt, da solche in zahlreichen anderen Sportbüchern zu finden sind.

• Zweckmäßige Spielmaterialien sind Springseile, Reifen, Gummiringe, Schaumstoff- und Tennisbälle, Theraband, Tücher, Kegel, Hüte, Decken. In der Halle können vorhandene Möglichkeiten genutzt werden wie Turnpferd, Stangen, Cavaletti u. ä.

Konzentrieren Sie sich zuerst nur auf ein Spiel, das in verschiedenen Varianten später weitergespielt werden kann!

Wieviel Ringe können wir noch an dem *Gummibaum* (Spiel 4) anbringen?

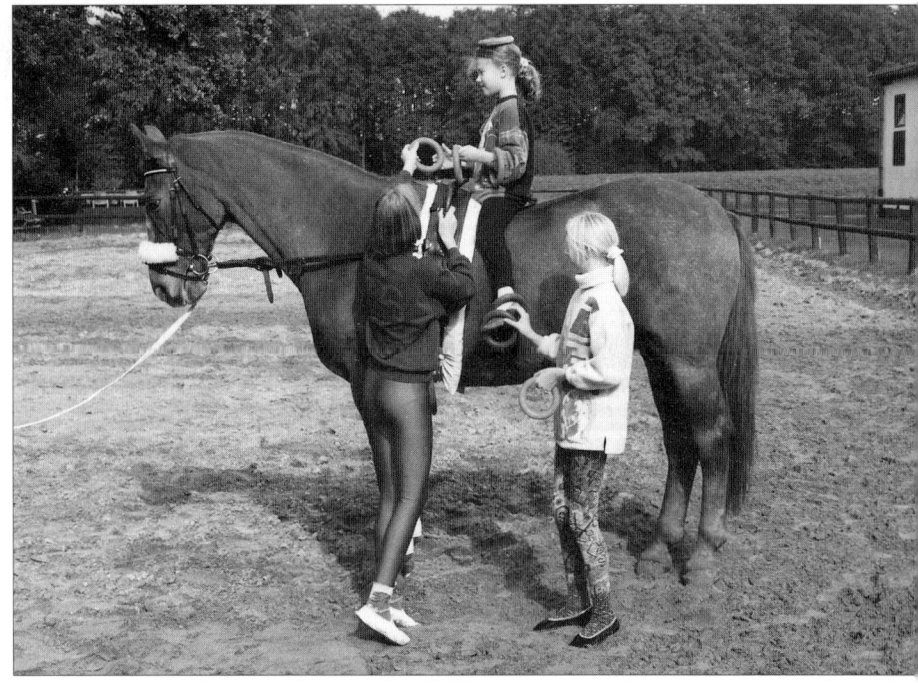

Bewegungsaufgaben und Spielformen

1 Reaktionsspiel:

Die Gruppe steht im Kreis auf dem Außenzirkel, das Pferd trabt oder galoppiert auf dem Zirkel. Wenn das Pferd vorbeikommt, bekommen die Voltigierer jedes Mal eine andere Aufgabe: Strecksprung aus der Hocke, auf einem Bein stehen, eine Standwaage eine Runde durchhalten. Wer als erster aufgibt, denkt sich eine neue Aufgabe aus.

2 Blinder Reiter

Mit geschlossenen Augen im Schritt über eine Stange treten oder traben. Der Volti-gierer muß angeben, wann das Pferd über die Stangen geht.

3 Ballwechsel

Ein Voltigierer sitzt im Schritt rückwärts auf dem Pferd und einer geht hinter dem Pferd mit. Beide spielen sich einen Ball mehrmals zu. Welches Paar schafft es am längsten, ohne daß der Ball auf den Boden fällt?

Variation: Einem Voltigierer wird im Innen- oder Außensitz von der Zirkelmitte oder von außen ein Ball zugespielt.

4 Gummibaum

Ein Voltigierer sitzt auf dem Pferd, ein anderer geht neben dem Pferd mit und bekommt von einem Voltigierer Ringe ge-

Beim *Ballwechsel* kommt es auf das geschickte Werfen und Fangen an (Spiel 3). Kinder lernen spielerisch, sich auf das Pferd einzustellen und miteinander umzugehen, wenn Voltigierspiele ihren festen Platz in den Übungsstunden finden.

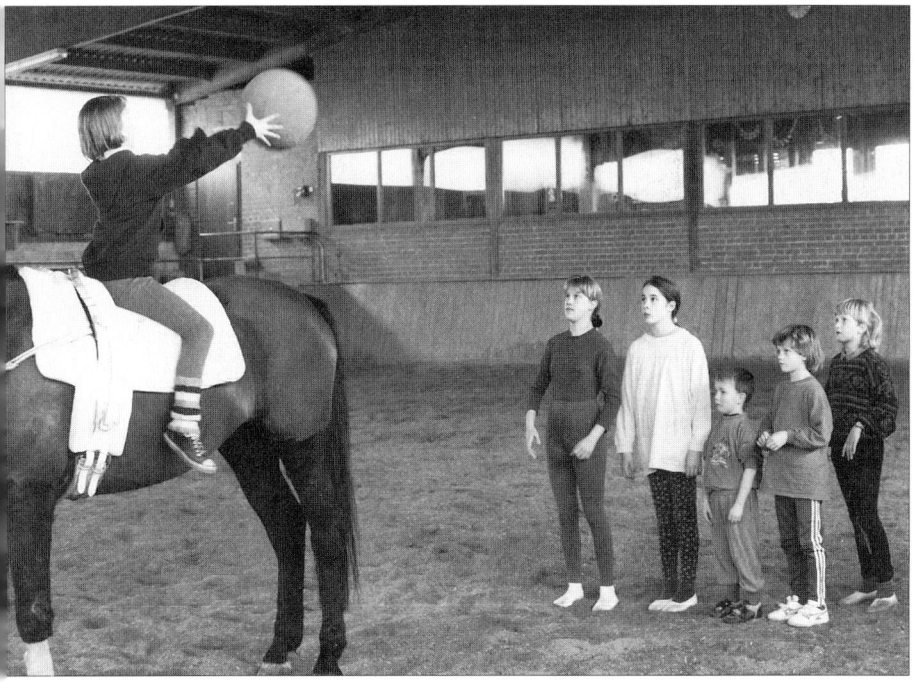

reicht. Nun muß er versuchen, so viele Ringe wie möglich an die Arme und Beine des auf dem Pferd sitzenden Partners zu hängen. Welches Paar schafft am meisten Ringe, ohne daß einer herunterfällt?

5 Geräte- oder Kleidertransport

Ein Voltigierer klemmt im Innensitz einen Ring, Ball oder Hut zwischen die Füße und transportiert dann den Gegenstand über den Pferdehals nach außen. Dort gibt er diesen an den außen mitlaufenden Voltigierer weiter. Wer schafft es, ohne den Gegenstand zu verlieren? Variationen: Rückwärts mit beiden Beinen den Gegenstand über die Kruppe transportieren.

6 Schwertransport

Mit drei Voltigierern werden beide Varianten kombiniert: Vom Innensitz transportiert ein Kind einen Gegenstand über die Kruppe nach außen, gibt diesen außen an einen anderen weiter, dann transportiert es ein anderes Gerät über den Pferdehals nach innen, übergibt es dort mit den Füßen einem anderen Kind, das es jetzt auf dem Pferd ablösen darf.

7 Wer schafft es ...?

– die Position auf dem Pferd zu wechseln, ohne die Griffe zu berühren?
– am längsten einen Gummiring auf seinem Kopf im Sitzen oder Knien zu balancieren?
– im Querlieger am längsten die Spannung zu halten?
– die meisten Auf- und Absprünge, ohne dazwischen mitzugaloppieren?
– die meisten Kniebeugen hintereinander oder Drehungen vom Vorwärts- zum Rückwärtsstehen?
– im Galopp die meisten Sprünge frei stehenzubleiben?

Fast geschafft! Der Hut kann jetzt übergeben werden (*Schwertransport*, Spiel 6).

Spielformen zu zweit

Verschiedene Grundpositionen für Doppel- und Dreierübungen werden mit synchronen, spiegelbildlichen oder wechselseitigen bzw. gegengleichen Armbewegungen ausgeführt.

8 Zwei Voltigierer sitzen oder knien hintereinander und führen auf Zuruf des Longenführers verschiedene synchrone Armbewegungen (z. B. Armkreisen) aus.

9 Hampelmann
Beide Voltigierer sitzen sich gegenüber und klatschen wechselseitig in die Hände, dann mit den Händen auf die Oberschenkel und die Hände über dem Kopf zusammen.

10 Schaukel
Zwei Voltigierer sitzen einander gegenüber und fassen sich an den Händen. Sie beugen sich gemeinsam nach hinten und wieder nach vorn. Variation: Rücken an Rücken sitzen, mit den Armen einhaken, vor- und zurückbeugen.

11 Hüte tauschen
Jeder Voltigierer hat einen Hut auf, beide wechseln die Hüte auf den Zuruf »jetzt« – in verschiedenen Sitz- und Kniepositionen ausprobieren.

12 Bewegungsaufgaben
- Ein Paar macht eine Doppelübung vor, alle turnen die Übung nach. Im nächsten Durchgang darf ein anderes Paar eine neue Übung vormachen.
- Jedes Paar denkt sich eine andere Doppelübung aus – diese darf in dieser Runde nur einmal vorkommen.
- Jedes Paar erhält 2 oder 3 vorgegebene Doppelübungen, für die sie sich passende Auf- oder Ab- und Übergänge ausdenken.

Lauf- und Bewegungsspiele rund ums Pferd

Wir laufen hinter dem Pferd mit
Ablauf der folgenden Spiele:
Die Gruppe läuft einzeln oder paarweise hintereinander auf der Zirkellinie hinter dem Pferd mit. Die vorderen Voltigierer sollen vorsichtshalber etwa eine Pferdelänge Abstand zur Hinterhand des Pferdes einhalten:

13 Lauft mit!
- Mit dem Pferd die Gangart wechseln: mit Armkreisen, Hopser oder Kniehebelauf u. ä.
- Auf Zuruf im Seit-, Links- oder Rechtsgalopp hinter dem Pferd mitgaloppieren.
- Überholen: Immer der letzte Voltigierer überholt die ganze Gruppe auf Zu-

Hüte tauschen macht vor allem den Kleinen viel Spaß (Spiel 11).

Wer wird den Ball erwischen (*Fangt den Ball*, Spiel 14)?

ruf und setzt sich an die Spitze oder er läuft im Slalom von hinten nach vorn durch die Gruppe.

14 Fangt den Ball!

Material: Ein Schaumstoffball

Einem auf dem Pferd sitzenden Voltigierer wird neben dem Pferd von innen ein Ball zugespielt. Er wirft diesen nun über den Kopf nach hinten zur Gruppe. Das Kind, das den Ball erwischt, darf zur Zirkelmitte laufen und von dort den Ball dem Voltigierer erneut zuspielen. Dieser wirft den Ball wieder nach hinten und geht ab, der Fänger darf jetzt aufs Pferd.

Variation: Der Voltigierer auf dem Pferd wirft aus anderen Ausgangspositionen (aus den Knien, Prinzensitz u. ä.).

15 Spurtlauf zum Pferd

Auf Zuruf spurten die ersten beiden Voltigierer nach innen bzw. außen an den Voltigiergurt und halten sich mit einer Hand an einer Fußschlaufe oder einem Griff des Gurtes fest. Nun laufen sie im Rhythmus des Pferdes so lange mit, bis sie auf Zuruf vom nächsten Paar abgelöst werden. Sie laufen sofort in einem Bogen nach hinten und schließen sich wieder der Gruppe an.

Variation: Die beiden vordersten Voltigierer klopfen gleichzeitig dem Pferd auf die Kruppe, laufen dann nach vorn an den Gurt, loben das Pferd an der Schulter und laufen wieder nach hinten.

16 Wechselspiel

Material: Schaumstoffbälle oder Gummiringe

Je ein Voltigierer läuft innen und außen mit dem Pferd mit. Sie spielen einander unterhalb des Pferdebauchs Bälle oder Ringe zu, während gleichzeitig ein dritter auf dem Pferd eine Übung turnt. Nach 2–4 Würfen wird gewechselt, der innere Voltigierer darf aufs Pferd, der »Reiter« geht nach außen ab und spielt nun einem neuen Voltigierer von außen zu.

Variationen: Zuwerfen des Balles über das Pferd und Fangen auf der Gegenseite. Beides kombinieren: den Ball von innen über das Pferd werfen, außen fangen und unter dem Pferd nach innen zurückwerfen.

154

Das Spiel *Spurtlauf* zum Pferd (Spiel 15) eignet sich hervorragend zum Aufwärmen der ganzen Gruppe.

🔟 Nummernlaufspiel

Die Voltigierer laufen hintereinander von der Zirkellinie oder von der Aufstellung in einer Linie am Zirkelrand zur Zirkelmitte und dann an der Longe entlang zum Pferd.

Die Voltigierer werden durchnumeriert. Der Longenführer ruft eine Zahl, der aufgerufene Voltigierer läuft daraufhin in die Zirkelmitte und der Longe entlang ans Pferd, klopft es an der Schulter und läuft hinter der Kruppe des Pferdes wieder nach außen. Danach reiht er sich am Ende der laufenden Gruppe (oder am Zirkelrand auf seinem Platz) wieder ein. Während der nächste Voltigierer ans Pferd läuft, läuft der übernächste schon in die Zirkelmitte usw.

Beim *Wechselspiel* (Spiel 16, hier im Stand) werden Bälle oder Ringe unter dem Pferd zugespielt.

Wir laufen an der Longe mit

Ablauf für die folgenden Spiele: Gleichzeitig laufen höchstens 5 Voltigierer nebeneinander an der Longe. Der vorderste verläßt den Zirkel, während der nächste nachrückt.

18 Griffwechsel am Pferd

Der erste Voltigierer erfaßt den inneren Griff und läuft mit dem Pferd mit. Auf Zuruf wechselt er hinter dem Pferd (oder über das Pferd mit Abgang nach außen) an den Außengriff, dann läuft er wieder in einem Bogen zur Zirkelmitte, während die nächsten Voltigierer zum Gurt laufen und jeder hintereinander auf Zuruf vom Innen an den Außengriff wechselt, bis alle Voltigierer die Übung durchlaufen haben.

19 Wechselt die Kutsche!

Material: Reifen, ein Reifen weniger als Gruppenmitglieder.

Jeder Voltigierer steht auf dem Außenzirkel in einem Reifen. Ein Voltigierer befindet sich in der Zirkelmitte beim Longenführer.

Der Voltigierer in der Mitte ruft den anderen zu »Kutsche wechseln«! Sofort laufen alle Voltigierer in eine Richtung und suchen sich einen neuen Reifen als »Kutsche« aus, während der Rufer ebenfalls versucht, eine Kutsche zu ergattern. Wer keinen Reifen gefunden hat, ruft nun von der Zirkelmitte aus erneut. Schwierigere Variante: Alle wechseln quer durch die Zirkelmitte und müssen dabei das Pferd im Auge behalten.

20 Reifen-Zielwerfen

Material: Reifen und Ringe

Die Voltigierer stehen am Außenzirkel hinter einem Reifen. Ein Voltigierer geht innen neben dem Pferd mit und versucht,

Eine Geschicklichkeitsaufgabe ist es, mit dem Gummiring in die Mitte des Reifens zu treffen (*Reifenzielwerfen,* Spiel 20).

mit drei Ringen nacheinander zwischen den Pferdebeinen hindurch jeweils in einen Reifen zu treffen. Die anderen zählen die Treffer, sammeln die Ringe auf und reichen sie an den nächsten Spieler weiter. Variation: ein Voltigierer soll vom Pferd aus (vom Sitz, Knien oder Stehen) seine Ringe in die Reifen plazieren. Jeder Treffer ergibt einen Punkt.

Voltigierspiele auf dem Pferd

21 Kleiner Bär und Fliegender Stern
Bei diesem Rollenspiel erzählt der Ausbilder, Helfer oder ein Voltigierer die Geschichte des Indianerjungen »Kleiner Bär« und seines Ponys »Fliegender Stern«, der bei seinem Ritt allerlei Abenteuer erlebt.

Bei dem Rollenspiel *Kleiner Bär und Fliegender Stern* hält der *Kleine Bär* Ausschau nach Feinden (Spiel 21).

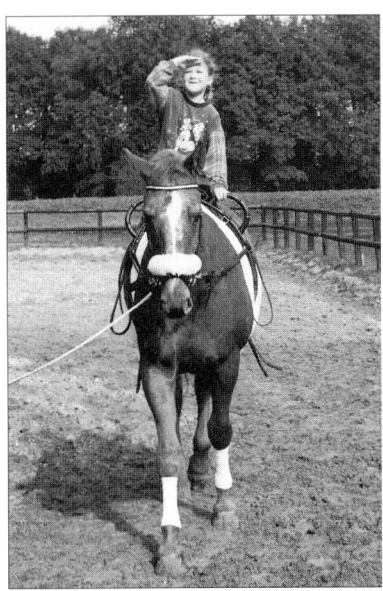

Bei jeder neuen Begebenheit darf ein anderer Voltigierer aufs Pferd und diesen Teil der Geschichte pantomimisch darstellen. Beispiele: Der »Kleine Bär« muß
– tief hängenden Zweigen ausweichen und sich flach auf sein Pony legen,
– einer Gefahr ausweichen und davongaloppieren,
– sich verstecken, dabei wechselt er den Platz auf dem Pferd,
– sich ausruhen; er legt sich aus dem Rückwärtssitz mit dem Bauch auf die Kruppe des Pferdes,
– nach Feinden Ausschau halten, dabei kniet er oder stellt sich hin,
– zum Schluß trifft er einen Freund und reitet mit ihm zusammen durch die Prärie nach Hause.

22 Deckengeist
Material: Eine Decke
Die Gruppe steht gleichmäßig verteilt auf dem Außenzirkel. Ein Voltigierer sitzt mit geschlossenen Augen auf dem Pferd. Sobald sich ein Kind auf dem Außenzirkel unter der Decke versteckt hat, darf der Reiter die Augen öffnen. Er muß nun erraten, wer unter der Decke steckt. Wenn dieses Geheimnis gelüftet worden ist, darf der bisherige »Deckengeist« auf das Pferd und weiterraten.

23 Tauscht die Plätze!
Ablauf wie oben. Der Reiter merkt sich genau die Position der anderen Voltigierer. Nachdem er die Augen geschlossen hat, fordert der Ausbilder zwei Voltigierer durch ein Zeichen auf, die Plätze zu tauschen. Dann darf der Reiter die Augen wieder öffnen und soll nun erraten, wer die Plätze gewechselt hat. Wenn er dies herausbekommen hat, fordert er einen der beiden auf, aufs Pferd zu kommen.

157

Wann wird der Cowboy uns rufen (*Der Cowboy und seine Pferde,* Spiel 24).

24 Der Cowboy und seine Pferde

Material: So viele Reifen, daß auf 3–4 Voltigierer ein Reifen kommt.

Ein Kind auf dem Pferd ist der Cowboy. Die übrigen Voltigierer stehen zu dritt oder zu viert in den Reifen auf dem Außenzirkel.

Jede Reifengruppe stellt eine Pferderasse im »Paddock« dar. Appaloosa, Mustangs, Araber u. ä. Wenn der »Cowboy« im Schritt an einer Gruppe vorbeireitet, ruft er die jeweilige Pferderasse auf, z. B. »Der Cowboy ruft seine Mustangs«. Diese müssen sofort auf die Zirkellinie hinters Pferd laufen und ihm in der aufgerufenen Gangart folgen. Der »Cowboy« kann sowohl die Gangart seines Pferdes wechseln lassen oder seine »Pferderasse« auffordern, ihre Laufform (Gehen, Laufen, Hüpfen, Seitgalopp) oder das Tempo zu ändern. Beim Ausruf »Indianerangriff« fliehen die »Mustangs« sofort in ihren Paddock. Wer als erster seinen Paddock erreicht, darf nun der neue Cowboy sein.

25 Auf die Pferde!

Ein Voltigierer befindet sich auf dem Pferd. Die Hälfte der Gruppe kniet auf dem Außenzirkel verteilt in Bankstellung und bildet die »Pferde«. Die übrigen Kinder sind die Reiter und laufen in einem großen Kreis herum.

Auf Zuruf des reitenden Kindes: »Auf die Pferde« suchen alle laufenden Reiter schnell ein Pferd und stellen sich über die in Bankstellung stehenden Kinder. Wer zuerst sein Pferd gefunden hat, darf nun auf das Voltigierpferd. Die anderen Reiter tauschen inzwischen mit den »Pferden« die Plätze. Die neuen Reiter laufen auf dem Außenkreis weiter und warten auf die Aufforderung »Auf die Pferde«.

26 Der Platz hinter mir ist leer

Ein Voltigierer befindet sich auf dem Pferd und ruft »Der Platz hinter mir ist leer, ich wünsche mir den ... her« und nennt den Namen eines Mitspielers, der dann aufs Pferd springt (mit oder ohne Hilfestellung). Sein Vordermann geht ab und jetzt ist der Platz hinter dem Voltigierer wieder leer. Dieser ruft einen anderen auf und so weiter ... Kein Mitspieler darf in einer Runde doppelt genannt werden, so daß jeder einmal dran kommt.

Variation: Sie zeigen noch zusammen eine Partnerübung, dann Platzwechsel.

27 Wer trifft durch den Reifen?

Material: Reifen, Ringe oder Bälle.

Ein Voltigierer befindet sich auf dem Pferd, 3 Voltigierer gehen innen mit dem Pferd mit, während einige Voltigierer auf dem Außenzirkel stehen und jeweils einen Reifen hochhalten.

Der Voltigierer versucht vom Pferd aus dreimal in die hochgehaltenen Reifen zu treffen. Wenn ihm das gelungen ist, darf er eine Übung auf dem Pferd zeigen und geht dann nach außen ab, während der nächste Voltigierer aufspringt und zum Werfer wird. Die anderen sammeln währenddessen die Bälle/Ringe wieder auf und lösen nacheinander die Voltigierer in der Zirkelmitte ab.

28 Balltransport mit Reiterwechsel

Material: Ein großer Schaumstoffball.

Die Gruppe läuft in einer Reihe auf der Zirkellinie hinter dem Pferd mit.

Ein Voltigierer turnt eine Übungsaufgabe, während die anderen einen großen Ball über die Köpfe nach hinten transportieren. Der letzte läuft mit dem Ball vor an den Anfang der Reihe, gibt den Ball wieder nach hinten ab und löst dann den »Reiter« ab, der sich nun an die Spitze der Reihe setzt. Der letzte, der den Ball bekommt, läuft wieder nach vorne und gibt dem vordersten den Ball ab usw.

Schwierigere Variante: Der letzte Voltigierer wirft den Ball nach vorne zum Voltigierer auf dem Pferd, der den Ball dann dem ersten der Gruppe zuwirft.

Hinweis: Ist der Voltigierer auf dem Pferd mit seiner Übung noch nicht fertig, wenn der Ball die Gruppe durchlaufen hat, so muß der Ball vor dem nächsten Reiterwechsel noch einmal nach hinten weitergegeben werden.

Laßt den Ball nicht fallen (*Balltransport mit Reiterwechsel,* Spiel 28).

Der Voltigiertag – ein Spielfest für alle

Anfänger- und Spielgruppen haben im Rahmen von Voltigiertagen die Möglichkeit, sich zu treffen und spielerisch zu vergleichen. Spiel und Spaß sollen dabei im Vordergrund stehen! Voltigiertage sind Veranstaltungen für den Breitensport zur Förderung von Nachwuchsvoltigierern, die noch nicht am Turniersport teilnehmen. Sie sind das ganze Jahr über eine willkommene Abwechslung und können sowohl ein Ansporn nach der Winterarbeit sein als auch ein spielerischer Ausklang zum Saisonende. Während die bei Voltigierturnieren üblichen Wettkämpfe nach den Wettkampfvorschriften der FN durchgeführt werden müssen, dürfen im Rahmen von Voltigiertagen verschiedenartige Vergleichswettkämpfe und Spielformen durchgeführt werden, die von den Turnierregeln abweichen.

Es können alle mitmachen, auch die Kinder, die es noch nicht alleine aufs Pferd schaffen; dabei darf die Gruppengröße variabel sein (ca. 6–15 Teilnehmer). Hilfestellung durch einen geübten Helfer ist möglich und im Schritt zur Schonung des Pferdes sogar ratsam. Bei jedem Voltigiertag muß ein Sanitätsdienst anwesend sein. Außerdem braucht man noch einen Richter und am besten zwei Schreiber. Ein guter Ansager und die passend gewählte Musik sind entscheidend für eine gute Stimmung.

Laden Sie Ihre Nachbarvereine ein und Sie werden staunen, welche Einfälle die Teilnehmer mitbringen und welchen großen Anklang ein gelungenes Voltigierfest bei Teilnehmern und Publikum finden wird! Schließlich können <u>alle mitmachen</u>

Hereinspaziert! Der Voltigiertag unter dem Motto *Zirkus* ist eröffnet!

und die Teilnahme ist an keine starren Regeln gebunden.

Für die Voltigierkasse kann sich ein Voltigiertag ebenfalls lohnen, denn die Kosten sind relativ gering und die Überschüsse aus der Bewirtung bringen wieder Geld in die Kasse. Es gibt keine Ehrenpreise, sondern Erinnerungsgaben und Teilnahmeurkunden. Eine spaßige Siegerehrung mit entsprechenden lustigen Preisen soll den gelungenen Abschluß bilden.

Ideen für Voltigiertage

Voltigierwettbewerbe einmal anders

Für die Vorführungen von Pflicht und Kür gibt es unterschiedliche Kombinationsmöglichkeiten:

• Kurzpflicht mit nur 3 oder 4 Grund- bzw. Pflichtübungen

• D- oder C-Pflicht- und Kürprogramm im Schritt

• ein Teil der Pflicht im Schritt (z. B. ein Pflichtblock), ein Teil im Galopp und eine Kür im Schritt

• ganze Pflicht im Galopp mit einer Kür im Schritt u. ä.

Bei diesen Nachwuchswettbewerben sollte ganz auf Wertnoten verzichtet werden. Wenn es unbedingt Noten sein müssen, so sollen nur Pauschalnoten die gesamte Vorführung (oder nur für Pflicht, Kür und den Gesamteindruck) vergeben werden. Sinnvoller ist es jedoch, die Vorführung in einem Abschlußgespräch zu erläutern und einige ermutigende Hinweise zum Können und dem Gesamteindruck der Gruppe zu geben, was dem Fortkommen der Gruppe hilfreich ist. Dabei sollen

berücksichtigt werden: Ein-, Auslaufen, Aufmachung und Verhalten der Gruppe; Longieren und Vorstellung des Pferdes, Verhalten des Longenführers; Zusammenarbeit der Gruppe, Ablauf der Vorführung, Wechsel der Voltigierer (wußte jeder seine Aufgabe und wann er dran ist usw.?), Hilfestellung und Mitarbeit des Helfers.

Geschicklichkeitsvoltigieren

Voltigieren mit allerlei Geschicklichkeitsübungen (siehe S. 151 ff.) auch in wechselnden Gangarten. Welche Gruppe kann es am besten?

Doppelvoltigieren

Paarweise eine phantasievolle Kürfolge von ca. 1 Minute Dauer im Schritt zeigen.

Einzelvoltigieren

Am Turnpferd oder im Schritt eine selbst gewählte oder vorgegebene Kürfolge turnen (siehe auch S. 145/146 für Ideen von Übungsfolgen).

Voltigierspiele

Spielideen dazu auf den Seiten 151 ff.

Themenvoltigieren mit Rollenspielen

Mit einer einfallsreichen Vorführung stellen wir voltigierend ein selbstgewähltes Thema dar. Dabei sind der Phantasie keine Grenzen gesetzt – ob Märchen oder Musical, alles ist möglich. Mit einer passenden (Vokal-)Musik und tollen Kostümen, eventuell noch witzig kommentiert. Das Voltigierpferd ist selbstverständlich entsprechend herausgeputzt. Das Ein- und Auslaufen der Gruppe wird ebenfalls passend zum Thema gestaltet und das Umfeld um den Zirkel miteinbezogen. Mit einer einfallsreichen Schlußpyramide verabschieden sich die Darsteller.

Hier kommt es weniger auf das sonst erforderliche »Voltigierkönnen«, sondern vielmehr auf die phantasievolle Darstellung des gewählten Themas an!

Alle können dabei mitmachen, vor allem die Anfänger- und Spielgruppen sowie die Longenführer und Helfer der Gruppe. Gruppengröße 6 bis 12 Kinder. Die Zeit für die gesamte Vorführung sollte 10–12 Minuten einschließlich Einlaufen und Schlußaufstellung nicht überschreiten, sonst wird alles zu langatmig.

Die Vorführung kann in verschiedenen Gangarten und auch auf der rechten Hand gezeigt werden – passend zu der jeweils dargestellten Situation. Das Publikum gibt seine Wertung mit Stimmzetteln ab und entscheidet, welche Gruppe mit ihrer Darstellung am besten gefallen hat.

Lassen Sie sich durch die folgenden Ideenvorschläge inspirieren!

Zirkusvoltigieren

Hier treten die großartigen Balancekünstler zu Pferde auf, die Tiger und Löwen, Zauberer und Clowns, die Primaballerina und Akrobaten mit Requisiten wie Bällen, Keulen, Stofftieren.

Märchenhaftes Voltigieren

Dazu sind Märchen mit mehreren Personen besonders geeignet, wie z. B. Schneewittchen und die sieben Zwerge. Die Zwerge mit ihren Zipfelmützen benutzen ihr Handwerkszeug wie Gartengeräte, Laternen, Eimer usw. natürlich auch um den Zirkel herum, musikalisch begleitet z. B. von Disneys Märchenmusik.

Voltigieren weltweit

Eine internationale Schau auf dem Pferd in passenden Kostümen, mit Requisiten wie Hüte, Fächer, Regenschirm, Blumenkranz usw., unterstrichen durch typische Volksweisen oder fetzige Popmusik der vertretenen Länder. Besonders geeignet sind die Alpenländer, Spanien, Ungarn, Hawaii, Japan, Rußland, Holland usw.

Disney-Club

Allerhand bekannte Mickey-Maus-Figuren wie Mickey, Donald, Onkel Dagobert und Goofy zeigen tollpatschig ihr Können auf dem Pferd.

Pippi Langstrumpf

Hier geht es natürlich lustig zu. Pippi und ihren Freunden fällt auf ihrem Pferd allerhand Blödsinn ein! Dazu werden die bekannten Pippi-Langstrumpf-Titel gespielt.

Indianer- oder Cowboyvoltigieren

Etwas für Könner, denn zwischendurch geht es mit Geheule ab durch die Prärie im rasenden Galopp. Zu den Klängen von Winnetou oder Songs aus Bonanza.

Voltigieren für jung und alt

Mutter, Vater, Opa, Oma, der Lausbub, die vornehme Tochter und das Baby – die ganze Familie macht mit. Das Baby wird z. B. im Kinderwagen hereingeschoben. Geeignet sind für die Rollen der Darsteller passende Musiktitel wie Baby- oder Familienlieder, auch Lieder aus den »Kinderhitparaden«.

Voltigieren anno dazumal

In alten Kostümen wird voltigiert, wie die alten Ritter es ausübten – mit steifen, zackigen Bewegungen und Erläuterungen aus einem antiken Voltigierbuch. Auf die Musik »Die alten Rittersleut'«.

Voltigieren wie im Musical

Wählen Sie ein Musical wie Starlight Express, Cats oder ähnliches zu Ihrem Thema, natürlich mit den dazugehörenden Kostümen und der entsprechenden Musik aus einem Musical.

Wettbewerbe im Umgang mit dem Pferd

Pferdepflege-Wettbewerb

Vorstellung der Pferde entsprechend den Anforderungen der Verfassungsprüfung mit Trense und Zügel (ohne Gurt und

Diese kleinen Mäuse haben sich ein passendes Thema für das Rollenspiel gewählt!

Bandagen). Beurteilung des allgemeinen Pflegezustandes des Pferdes (Ernährung, Sauberkeit von Fell, Mähne, Schweif und Hufen u. ä.).

Longierwettbewerb

Man kann Longierwettbewerbe entweder mit eigenen oder ausgelosten Pferden ausschreiben. Wichtig ist ein fähiger Ansager für die verlangte Aufgabe. Darin sollen der Wechsel zwischen den verschiedenen Gangarten an bestimmten Zirkelpunkten, das Durchparieren zum Halten und ein Handwechsel enthalten sein. Bewertet

Lustiges Trampolinspringen.

wird die Ausrüstung des Pferdes, das Ein- und Auslaufen, der Gruß, das Rauslassen auf die Zirkellinie, die Handhabung von Peitsche und Longe, die Einwirkung des Longenführers beim Longieren, die Gänge und der Gehorsam des Pferdes.

Vergleichswettbewerbe ohne Pferd

Fitneßprogramm

Welche Gruppe zeigt das beste Aufwärmprogramm, die tollste Jazztanz- oder Aerobicvorführung u. ä. in maximal 5 Minuten mit Musik?

Lustige Staffeln

Schubkarrenrennen, Kleiderstaffel, Slalomlauf, Ungarische Post u. ä.

Trampolinspringen

Auf dem Minitrampolin werden allerlei Sprungvariationen vorgeführt mit einer Sicherheitsstellung durch zwei Helfer.

Sportakrobatik

Wir zeigen eine Gruppenakrobatik auf dem Boden mit verschiedenen Partnerübungen und Pyramiden.

Jonglieren

Wir jonglieren mit Bällen, Tellern oder Keulen auf dem Turnpferd, dem Boden oder sogar auf dem Pferd.

Balancieren über Cavaletti

Wir balancieren auf unterschiedliche Arten über die Cavaletti. Wer schafft die meisten Durchgänge, ohne das Gleichgewicht zu verlieren? Oder wir springen und hüpfen über Cavaletti.

Hufeisenzielwerfen

Zielwerfen mit einem Hufeisen auf einen kleinen Pfosten. Jeder hat eine bestimmte Anzahl von Versuchen. Für jeden Treffer gibt's Punkte.

Tausendfüßler

Ein langer Wurm mit 10 und mehr Beinpaaren bewegt sich schlängelnd durch die Halle. Jeder hält das gebeugte Bein seines Vordermanns. Der erste macht eine Bewegung und alle machen diese nach.

Voltigierquiz

Wer weiß Bescheid? Siehe auch die Fragen zum Voltigierabzeichen auf den Seiten 195 ff.

Beim Voltigieren geht es rund – fröhliche Kombinationswettbewerbe

Einzelne Spielideen lassen sich hervorragend kombinieren: verschiedene Stationen mit Trampolin, Turnpferd, Bodenturnen, Balancieren über Cavaletti, eine Hindernisbahn überwinden sowie natürlich Voltigierübungen und -spiele. Dabei können auch Eltern, Helfer und Ausbilder beteiligt werden. Wer ist am schnellsten fertig oder erreicht die meisten Punkte? Beispiel für einen Kombinationswettbewerb:

1. Themenvoltigieren der Voltiggruppe
2. Longierwettbewerb für Longenführer
3. Hufeisenwerfen für Helfer
4. Elternvoltigieren auf dem Übungspferd

Weiteres Beispiel:

1. Gruppengymnastik von 4 Minuten
2. Geschicklichkeitsvoltigieren mit
   3 Übungen für jeden

3. Turnpferd-Pflichtkür
4. Voltigierspiel »Zielwerfen in Reifen« vom Pferd aus

Was man sonst noch machen kann

Lassen Sie sich doch auch einmal neue Möglichkeiten einfallen!

Ein Bezug zum Voltigieren oder zum Pferd soll bestehen, sei es in Form von vorbereitenden Übungen, Bewegungsspielen oder mit Themen rund ums Pferd. Aus der Vielzahl von Sport-, Spiel- und Akrobatikbüchern können Sie sich tolle Anregungen holen, die man fürs Voltigieren abwandeln kann. Vorführungen bei Schaunummern, Zeltlagern, Ferienkursen und Elternabenden lassen sich so attraktiv gestalten.

Balancieren auf dem Cavaletti schult das Gleichgewicht und macht Spaß.

Lernen, Üben, Trainieren

Im meist bewegungsarmen Alltag kann des Voltigieren in der Bewegungserziehung von Kindern und Jugendlichen eine wertvolle Aufgabe erfüllen. Durch seine komplexen Bewegungsmöglichkeiten stellt der Voltigiersport selbst schon eine vielseitige Körper- und Koordinationsschulung dar, die alle Bereiche des Körpers umfaßt. Allein das Sitzen auf dem galoppierenden Pferd verlangt ständige Ausgleichsbewegungen und eine Anpassung an den Bewegungsrhythmus des Pferdes, um das Gleichgewicht zu erhalten. Alle motorischen Grundfertigkeiten sind darin enthalten: Laufen, Springen, Schwingen, Drehen, Hüpfen, Stemmen, Stützen, Balancieren usw.

Durch ständiges Üben werden erlernte Bewegungen wiederholt, verbessert und gefestigt. Eine weitere Förderung von Koordination und Kondition kann nur durch sportliches Training erfolgen. Trainieren bedeutet ein zielgerichtetes, planmäßiges Üben mit dem Ziel einer Leistungssteigerung. Das Konditionstraining schafft die körperlichen Grundlagen zur Verbesserung der Technik einer Sportart. Im Techniktraining werden die geforderten speziellen Fertigkeiten und Fähigkeiten einer Sportart erlernt und verbessert. Ein sinnvolles Training muß demnach sowohl eine Steigerung der Kondition als auch eine Verbesserung der Technik mit einschließen. Das Erlernen von Bewegungsfertigkeiten im Voltigiersport setzt zahlreiche motorische Fähigkeiten voraus. Konditionelle Fähigkeiten können nur durch eine systematische Steigerung der Belastungen trainiert werden, die zu An-

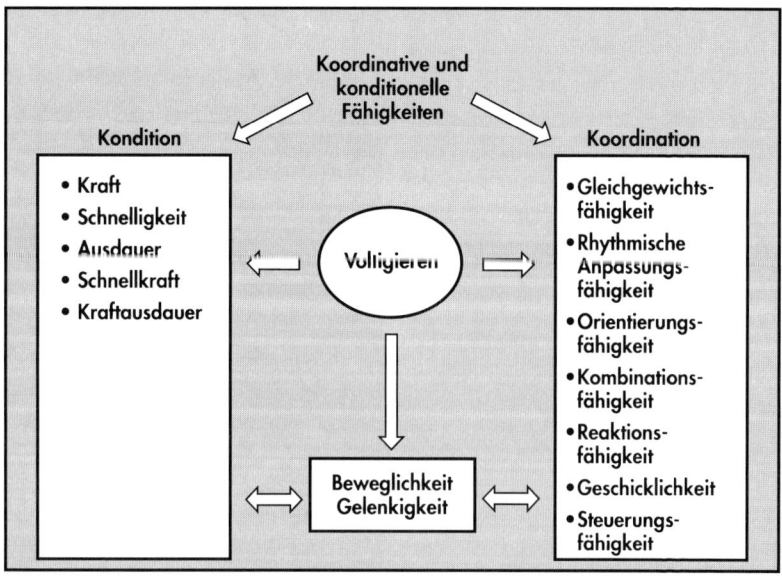

166

passungsreaktionen von Herz und Kreislauf führen.

Alle in der Übersicht auf Seite 166 dargestellten koordinativen Fähigkeiten werden im Voltigieren in vielseitiger Weise als Ganzes gefordert. Insbesondere an die Gleichgewichtsfähigkeit und an das Orientierungsvermögen werden höchste Ansprüche gestellt. Der Voltigierer muß seine Aufmerksamkeit zur Erhaltung des dynamischen Gleichgewichts stets auf das Pferd und die Übungsausführung gleichzeitig richten und sich ständig auf Lageveränderungen einstellen.

Gymnastische Vorbereitung

Grundsätze für die Durchführung der Gymnastik:

• Bei Spiel- und Anfängergruppen wird die Gymnastik überwiegend spielerische Formen für eine allgemeine körperliche Grundausbildung enthalten.

• Bei Turniergruppen liegt der Schwerpunkt mehr auf einer speziellen Gymnastik mit der betonten Förderung der individuellen Fähigkeiten.

• In der Beanspruchung der verschiedenen Muskelgruppen, in der Übungsausführung und -auswahl und in den Ausgangsstellungen abwechseln.

• Begonnen wird mit einem Aufwärmteil mit gymnastischen Übungen, die den ganzen Körper beanspruchen, um Herz und Kreislauf anzuregen.

• Für die Wirksamkeit der Übungen ist die richtige Ausführung mit der Grundspannung des ganzen Körpers wichtig.

• Kräftigungsübungen sind nur bei ca. 6–10 Wiederholungen wirksam.

• Übungen zur Kräftigung der Streckmuskeln mit Übungen der Beugemuskeln des gleichen Gelenks (Gegenspieler) kombinieren.

• Nach einer Kräftigung die Muskeln lockern und dehnen, um Muskelverkürzungen entgegenzuwirken.

• Dehnungsübungen und Stretching erst nach einer ausreichenden Erwärmung und mit einer entsprechenden Dauer durchführen (siehe S. 170).

• Eine spezielle Gymnastik dient zur Vorbereitung auf die typische Beanspruchung im Voltigieren.

• Besonders in der kalten Jahreszeit ist darauf zu achten, daß sich die Voltigierer während der Wartezeiten in der Übungsstunde selbständig warmhalten.

• Als Hilfsmittel in der Reithalle können eingesetzt werden: Springseile, Longe, Bande, Cavaletti, Stangen, Übungspferd.

• Die beschränkte Zeit, die für eine Gymnastik am Anfang der Voltigierstunde zur Verfügung steht, reicht für einen optimalen Leistungsaufbau nicht aus. Aus diesem Grunde werden ein Training zu Hause und zusätzliche Übungsstunden in der

---

Die Einbeziehung eines Gymnastikprogramms trägt dazu bei,

– die Voltigierübungen auf dem Pferd leichter und schneller zu erlernen,

– die Technik, Haltung und Ausführung weiter zu verbessern,

– Verletzungen und Spätschäden zu vermeiden,

– Erfolgserlebnisse schneller zu erlangen und damit die Motivation zu erhöhen.

Turnhalle für Wettkampfgruppen oder Einzelvoltigierer notwendig.

Hier können nur einige Anregungen für eine Voltigiergymnastik gegeben werden. Für die allgemeine Gymnastik und für ein vielseitiges Training sollten Sie weitere Sportliteratur zu Rate ziehen.

Aufwärmen in der Reithalle

Ein Aufwärmprogramm von ca. 15 Minuten zum Stundenbeginn muß eine Selbstverständlichkeit sein, um die Voltigierer auf den Hauptteil der Übungsstunde optimal vorzubereiten und um Verletzungen vorzubeugen. Durch die Anregung des Kreislaufs wird eine bessere Durchblutung der Muskulatur erreicht, die Muskeln reagieren schneller und werden geschmeidiger. Erfahrene Voltigierer sollten in der Lage sein, sich durch entsprechende Übungen selbständig aufzuwärmen und auch jüngere Voltigierer dabei anzuleiten. Ideal ist es, wenn ein Helfer die Aufwärmgymnastik übernehmen kann, während das Pferd ablongiert wird. Alle Formen von Lockerungs-, Lauf- und Sprungübungen, Fang- und Voltigierspielen sowie das Einvoltigieren am Pferd (siehe S. 146) können in den Aufwärmteil der Stunde einbezogen werden. Vor einem Wettkampf ist es empfehlenswert, auch Entspannungsübungen mitaufzunehmen, um das »Lampenfieber« etwas zu dämpfen! Hierzu einige Anregungen:

Gehen und Laufen

- Gehen auf den Fußspitzen, auf der Ferse oder in der Hocke.
- Gehen mit Rumpfbeugen vorwärts, dabei Arme vor- und zurückschwingen und wieder aufrichten.
- Auf allen vieren vorlings oder rücklings gehen.
- Verschiedene Laufformen: Laufen mit schnellem Knieheben (Skippings), im Laufen die Fersen nach hinten hochziehen, im Lauf mit den Händen auf den Boden fassen, Laufen mit Tempowechsel oder Richtungswechsel auf ein Signal.
- Aus dem Lauf Schrittsprünge machen oder in die Hocke gehen und weiterlaufen.
- Überholen: Die ganze Gruppe läuft in einer Reihe hintereinander, jeweils der letzte Läufer spurtet auf Zuruf nach vorne und setzt sich an die Spitze.
- Slalomlauf: Die Gruppe läuft hintereinander auf Lücke. Der letzte Läufer beginnt einen Slalomlauf von hinten nach vorn usw.
- Kettenfangen: Zwei Läufer mit Handfassung versuchen die anderen zu fangen. Jeder, der gefangen ist, schließt sich dem Fängerpaar an, so daß sich eine Kette bildet, bis der letzte gefangen ist.

Springen und Hüpfen

- Einbeinig oder mit geschlossenen Beinen vorwärtshüpfen, Hüpfen im Galopprhythmus, Seitgalopp.
- Bockspringen: Hintereinander aufstellen, einer nach dem anderen springt von hinten über den Vordermann.
- Hopserlauf: Im Hüpfen fest vom Boden abdrücken und die Arme gegengleich nach oben schwingen.
- In verschiedenen Formen Seilspringen oder über eine gespannte Longe springen.

Übungen am Ort

- Kopf zur Seite neigen, Schulter dabei hochziehen; Kopf mit verschränkten Händen nach vorne ziehen.

- Schultern abwechselnd hochziehen und senken; zurück und nach vorne nehmen; Schulterkreisen.
- Mit geschlossenen Füßen auf der Stelle federn. Auf einem Bein stehen und Beinachterkreisen.
- Pendelschwung: Arme in Hochhalte, dann Arme vor-, tief- und rückschwingen, dabei mit den Knien mitfedern.
- Sprünge am Ort: Streck-, Hock-, Grätschsprünge.

Übungen mit Cavaletti

Cavaletti eignen sich gut als Turngerät und können wie eine Langbank sowohl zum <u>Aufwärmen, zur Gleichgewichts- als auch zur Kräftigungsschulung</u> verwendet werden.

Übungsvorschläge:

- Vorwärts, rückwärts, seitwärts und mit Drehungen über das Cavaletti balancieren.

- Über das Cavaletti gehen, mit den Knien tiefgehen und jeweils ein Bein nach vorn schwingen.
- Mit geschlossenen Beinen oder einem Bein abwechselnd über das Cavaletti springen.
- Treppenspringen: Aus dem Stand vor dem Cavaletti abwechselnd mit einem Bein auf das Cavaletti springen.
- Schlußsprünge: Mit beiden Beinen über das Hindernis springen und jedesmal bei der Landung in die Hocke gehen.
- Hockwendesprünge: Mit beiden Händen auf das Hindernis stützen und mit geschlossenen Beinen darüberspringen, dabei das Gesäß so hoch wie möglich bringen (s. Abb.).
- Überradeln: Sich mit den Armen abstützen und ein gestrecktes Rad über das Cavaletti ausführen.
- Aus dem Stütz auf dem Hindernis in den Handstand aufschwingen.
- Liegestütz vorlings: Beine auf die Cava-

Mit Hockwendesprüngen über das Cavaletti wird die Stützkraft trainiert.

169

letti legen und Arme beugen und strecken.

- Seitenlage, auf einen Ellbogen stützen, das obere Bein auf dem Cavaletti: Körper anheben und senken.
- Liegestütz rücklings: beide Beine auf dem Cavaletti, Arme stützen auf dem Boden, Arme beugen und strecken.
- Gemeinsam Cavaletti oder Stangen hochstemmen.
- Huckepack/Schultersitz (Übung für Unterleute): Mit dem Partner im Huckepack oder auf der Schulter über das Cavaletti steigen.

Spezielle Gymnastik

Die Übungsauswahl umfaßt die Schwerpunkte Koordination und Gleichgewicht, Beweglichkeit, Stützkraft, Sprungkraft und Rumpfstabilisierung. Einen Überblick über die Hauptanforderungen bei den Pflichtübungen gibt obige Tabelle.

Verbesserung von Koordination und Gleichgewicht

Übungsbeispiele
- Stehen mit geschlossenen Augen auf einem Bein; mit geschlossenen Augen aus dem Hockstand in den Ballenstand aufrichten.
- Sprünge mit einem Bein; Kniebeugen mit einem Bein.
- Drehsprünge, Schrittsprünge.
- Standwaage auf dem Boden und auf dem Cavaletti; Fahne mit dem rechten und dem linken Bein.
- Standwaagen mit Vorschwingen eines Beines und dabei eine halbe Drehung im Ballenstand ausführen.

- Verschiedene Stände oder Balancieren auf kleineren Flächen und Geräten wie Cavaletti, Stangen, Übungspferd, Schwebebalken.

Verbesserung der Beweglichkeit durch Stretching

Gymnastikübungen, die unter Berücksichtigung von funktionell-anatomischen Gesichtspunkten nach dem Prinzip des sanften, gehaltenen Dehnens ausgeführt werden, nennt man Stretching. Unterschieden wird dabei zwischen aktivem, selbstgesteuertem und passivem Dehnen mit Partnerhilfe. Eine ähnliche Methode ist das Anspannungs-Entspannungs-Dehnen, das sich wie das Stretching deutlich von der alten dynamischen Dehnweise mit Wippen und Nachfedern abgrenzt.

Wichtigste Grundregel: Immer langsam die angestrebte Dehnposition einnehmen und diese ca. 10–15 Sekunden halten, dann vorsichtig wieder lösen. 2–3 Wiederholungen steigern die Wirkung.

Übungsbeispiele
Dehnung der Arm- und Schultermuskulatur
- Stand oder Schneidersitz: Einen Arm angewinkelt hinter den Kopf nehmen, die andere Hand drückt den Ellbogen nach hinten-unten.
- Grätschstand: Hände auf dem Rücken verflechten, Oberkörper vorbeugen und die gestreckten Arme so weit wie möglich nach vorne-oben führen, auch mit Partnerhilfe.
- Bankstellung: Arme auf dem Boden zur Seite ausstrecken und Schultergürtel langsam nach unten ziehen.

170

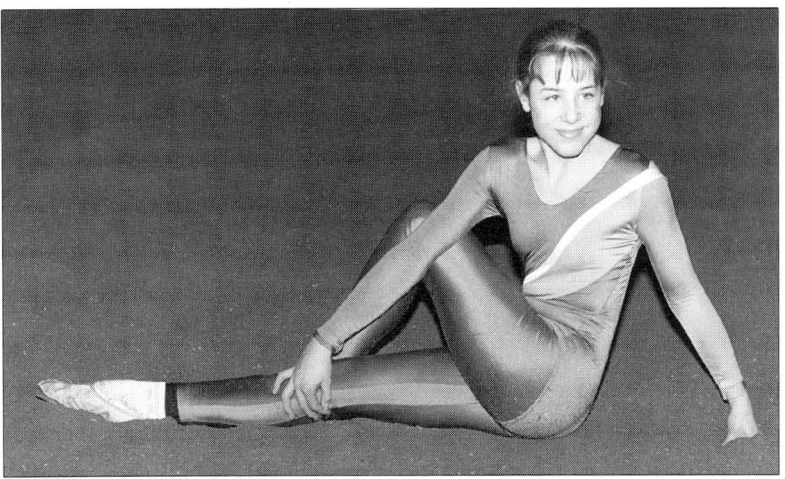

Diese Stretchingübung verbessert die Beweglichkeit der Wirbelsäule.

- Partnerübung: Der dahinter stehende Partner zieht die Ellbogen nach hinten oben, Rücken und Becken dabei aufrichten.

Dehnung der Rückenmuskulatur und Beweglichkeit der Wirbelsäule

- Im Stand Oberkörper nach vorn beugen, mit der linken Hand an den rechten Fußknöchel fassen (und umgekehrt), den rechten Arm möglichst weit nach hintenoben ziehen.
- Rumpfverwringung. Strecksitz. Linkes Bein über das rechte schlagen, rechter Arm stützt gegen das Knie, linken Arm aufstützen und Rumpf und Kopf nach links drehen. Rücken und Becken aufrichten (siehe oben).

Verbesserung der Spreizfähigkeit und Hüftbeweglichkeit

- Im Kniestand Hüfte nach vorne schieben, Bein beugen und Ferse Richtung Gesäß ziehen. Nicht mit der Hüfte ausweichen.

- Sitz, Fußsohlen gegeneinander legen und mit beiden Händen die Knie nach unten drücken.
- An der Bande oder Stange festhalten und ein Bein so weit wie möglich nach oben, vorne oder hinten führen, dehnen und halten.
- Querspagat mit weitem Seitbeugen des Oberkörpers oder den Oberkörper möglichst weit nach vorn legen.
- In Rückenlage ein Bein am Boden liegen lassen und das andere Bein gebeugt am Oberschenkel zum Körper ziehen und langsam strecken.

Kräftigung und Rumpfstabilisierung

Übungsbeispiele
Verbesserung der Stützkraft
- Knieliegestütz: Aus der Bank mit verschränkten Beinen Arme beugen und strecken.

171

- Aufschwingen in der Handstand gegen einen Partner, der die Beine festhält. Arme im Handstand mit Partnerhilfe beugen und strecken.
- Im Handstand oder Liegestütz mehrmals mit den Händen vom Boden abdrücken.

Kräftigung der Rückenmuskulatur und Hüftbeugemuskulatur

- An der Bank abwechselnd ein Bein anhocken, dann Arm und Bein bis zur Waagrechten gleichzeitig ausstrecken. Gestrecktes Bein nicht ausdrehen.
- Aus der Bankstellung den Rumpf heben zum Katzenbuckel, Kinn an die Brust und Senken des Rumpfes ins Hohlkreuz, Kopf dabei zurücknehmen.
- Bank rücklings, Becken heben und ein Bein waagrecht anheben.
- Im Strecksitz die Beine heben und senken oder scheren.
- Bauchlage, auf die Unterarme gestützt. Ein Bein langsam anheben und halten (siehe unten).

- Partnerübung: Im Kniestand werden die Fußgelenke von einem Partner festgehalten. Der Oberkörper wird langsam bis zu dem Punkt nach vorne gesenkt, solange es noch gelingt, die Wirbelsäule geradezuhalten. Die Übung wird durch ein wechselseitiges Drehen des Oberkörpers noch erschwert.

Bauchmuskulatur

- In der Rückenlage Unterschenkel parallel zum Boden anheben, die Hände hinter dem Kopf verschränken und mit dem Oberkörper langsam über die Wirbelsäule nach oben ziehen.
- Partnerübung: Ein Partner in Rückenlage hält sich mit beiden Händen an den Fußgelenken des hinter ihm stehenden Partners fest und zieht seine Knie vom Boden weg nach oben.

Partnerübungen zum Training der Körperspannung für Gruppenkürübungen

- Schubkarrenlaufen: Rücken- und Bauchmuskulatur anspannen.
- Toter Mann: Ein Voltigierer läßt sich

Diese Übung zur Rumpfstabilisierung verbessert die Körperspannung.

mit gestrecktem und angespanntem Körper von einem Partner im Wechsel zum anderen fallen, die ihn wieder zurückstoßen. Vorwärts oder seitwärts ausführen, Körperspannung beibehalten!

• Liegestütz rl: Ein Partner hebt den anderen an den Füßen in den Liegestütz, bis dieser mit völlig gespanntem Körper in der Waagrechten liegt. Variation: Der Partner wechselt mit einer Drehung vom Liegestütz rl zum Liegestütz vl.

• Zwei Partner tragen einen dritten: Der vordere faßt ihn an den Beinen, der hintere unter der Schulter. Entweder vorlings oder rücklings ausführen.

• Toten Mann tragen: Zwei Partner heben einen mittleren Partner mit Stützgriff am Oberarm hoch und tragen ihn einige Meter. Beide Partner müssen gleichzeitig anheben! Für die Verbesserung der Sprung- und Beinkraft eignen sich alle Sprungübungen (siehe S. 168).

Ausbildungsstufen im Training

Bedingt durch die zeitliche Begrenzung des Voltigierens im Gruppensport auf 18 Jahre, gehört das Voltigieren zu den Sportarten mit frühem Leistungseinstieg. Dies bedeutet für den Wettkampfsport, daß die Voltigierer eine Reihe von Lernvorgängen schon früh bewältigen müssen. In einer Voltigiergruppe trainieren gewöhnlich Kinder und Jugendliche aus verschiedenen Alters- und Entwicklungsstufen zusammen. Deshalb muß der Ausbilder Kenntnisse über den Entwicklungsstand der Voltigierer in den einzelnen Altersstufen besitzen und diese beim Trainingsaufbau berücksichtigen.

Anfängerstufe – Grundlagentraining

(Altersstufe 6–9 Jahre)

Kennzeichen

Bestes Anfangsalter zum Voltigieren. Großer Bewegungsdrang und hohe Begeisterungsfähigkeit; gute motorische Lernfähigkeit und Beweglichkeit, rasche Entwicklung koordinativer Fähigkeiten, wechselnde Konzentrationsfähigkeit, beschränkte Trainierbarkeit von Kraft.

Schwerpunkte

• Erlernen des Umgangs mit dem Pferd, Überwindung von Angst, Aufbau von Vertrauen zum Pferd.

• Erstes Helfen bei der Vorbereitung und dem Führen des Pferdes unter Anleitung.

• Vielseitige, abwechslungsreiche, sportliche Grundausbildung, Schulung der koordinativen Fähigkeiten, allgemeine Kräftigung, Grundlagenausdauer und Beweglichkeit, allgemeine Gymnastik.

• Sammeln der ersten grundlegenden und vielseitigen Bewegungserfahrungen mit dem Pferd.

• Schulung des Bewegungsgefühls und des Gleichgewichts durch einfache Gewöhnungsübungen, Anpassung an den Rhythmus der Bewegungen des Pferdes im Schritt, Trab und im Galopp.

• Erlernen der Grundübungen und -techniken (Grobform), einfache spielerische Übungsformen im Halten, im Schritt, Trab und im Galopp mit und ohne Hilfestellung.

• Erste Grund- und Pflichtübungen im Galopp. Einfache Kürformen im Halten und im Schritt (siehe S. 148).

Hauptanforderungen von Voltigierübungen								
Anforderungen	Auf-gänge	Grund-sitz	Fahne	Mühle	Schere	Stehen	Flanke/Abgänge	Kür-übungen
Gleichgewichtsfähigkeit		×	×	×		×		×
Koordination	×			×	×		×	×
Schulterbeweglichkeit			×	×				×
Hüftbeweglichkeit	×	×	×	×	×		×	×
Rumpfstabilität	×	×	×	×	×	×	×	×
Kraft: Hüftbeuger					×	×		×
Stützkraft	×		×		×		×	×
Schnellkraft	×				×		×	×
Sprungkraft	×						×	×

- Sturzschulung: Niedersprünge, Wenden, Fallen und Landen üben.
- Bewegungsverständnis entwickeln, die wichtigsten Übungen kennenlernen, gemeinsame Aufgaben bewältigen.

Fortgeschrittenenstufe – Aufbautraining

(Altersstufe 9–12 Jahre)

Kennzeichen

Bestes motorisches Lernalter zum Erlernen schwieriger Bewegungsabläufe, schnelles »Lernen auf Anhieb« und durch Nachahmung. Das Muskel- und Nervensystem ist soweit ausgereift, daß feine koordinierte Bewegungen möglich sind. Hohe Körperbeherrschung und Gleichgewichtsfähigkeit, große Beweglichkeit, Mut und große Risikobereitschaft, hohe Motivation, gutes Gruppenverhalten.

Schwerpunkte

- Mithilfe bei der Vorbereitung und Pflege des Pferdes.
- Weiterentwicklung der koordinativen und konditionellen Fähigkeiten.
- Zielgerichtetes Üben, Festigen der Grund- und Pflichtübungen im Schritt und Galopp. Die grundlegenden Techniken sollten in dieser Altersstufe schon bis zur Feinform erlernt werden.
- Erweitern und Variieren der Kürformen im Schritt und im Galopp, Aufbau von Partner- und Gruppenübungen.
- Erstes Erproben des eigenen Könnens in spielerischen Wettkämpfen oder Nachwuchsturnieren (Leistungsklasse D und C) zum Sammeln der ersten Wettkampferfahrungen.
- Erwerben von grundlegenden Theoriekenntnissen, wie über Wettkampfregeln und Richtlinien.
- Erwerb des Kleinen Voltigierabzeichens (IV) und des Abzeichens in Bronze (III).

Leistungsstufe – Leistungstraining

(Altersstufe 12 Jahre und älter)

Das Leistungstraining hat zum Ziel, die im Nachwuchs- und Aufbautraining erworbenen Fertigkeiten und Fähigkeiten zur höchstmöglichen Leistung im Turniersport zu entwickeln.

Partnerübungen machen besonders viel Spaß, wie dieser *doppelte Stand in der Schlaufe* (Übung 8, Seite 100).

Kennzeichen

Beschleunigte körperliche Entwicklung, Disharmonie der Körperproportionen, verbesserte Trainierbarkeit von Kraft und Kondition, Drang nach Eigenverantwortung und Selbständigkeit, Lernen durch Einsicht und mit Verstand. Aktive Mitgestaltung z. B. in der Kür durch eigene Beiträge und Ideen.

Wenn das Training in dieser Phase regelmäßig durchgeführt wird, kann während der kritischen Pubertätszeit ein Leistungseinbruch verhindert werden.

Schwerpunkte

● Weitgehend selbständige Vorbereitung und Pflege des Pferdes.

● Mithilfe bei der Vorbereitung des Pferdes für Turniere.

● Befähigung zur Selbstkorrektur und zur eigenen Bewegungsgestaltung.

● Zunahme der Trainingsbelastung und -intensität durch gezieltes Konditionstraining.

● Erhaltung und Festigung der Koordinationsfähigkeit und aller erlernten Fertigkeiten.

● Technische Feinstformung: Detailschulung, Festigen und Verbessern von Einzelelementen der Pflicht, Variieren und Erschweren von sicher beherrschten Übungen im Galopp sowie Erweiterung der Kürformen durch neue Bewegungstechniken und -einfälle.

● Vermehrtes individuelles Training, mehr auf den einzelnen abgestimmtes Konditionstraining und Techniktraining (spezielle Verbesserung der Pflicht und

175

Spezialübungen in der Kür), spezielles Gymnastikprogramm.

Die Leistungsfähigkeit des einzelnen kann nun auch im Einzelvoltigieren bis ins Erwachsenenalter besondere Berücksichtigung finden.

• Erwerb des Voltigierabzeichens in Silber (DVA II).

• Verbesserung des Zusammenspiels der Gruppe bzw. des Einzelvoltigierers mit dem Pferd sowie Verfeinerung der Zusammenarbeit der Gruppe untereinander.

• Festigung des Leistungsstands und zunehmende Bewegungssicherheit. Stabilisierung und Automatisierung der Bewegungen, Anpassung an veränderte Bedingungen in Wettkampfsituationen.

• Abstimmung der sportlichen Form auf Wettkampftermine: Spezielles Training für die erhöhten Anforderungen im Wettkampf.

• Unter Wettkampfbedingungen und wechselnden Situationen sollen die Bewegungsabläufe immer stabiler werden und somit eine hohe Reaktions- und Anpassungsfähigkeit erreicht werden.

Jahresplanung für das Training

Kaum ein Sportler ist in der Lage, das ganze Jahre über in Topform zu sein, vielmehr unterliegt seine Leistungsfähigkeit gewissen Schwankungen. Worauf es ankommt, ist, daß die sportliche Höchstform zum richtigen Zeitpunkt – z. B. bei einem Turnier – erreicht wird. Turniergruppen und Einzelvoltigierer, die regelmäßig Wettkämpfe besuchen und Erfolge bei Turnieren anstreben, kommen ohne einen Trainingsplan nicht aus.

Beim Voltigieren ist eine sorgfältige Planung gerade deshalb unerläßlich, weil alle drei – Pferd, Voltigierer und Longenführer – zum selben Zeitpunkt für entscheidende Wettkämpfe ihre Bestform finden müssen. Ausgangspunkt für eine Trainingsplanung sind

– der gegenwärtige Leistungs- und Trainingsstand,

– der Wettkampfkalender mit den Terminen für Qualifikationen, Sichtungen und Meisterschaften.

Die Zielsetzung des Trainings ist das Erreichen von

– bestimmten Wertnoten,

– bestimmten Plazierungen,

– einem Aufstieg in eine höhere Wettkampfklasse,

– einer Qualifizierung für Landes- bzw. Bundesmeisterschaften.

Trainingsperioden

Eine Trainingsplanung gliedert sich in die folgenden drei Trainingsperioden, wobei in jedem Abschnitt unterschiedliche Schwerpunkte vorherrschen:

Vorbereitungsperiode
Dezember–April

• Aufstellung einer festen Mannschaft für Gruppenwettbewerbe: Durch das Ausscheiden der Voltigierer mit Erreichen der Altersgrenze erneuert sich eine Leistungsgruppe von Jahr zu Jahr; deshalb muß sie jetzt wieder zu einer harmonischen Mannschaft zusammenwachsen.

• Individuelle Verbesserung in den Pflichtübungen.

• Erlernen und Ausprobieren neuer Kürübungen.

- Zusammenstellung einer Kür mit Erarbeitung eines festen Kürprogramms für die kommende Saison.
- Allgemeines und spezielles Konditionstraining.
- Besuch von Lehrgängen.
- Erste Wettkämpfe im Jahr zur Leistungskontrolle (Aufbauwettkämpfe).

Wettkampfperiode

April–September

Die Sommerferien können diese Trainingsphase zeitweilig unterbrechen. Die Wettkampfperiode dient dem Techniktraining:

- Training der gesamten Pflicht und Kür unter Wettkampfbedingungen.
- Bewegungsgenauigkeit und Konstanz, Stabilisierung der Bewegungstechnik in Pflicht und Kür.
- Feinere Verbesserungen in der Kürgestaltung.
- Erreichen eines optimalen Zusammenspiels von Gruppe bzw. Einzelvoltigierer, Longenführer und Pferd.
- Entwickeln von Wettkampfstabilität, verbesserte Routine, Abbau von Nervosität vor einem Start.
- Auswertung der Wettkampfergebnisse für das weitere Training.
- Eventuell Trainingslager vor wichtigen Wettkämpfen.

Übergangsperiode

Oktober und November

Diese Etappe dient der Entspannung und Erholung. Sie enthält keine wichtigen Wettkampftermine und ist gekennzeichnet durch:

- Reduzierung des Trainings, geringere Belastung,
- Ausgleich, spielerisches Üben,
- Auflockerung und Abwechslung u. a. mit Ausgleichssportarten und gemeinsamen Unternehmungen.

Eine langfristige Trainingsplanung beschränkt sich nicht nur auf ein Jahr, besonders dann, wenn sich eine Turniergruppe noch im Aufbau befindet und als Fernziel der Aufstieg in die Abteilung A angestrebt wird. Es ist ein großer Vorteil, wenn ein Verein mehr als eine Turniergruppe hat; so können laufend Voltigierer mit Wettkampferfahrung aus den unteren Wettkampfgruppen in die besseren Gruppen aufrücken.

Anhand eines gut durchdachten Trainingsplans wird die Kür systematisch entwickelt.

177

Voltigieren als Wettkampfsport

Voltigierwettbewerbe sind inzwischen zu einer festen Einrichtung im Turniersport geworden. Die Begegnung der Gruppen und Einzelvoltigierer miteinander außerhalb der gewohnten Umgebung, die Wettkampfatmosphäre, die Möglichkeit, voneinander zu lernen und neue Erfahrungen zu sammeln – all das vermittelt den Sportlern besondere Erlebnisse.

Ein bevorstehender Wettkampf ist ein Ziel, auf das man sich gemeinsam vorbereiten muß. Es spornt dazu an, die Leistungen weiter zu verbessern.

Im Gruppensport ist die Gemeinschaftsleistung ausschlaggebend für den Erfolg; jedoch muß jedes Mitglied in einer Turniergruppe mit seinem persönlichen Einsatz und seinem Können zu einer bestmöglichen Gesamtleistung beitragen. Von Wettkampf zu Wettkampf spielt sich eine Gruppe besser aufeinander ein, das gemeinsame Training und die Erlebnisse in der Gemeinschaft stärken den Gruppenzusammenhalt. Es ist eine richtige »Turniergruppe« entstanden, für die man viele Freistunden und manches Wochenende aufwenden muß.

Das Einzelvoltigieren bietet den Voltigierern, die aus Altersgründen aus der Gruppe ausscheiden, Gelegenheit, weiterhin im Wettkampfsport aktiv zu bleiben. Im Einzelwettkampf kommt es auf die individuelle Leistungsfähigkeit des Voltigierers und seine eigenen Ideen für eine selbst gestaltete Kür an. Im Vordergrund aller Wettkämpfe soll der Spaß an der Teilnahme stehen. Verbissener Ehrgeiz, übertriebene Leistungsanforderungen und eine Standpauke nach einem Mißerfolg vom Ausbilder oder von den Eltern beeinträchtigen schnell die Freude am Wettkampfsport!

Bei Voltigierturnieren können drei Arten von Wettbewerben ausgeschrieben werden:

1. Gruppenvoltigieren
2. Einzelvoltigieren
3. Doppelvoltigieren

Die Veranstaltungstermine und Ausschreibungen für Voltigierturniere werden in den verschiedenen Verbandszeitschriften veröffentlicht. Alle Turnierergebnisse müssen vom jeweiligen Turnierveranstalter im Anschluß an einen Wettkampf in einen Leistungsnachweisbogen eingetragen werden.

Wettbewerbsanforderungen

Eine Wettkampfgruppe besteht aus dem Pferd, dem Longenführer und 8 Voltigierern mit 1 Ersatzvoltigierer im Alter von 18 Jahren oder jünger. Wenn aus einer Voltigiergruppe im Vorjahr mindestens vier Stammitglieder ausgeschieden und neue Voltigierer wieder aufgenommen wurden, darf diese Gruppe wieder in einer niedrigeren Wettbewerbsklasse starten.

An Einzel- und Doppelvoltigierwettbewerben sind diejenigen Voltigierer teilnahmeberechtigt, die im laufenden Jahr mindestens 16 Jahre alt (ab 1997 international 14 Jahre) werden und das bronzene

178

Voltigierabzeichen (DVA III) erworben haben. Es gibt keine obere Altersgrenze. Bis 18 Jahre kann man auch noch in Gruppenwettbewerben starten.

Alle Gruppen- bzw. Einzelvoltigierer zeigen nacheinander die Pflichtübungen in zwei Übungsblöcken und eine Kür. Im Doppelvoltigieren wird nur eine Kür verlangt. Die wichtigsten Kürregeln stehen im Kapitel »Die Kür« auf Seite 125/126. Die Pflicht- und Küraufgaben der verschiedenen Leistungsklassen sind in den folgenden Übersichten dargestellt[1]:

Gruppenwettbewerbe

A-Gruppen/
Höchste Leistungsklasse

Für alle Gruppen, die im vergangenen und/oder laufenden Jahr zweimal die Wertnote 6,5 oder höher in der Leistungsklasse B erreicht haben.

B-Gruppen/
Mittlere Leistungsklasse

Für alle Gruppen, die im vergangenen und/oder laufenden Jahr zweimal die Note 5,5 oder höher in Abteilung C und noch nicht zweimal eine Note 6,5 und höher in B erreicht haben.

Pflicht[1]

I. Block
Aufsprung zum Sitz[2]
1. Grundsitz
Freier Grundsitz mit Armen in Seithalte
2. Fahne
Linker Arm und rechtes Bein werden gleichzeitig ausgestreckt
3. Mühle
Ganze Mühle im Vierertakt, mit Abgang nach innen

II. Block
Aufsprung zum Sitz
4. Schere
1. Teil: Vorwärtsschere zum Rückwärtssitz
2. Teil: Rückwärtsschere zum Sitz
5. Stehen
Freies Stehen mit Armen in Seithalte
6. Flanke
1. Teil: Flanke mit Wende zum Innensitz
2. Teil: Flanke mit Wende nach außen aus dem Innensitz

Kür

- Frei zusammengestellte Kür aus Einzel-, Doppel- und Dreierübungen
- Bewertung: Schwierigkeit, Gestaltung und Ausführung im Verhältnis 2·1·2

Zeit

Erlaubte Gesamtzeit für
Pflicht und Kür: 12:30 Minuten
Pflichtzeit ca.:   7:30 Minuten
Höchstzeit für die Kür: 5:00 Minuten

---

[1] Stand 1994 inkl. Änderungen 1995, sowie mit Hinweisen auf das internationale Reglement 1997.

[1] Zehntelnoten sind erlaubt.
[2] Der Aufsprung vor dem Grundsitz erhält international 1997 eine separate Note.

C-Gruppen
Leichte Leistungsklasse

Für alle Gruppen, die im vergangenen und laufenden Jahr zweimal die Wertnote 5,0 in Klasse D, aber noch nicht zweimal 5,5 und höher in Klasse C erreicht haben. Turnierneulinge sind in dieser Klasse auch dann startberechtigt, wenn mindestens 4 Voltigierer schon das Kleine Voltigierabzeichen (IV) besitzen.

Pflicht [1]

I. Block
Aufsprung zum Sitz
1. A-/B-Grundsitz
Freier Grundsitz mit Armen in Seithalte
2. C-Fahne
Rechtes Bein und linker Arm werden hintereinander ausgestreckt
3. C-Schere
1. Teil: Vorwärtsschere zum Rückwärtssitz
2. Teil: Stützschwung rücklings
Abgang aus dem Rückwärtssitz nach innen

II. Block
Aufsprung zum Sitz
4. C-Mühle
Ganze Mühle im Fünfertakt
5. C-Stehen
Stehen mit hängenden Armen
6. C-Flanke
1. Teil: Flanke mit Wende zum Innensitz, rechtes Bein über den Pferdehals zum Sitz
2. Teil: Wende aus dem Sitz vorwärts nach außen

---

[1] Nur halbe und ganze Noten sind möglich.

Kür

- Frei zusammengestellte Kür mit maximal 6 statischen Dreierübungen (neben den Auf-, Ab- und Übergängen)
- Höchstnote in der Schwierigkeit 6,0
- Bewertung: Schwierigkeit, Gestaltung und Ausführung im Verhältnis 1:2:2

Zeit

Erlaubte Gesamtzeit für	
Pflicht und Kür:	13:30 Minuten
Pflichtzeit ca.:	8:30 Minuten
Höchstzeit für die Kür:	5:00 Minuten

D-Gruppen – Anfängerklasse

Für alle Gruppen, die im vergangenen und/oder laufenden Jahr noch nicht zweimal die Wertnote 5,0 und höher in der Leistungsklasse D erreicht haben.

Pflicht [1]

I. Block
Aufsprung zum Sitz
1. D-Sitz
Beide Arme sind in den Ellbogen angewinkelt, Hände liegen in der Hüftbeuge
2. D-Fahne
Nur das rechte Bein wird ausgestreckt, beide Hände sind an den Griffen
3. Abgang nach außen

II. Block
Aufsprung zum Sitz
4. D-Mühle
In 4 Phasen im Fünfertakt:
Linkes Bein über den Pferdehals nach außen zum Außensitz und wieder zurück zum Sitz, rechtes Bein über den Pferde-

hals nach innen zum Innensitz und wieder zurück zum Sitz

5. Knien
Freies Knien mit den Armen in Seithalte

6. Stützschwung
1× aus dem Sitz nach hinten hochschwingen, dann Wende nach innen

Pflichtkür

Die z. Zt. gültigen Küreelemente sind (die aber turnusmäßig verändert werden):
1. Aufsprung zum Innensitz
2. Aufsprung ins Knien
3. Fahne rückwärts auf dem Hals
4. Querlieger
5. Standwaage auf dem Rücken des Pferdes
6. Standwaage in der Schlaufe
7. Spreizsitz angefaßt
8. Bank rücklings auf der Kruppe mit Abspreizen eines Beines
9. Prinzensitz
10. Umsteiger (Positionswechsel im Sitzen)
11. Eine Rollbewegung
12. Kürabgang

- Für Höchstnote von 5,0 müssen 10 von obigen 12 Küreelementen in der Pflichtkür enthalten sein
- Nur Einzel und Doppelübungen sind erlaubt
- Die Küreelemente können einzeln oder in Verbindung miteinander, aber auch in Verbindung mit anderen frei gewählten Übungen gezeigt werden
- Bewertung: Schwierigkeit, Gestaltung und Ausführung im Verhältnis 1:2:2

Zeit

Erlaubte Gesamtzeit für

Pflicht und Kür:	11:30 Minuten
Pflichtzeit ca.:	7:30 Minuten
Höchstzeit für die Kür:	4:00 Minuten

Wettbewerbe im Einzelvoltigieren

Klasse EA/Leistungsvoltigierer

Für alle Einzelvoltigierer, die im vergangenen und/oder laufenden Jahr mindestens zweimal die Wertnote 6,5 oder höher erreicht haben.

Klasse EB/Fortgeschrittene

Für alle Einzelvoltigierer, die im vergangenen und/oder laufenden Jahr noch nicht zweimal die Wertnote 6,5 oder höher in der Klasse B erreicht haben.

Pflicht

I. Block
Aufsprung zum Sitz
1. Grundsitz
Freier Grundsitz mit Armen in Seithalte
2. Fahne
Linker Arm und rechtes Bein werden gleichzeitig ausgestreckt
3. Mühle
Ganze Mühle im Vierertakt mit Abgang nach innen, Bodensprung

II. Block
Aufsprung zum Sitz
4. Schere
1. Teil: Vorwärtsschere
2. Teil: Rückwärtsschere

182

5. Stehen
Freies Stehen mit Armen in Seithalte
6. Flanke
1. Teil: Flanke zum Innensitz
2. Teil: Flanke mit Wende nach außen

Einzelkür

• Frei zusammengestellte Kür in einer Bewegungsverbindung aus mindestens 7 zu bewertenden Übungsteilen (auch L-Teilen). Bei weniger Übungsteilen wird die ganze Kür nicht bewertet.
• Die Verbindung zum Pferd darf während der Kür nicht aufgegeben werden. Bodensprünge sind erlaubt.
• Bewertung: Es werden nur die 10 schwersten Übungen gezählt. Für fehlende Risikoteile wird bis zu einem Punkt abgezogen.

Zeit

Pflicht: Keine Höchstzeit
Höchstzeit für die Kür: 1 Minute
• Bei einem Sturz während der Kür wird die Zeit angehalten und die Kür muß innerhalb von 30 Sekunden wieder fortgesetzt werden.
• Der Abgang muß nach dem Abläuten innerhalb von 3 Galoppsprüngen erfolgen, um noch in die Bewertung zu kommen.
• Ist auf einem Pferd nur ein Voltigierer am Start, so ist zwischen Pflicht und Kür eine Pause von 30 Sekunden zulässig.
• Zwischen den Kürvorführungen der einzelnen Voltigierer kann eine Pause je nach Weisung der Richter eingelegt werden.

Wettbewerbe im Doppelvoltigieren

Für zwei Voltigierer, einer davon muß im Besitz des Abzeichens in Bronze DVA III sein.
Es sind sowohl gemischte als auch gleichgeschlechtliche Paare zugelassen.

Kür

• Frei zusammengestellte Kürfolge mit Doppelübungen, aber auch mit ein paar Einzelübungen; Bodensprünge sind erlaubt
• Mit mindestens 10 bewertbaren Übungsteilen (auch L-Teilen)
• Es zählen insgesamt nur die 15 schwersten Übungsteile; bei weniger Übungsteilen wird die ganze Kür nicht bewertet

Zeit

Höchstzeit für die Kür: 2:00 Minuten

Die wichtigsten Wettkampfbestimmungen

Die deutschen Wettkampfbestimmungen sind in den Richtlinien für Reiten und Fahren, Band 3 »Voltigieren«, der Deutschen Reiterlichen Vereinigung festgelegt. Die internationalen Bestimmungen sind in den »Rules for Vaulting Events« bei der FEI erschienen. Darin kann man alle Regelungen über Ausschreibungen, Nennungen, Teilnahmeberechtigung, Durchführung von Voltigierturnieren, Richtverfahren, Anforderungen und Bewertungen von Pflicht und Kür nachlesen. Außerdem ist eine Liste von Kürübungen und ihre Einordnung in Schwierigkeitsgrade beigefügt.

184

Wichtig

Da die nationalen und internationalen Regeln zum Teil voneinander abweichen und auch ständigen Änderungen unterliegen, sollten die jeweils aktuellen Regeln unbedingt zu Rate gezogen werden, bevor man an Turnieren teilnimmt. Aus diesem Grunde wird in diesem Buch nur auf die wichtigsten Regeln des deutschen Reglements und auf einige bedeutende Neuerungen der internationalen Regeln eingegangen.

Allgemeines

- Voltigierpferde müssen mindestens 5 Jahre (international 7 Jahre) alt sein, wenn sie an Turnieren teilnehmen. Sie müssen nicht eingetragen sein. Für internationale Starts ist jedoch ein FEI-Paß notwendig.
- Sie dürfen an einem Tag zweimal eingesetzt werden.
- Das Pferd galoppiert auf der linken Hand auf einem Zirkel mit einer Mindestgröße von 13 m (international 15 m) Durchmesser.
- Alle Übungen müssen im Galopp ausgeführt werden.
- Vor der Vorführung muß das Voltigierpferd ca. 2 Runden traben, bis der Richter A das Klingelzeichen zum Start gibt.
- Die Zeitmessung beginnt, wenn der erste Voltigierer die Griffe des Voltigiergurts berührt. Nach Ablauf der erlaubten Zeit wird abgeläutet und der/die Voltigierer müssen das Pferd verlassen. Abgänge, die direkt aus der Position auf dem Pferd angeschlossen werden, kommen noch in die Wertung.

Bewertung der Pflicht

Jede Pflichtübung von jedem Voltigierer in der Gruppe und jedem Einzelvoltigierer wird mit einer Wertnote von 0–10 beurteilt.

Während der Pflicht muß der Bewegungsfluß erhalten bleiben, d. h. die Übungen sollen flüssig und unmittelbar miteinander verbunden werden. Die Richter beurteilen die Pflichtübungen nach den in den Richtlinien beschriebenen Ausführungskriterien und können für verschiedene Fehler Abzüge von 1 bis 2 Punkten vornehmen, z. B. 2 Punkte bei Wiederholen oder Zusammenbrechen einer Übung. Ei-

ne falsche oder fehlende Pflichtübung erhält die Wertnote 0 (nicht ausgeführt), ebenso ein Sturz bei einer Übung (siehe auch die im Kapitel »Die Pflicht« erwähnten Abzüge).

Bewertung der Kür

Für die Kür wird je eine Wertnote von 0–10 für den Wert der Schwierigkeit, für die Kürgestaltung und für die Ausführung vergeben. Bei allen Kürnoten sind Zehntelnoten zulässig.

Für den Wert der Schwierigkeit wird die Anzahl der Kürelemente gezählt und ihr Schwierigkeitsgrad nach leicht (L), mittel (M) und schwer (S), entsprechend dem Übungskatalog der Richtlinien eingestuft. Die Richter orientieren sich für die Bewertung der Gruppenkür an dem Notenschlüssel im Reglement. Im Einzelvoltigieren werden für Übungen mit hohem Schwierigkeitsgrad 1 Punkt, für solche mit mittlerem Schwierigkeitsgrad 0,5 Punkte vergeben, im Doppelvoltigieren 0,7 bzw. 0,3 Punkte. Weitere Hinweise zur Note »Schwierigkeit« finden Sie in den einzelnen Tabellen auf den Seiten 180 ff.

Die Bewertung der Gestaltung wird nach den im Kapitel »Die Kür« auf den Seiten 131–133 aufgeführten Kriterien beurteilt. Dabei wird auch berücksichtigt, ob die Kür zur Gruppe oder zur Persönlichkeit des Einzelvoltigierers paßt. Die Harmonie und das Zusammenspiel der Sportler mit dem Pferd spielt hier eine wesentliche Rolle.

Die Bewertung der Ausführung orientiert sich an den im Kürkapitel erwähnten Bewertungskriterien wie u. a. Bewegungsgenauigkeit, -sicherheit, -weite (siehe S. 118). Für Ausführungsfehler und Abweichungen von der optimalen Bewegungstechnik werden beim Einzel- und Doppelvoltigieren einzelne Punkte vergeben.

Bewertung des Gesamteindrucks

Eine Gesamteindrucksnote gibt es nur für Gruppen. Darin ist national auch die Beurteilung des Pferdes enthalten.

International wird ab 1997 eine zusätzliche separate Note für das Pferd, sowohl für das Gruppen- als auch das Einzelvoltigieren, eingeführt.

Die Bewertung beginnt mit dem Einlaufen der Gruppe und endet mit dem Auslaufen nach der Schlußaufstellung. Dafür können auch Zehntelnoten vergeben werden. In den Richtlinien werden folgende Hauptkriterien für die Bewertung aufgeführt:

– Ausrüstung, Longieren und Vorstellung des Pferdes.

– Verhalten und Ausstrahlung der Gruppe, Einlaufen und Auslaufen, Aufstellung und Gruß, Aufmachung der Gruppe, des Longenführers und des Pferdes.

In welcher Form die Voltigierer beim Wettkampf ein- und auslaufen und welche Grußaufstellung sie wählen, bleibt ihnen überlassen. Dabei sollte auf Schauelemente und zeitraubende Aufstellungsformen verzichtet werden und eine sportliche Natürlichkeit beibehalten werden.

In die Gesamteindrucksnote fließen viele Faktoren mit ein, die in den Richtlinien nicht näher erläutert werden.

Auf Seite 188/189 finden Sie eine Aufstellung von Kriterien, welche die Richter bei der Bewertung mit einbeziehen können

Beurteilung des Gesamteindrucks

Pferd

Vorstellung und Longieren des Pferdes
- ☐ Longenführer dreht sich auf einem Punkt.
- ☐ Korrekte Longen- und Peitschenführung: gespannte Longe, korrekte Peitschenhaltung.
- ☐ Korrekte Einwirkung des Longenführers mit Paraden.
- ☐ Richtige Hilfengebung mit der Peitsche zum richtigen Zeitpunkt.
- ☐ Maßvolles Anwenden von Stimmhilfen.
- ☐ Das Pferd nimmt die Hilfen willig an.
- ☐ Korrektes Angaloppieren zu Beginn der Vorstellung.
- ☐ Korrektes Durchparieren am Ende der Vorstellung.
- ☐ Die Longe wird nach dem Durchparieren wieder geordnet aufgenommen.
- ☐ Das Pferd ist mit leichter Innenstellung auf die Zirkellinie eingestellt.
- ☐ Das Pferd ist geradegerichtet und geht auf einem Hufschlag.
- ☐ Gleichmäßige, taktreine Galoppade, gut durchgesprungen.
- ☐ Das Pferd tritt mit der Hinterhand unter.
- ☐ Die Hinterhand trägt das Gewicht.
- ☐ Gleichmäßiges Tempo, ruhiges Weitergaloppieren beim Anlaufen der Voltigierer, kein Anlegen der Ohren.
- ☐ Kein Außen- oder Kreuzgalopp, keine Trabtritte.
- ☐ Kein Buckeln oder Ausweichen mit der Hinterhand.

Aufmachung des Pferdes
- ☐ Guter Pflege- und Futterzustand.
- ☐ Gepflegte, eingeflochtene Mähne.
- ☐ Sauberer, gepflegter Schweif.
- ☐ Ordentliche, gepflegte, zusammenpassende Ausrüstung.
- ☐ Korrekt verschnallte Trense.
- ☐ Richtige Länge der Ausbindezügel.
- ☐ Richtige Lage des Voltigiergurts und der Unterlage bzw. Decke.
- ☐ Alle Riemen sind verstaut bzw. festgeklebt.
- ☐ Korrekt gewickelte Bandagen, farblich passend.

Gruppe

Ein- und Auslaufen
- ☐ Korrektes Führen des Pferdes.
- ☐ Geordnete Longenhaltung.
- ☐ Mitlaufen des Longenführers im Gleichschritt auf Schulterhöhe mit dem Pferd.
- ☐ Gleichmäßiges, natürlichen Ein- und Auslaufen der Gruppe im Gleichschritt mit gleichen Abständen, passend zur Musik.
- ☐ Korrektes Abwenden zur Grußaufstellung zum Richter A.
- ☐ Gerades Einlaufen zur Zirkelmitte.
- ☐ Korrektes Durchparieren des Pferdes zum Halten.

Grußaufstellungen
- ☐ Pferd steht ruhig und gerade auf allen vier Beinen, bis der Longenführer es auf die Zirkellinie hinausweist.
- ☐ Korrektes Übergeben der Peitsche.
- ☐ Form der Grußaufstellung.
- ☐ Gerade Aufstellung der Gruppe, der Größe nach mit gleichmäßigen Abständen.
- ☐ Gleichmäßiger gemeinsamer Gruß und Verbeugung der Voltigierer bei Richter A.
- ☐ Gleichmäßiges Abwenden nach dem Gruß zur Aufstellung außerhalb der Zirkellinie.

Verhalten der Gruppe während der Vorführung
- ☐ Zügiges Beginnen nach der Grußaufstellung.
- ☐ Gleichmäßige Aufstellung außerhalb der Zirkellinie.
- ☐ Gleichmäßiges Auslaufen nach jeder Übung zum Platz zurück.
- ☐ Fließender Wechsel zwischen den Voltigierern.
- ☐ Die Voltigierer sind immer rechtzeitig bereit, wenn sie an der Reihe sind.
- ☐ Nur die Voltigierer befinden sich in der Zirkelmitte, die bei der nächsten Übung dran sind.
- ☐ Ruhiges Stehen und keine Unterhaltung in der Gruppe.

Aufmachung der Gruppe
- ☐ Einheitliche Kleidung der Voltigierer.
- ☐ Kein Schmuck.
- ☐ Ordentliche Frisuren.
- ☐ Kleidung des Longenführers, zur Gruppe passend.

Die Teilnahme an einem Turnier

Es ist ratsam, zu Anfang an Voltigiertagen teilzunehmen, bei denen spielerische Wettbewerbe angeboten und die Übungen überwiegend im Schritt vorgeführt werden. Im Kapitel »Voltigieren spielerisch« finden Sie einige Beispiele für solche Wettbewerbe.

Bevor man zum ersten Mal an einem Voltigierturnier teilnimmt, muß die ganze Gruppe die Pflicht im Galopp und eine leichte Kür mit den D-Kürübungen sicher beherrschen. Man beginnt in der Regel mit einem Start in der Anfängerklasse, den D-Gruppen, mit leichteren Anforderungen (s. oben). Eine solide körperliche Ausbildungsgrundlage sollte vor dem ersten Wettkampfstart vorhanden sein, damit der erste Wettkampf nicht gleich zu einer Enttäuschung wird!

Die richtige Kleidung für den Wettkampf

Bei Wettkämpfen sollte die ganze Gruppe einheitlich gekleidet sein. Elastische, pflegeleichte Gymnastikanzüge mit langen Gymnastikhosen haben sich als besonders praktisch erwiesen. Die Anzüge sollten eine gute Paßform haben und müssen mit 10–12 cm großen Rückennummern versehen sein. Heute sind die attraktiven, einteiligen Gymnastik- bzw. Tanzanzüge

189

An was vor einem Turnier zu denken ist

Vor dem Wettkampf

1. Turniertermin und Trainingsplan mit dem Verein, der Gruppe und den Eltern abstimmen.
2. Nennung rechtzeitig an den Veranstalter mit dem Nenngeld zurückschicken.
3. Transport für die Gruppe und das Pferd organisieren.
   - Welches Zugfahrzeug steht zur Verfügung?
   - Wer kann das Pferd fahren und begleiten?
   - Wer fährt die Voltigierer? Ideal wäre ein Kleinbus für die ganze Gruppe.
4. Klären, ob der Verein eine Versicherung für evtl. Unfälle abgeschlossen hat.
5. Am Tag vor dem Wettkampf muß das Pferd geputzt, frisiert und eingeflochten werden.
6. Die Ausrüstung wird gereinigt und gepflegt.
7. Treffpunkt und Abfahrtszeit frühzeitig festlegen.

Am Wettkampftag

1. Vorbereitung des Pferdes für den Transport
2. Nach der Ankunft am Turnier die Startbereitschaft melden. Musik und Leistungsnachweise abgeben. Meldeschluß spätestens 1 Stunde vor dem Start.
3. Pferd rechtzeitig für eine eventuelle Verfassungsprüfung vorbereiten.
4. Spätestens 1 Stunde vor der Startzeit umziehen, Aufwärmen, das Pferd ablongieren.

Wann darf ich endlich auch einmal mitmachen?

Checkliste für die Turnierteilnahme

Für das Pferd

Futter
Heu
Hafer
Zusatzfutter
Mineralstoffmischung

Ausrüstung
Trense
Voltigiergurt mit Ausbindern
Gurtunterlage und Decke, Gelpad
Longe
Peitsche
Bandagen
Führzügel

Stallzubehör
Gabel
Schaufel
Besen
Futterschüssel
Tränkeimer
Halfter
Anbindestrick
Stalldecke

Für den Transport
2 Longen zum Verladen des Pferdes
Futter und Einstreu
Pferdedecke mit Deckengurt
Schweifschoner
Transportgamaschen

Zur Pferdepflege
Putzzeug
Mähnengummis zum Einflechten
Klebeband für die Mähnenzöpfchen
Schere
Fliegenspray, Schweißmesser

Für die Voltigierer

Am besten ist es, wenn die ganze Ausrüstung der Voltigierer in <u>einem</u> Koffer verstaut wird.

Turnierkleidung
Gymnastikanzüge und -hosen
Socken
saubere Gymnastikschuhe
Trainingsanzüge
Frisierzeug
Kleidung des Longenführers

Sonstiges
Leistungsnachweise
Voltigierausweise,
Longenführerausweise
Musikkassette mit der Begleitmusik,
Ersatzkassette
Verbandkasten
Reiseapotheke
Regenzeug, Nähzeug
Getränke, evtl. Verpflegung

---

sehr beliebt. Farblich sollte die Kleidung mit der Farbe des Pferdes und der Ausrüstung harmonieren. Helle Farben wirken freundlicher als dunkle! Es ist für Wettkampfvoltigierer zu empfehlen, sich ein zweites Paar Gymnastikschuhe fürs Turnier anzuschaffen – die Schuhe für die Übungsstunden sehen meistens nicht besonders gepflegt aus!

Ein <u>Einzelvoltigierer</u> kann seine Persönlichkeit durch geschmackvolle Farbkombinationen und etwas ausgefallenere An-

züge betonen; die Kleidung sollte aber trotzdem noch sportlich wirken. Paillettenschmuck und Glitzer sind bei Turnieren nicht erlaubt.

Einheitliche Trainingsanzüge gehören ebenso zur Ausstattung – zum Überziehen vor und nach dem Start oder bei der Siegerehrung, um die Muskulatur warmzuhalten.

Die Kleidung des Longenführers sollte ordentlich, sportgerecht sein und auf den Dress der Gruppe oder des Einzelvoltigierers abgestimmt sein. Jeans oder ähnliche Kleidung gehören nicht hierher.

Die Gruppe aus Neuss mit ihrem Pferd *Rodeo* hat schon oft unter der bewährten Leitung von *Agnes Werhahn* erfolgreich die deutschen Farben bei internationalen Championaten vertreten. Sie gewann schon mehrere Europa- und Weltmeisterschaftstitel.

193

Das Kleine Hufeisen und die Voltigierabzeichen

Verfügen die Voltigierer über Grundkenntnisse vom Voltigieren und von der Pferdehaltung, können sie das »Kleine Hufeisen« in einer Sonderprüfung erwerben, falls sie im Kalenderjahr noch nicht 17 Jahre alt werden.

Die Prüfung umfaßt: Pflegen, Führen, Anbinden, Füttern und Zäumen des Pferdes, Auflegen des Voltigiergurtes, Auftrensen, Grundkenntnisse über die Voltigierübungen.

Im praktischen Voltigieren sollen das Mitgaloppieren, die Hilfestellung für den Aufsprung, 4 Pflichtübungen nach Wahl aus der D-Pflicht und eine Kürübung nach Wahl im Schritt oder Galopp gezeigt werden.

Das »Deutsche Voltigierabzeichen (DVA)« bestätigt dem Voltigierer, daß er die entsprechenden Pflichtübungen im Galopp beherrscht und Kenntnisse über die Theorie des Voltigierens und der Pferdekunde besitzt. Die Voltigierabzeichen können ohne Altersbeschränkung von jedem Voltigierer im Rahmen einer Sonderprüfung gemäß den in der APO[1] festgelegten Bestimmungen abgelegt werden.

Für das Kleine Voltigierabzeichen (DVA IV) wird die C-Pflichtaufgabe auf dem galoppierenden Pferd verlangt, während für das Voltigierabzeichen in Bronze (DVA III) die A-/B-Pflichtübungen gefordert wer-

den. Dabei muß für jede Übung mindestens die Wertnote 5,0 erreicht werden. In der Theorie werden folgende Themen für das DVA IV geprüft: Grundkenntnisse über den Umgang mit dem Pferd, Pferdehaltung, Tierschutz, Voltigierlehre und Ausrüstung des Voltigierpferdes. Für das DVA II und III werden genauere Kenntnisse dieser Themen und außerdem Wissen über die Pferderassen und die Organisation des Pferdesports vorausgesetzt. In der Theorie muß der Bewerber ebenfalls mindestens die Note 5,0 erhalten.

Für das Voltigierabzeichen in Silber (DVA II) muß der Voltigierer das bronzene Abzeichen schon wenigstens ein Jahr besitzen und in den A-/B-Pflichtübungen mindestens die Durchschnittswertnote 7,0 erreichen. Dabei darf jedoch keine Wertnote unter 5,0 liegen. Für die Theorie sind die Anforderungen wie beim DVA III, doch braucht man eine Mindestwertnote von 7,0.

Jede Abzeichenprüfung wird von zwei Voltigierrichtern abgenommen und kann bei Nichtbestehen erst wieder nach 3 Monaten wiederholt werden.

Nach bestandener Prüfung erhält der Voltigierer als öffentliche Anerkennung ein Webabzeichen und eine Urkunde bzw. Anstecknadel.

Das Voltigierabzeichen in Gold wird denjenigen Einzelvoltigierern verliehen, die zehnmal eine Gesamtwertnote von 9,0 oder höher in Pflicht und Kür bei Turnieren erreicht haben.

---

[1] APO = Ausbildungsprüfungsordnung der FN 1994

Fragen und Antworten für die Theorie[1]

Pferdekunde

Schwierig-keitsgrad der Frage	Fragen	Antworten
	Körperbau des Pferdes	
*	In welche drei Partien teilt man den Körper des Pferdes ein?	Vorhand, Mittelhand, Hinterhand.
**	Was gehört zur Vorhand?	Kopf, Hals, Brust, Vorderbeine.
**	Was gehört zur Mittelhand?	Widerrist, Rücken und Bauch.
**	Was gehört zur Hinterhand?	Hinterbeine, Kruppe und Schweif.
**	Aus welchen Teilen besteht der Huf?	Hufkrone, Hufwand, Hufsohle mit Strahl.
*	Wie heißt das Stück zwischen Hals und Rücken?	Widerrist.
**	Woran kann man das Alter eines Pferdes erkennen?	An den Zähnen. Je nach Abnutzungsgrad lassen sich Rückschlüsse auf das Alter ziehen.
**	Wie werden die Pferde nach ihrer Haarfarbe genannt?	Braune, Rappen, Schimmel, Isabellen, Falben, Füchse und Schecken.
**	Woran erkennt man einen Braunen?	Am schwarzen Langhaar (Mähne und Schweif) und braunen Deckhaar.
*	Wie sieht ein Fuchs aus?	Das Langhaar ist von gleicher hellbrauner Farbe wie das Deckhaar oder heller.
*	Wie nennt man ein schwarzes Pferd?	Rappe. Deckhaar und Langhaar sind einheitlich schwarz.
*	Wie nennt man ein Pferd mit weißem Deckhaar und Langhaar?	Schimmel. Rumpf und Gliedmaßen sind weiß. Mähne und Schweif können dunkler sein.
***	Was sind Isabellen?	Pferde mit einer gelblichen Farbe und gleichfarbigem oder hellerem Langhaar.
***	Wie sehen Falben aus?	Sie haben eine gelbliche Farbe und schwarzes Langhaar, außerdem haben sie einen sogenannten Aalstrich, z. B. wie bei Fjordpferden.
**	Wie heißen die Körper-partien des Pferdes hinten am Rücken?	Nieren- und Lendenpartie und Kruppe.
*	Was mußt du beachten, wenn du beim Voltigieren Übungen auf dem hinteren Teil des Rückens ausführst?	In der Nierenpartie sind Pferde im all-gemeinen empfindlicher, deshalb sollte man besonders behutsam vorgehen, wenn man damit in Kontakt kommt.

[1] Für das »Kleine Hufeisen« und das »Kleine Voltigierabzeichen« werden die leichten Fragen mit * empfohlen.

Das Kleine Hufeisen und die Voltigierabzeichen

Schwierig-keitsgrad der Frage	Fragen	Antworten
*	Was ist ein Schecke?	Ein Pferd mit größeren, unregelmäßigen Flecken, die farblich von der Grundfarbe abweichen.
***	Wie wird die Größe des Pferdes gemessen?	Durch »Stockmaß« oder »Bandmaß«. Das Stockmaß wird mit einem Stab vom Boden bis zur höchsten Stelle des Widerrists gemessen. Das Bandmaß wird an den Pferdekörper angelegt und ebenfalls an den Vorderbeinen vom Boden bis zum Widerrist gemessen.
**	Wie nennt man weiße Farb-flecken am Kopf und an den Beinen des Pferdes? Nenne einige Abzeichen am Kopf des Pferdes.	

Flocke Stern Keilstern Strich Schnur-blesse

Unter-brochene schmale Blesse Durch-gehende Blesse Unregel-mäßige breite Blesse Schnippe

Pferderassen und Brände

**	In welche Rassegruppen werden Pferde eingeteilt?	In Vollblüter, Warmblüter, Kaltblüter, Traber, Kleinpferde und Ponys.
***	Welche Vollblüter gibt es?	Araber (Kennzeichen ox), Englisches Vollblut (Kennzeichen xx), Traber. Das Kennzeichen wird hinter den Namen des Pferdes gesetzt.
**	Wo finden Vollblüter hauptsächlich Verwendung?	Im Rennsport (Galopp- und Trabrennsport) und in der Warmblutzucht.
**	Welche Pferderassen finden im Voltigiersport Verwen-wendung?	Rasse, Herkunft und Farbe des Pferdes sind nicht wichtig. Entscheidend ist die Eignung eines Pferdes für seinen Ver-wendungszweck. Kleinpferde, Ponys, Haflinger und Norweger können Volti-gierpferde für Spiel- und Anfängergrup-pen sein. Für den Turniersport bevorzugt man Warmblutpferde, die dem Reit-pferdetyp entsprechen.

* = leicht   ** = mittel   *** = schwer

Schwierig-keitsgrad der Frage	Fragen	Antworten
***	Nenne die bekanntesten Warmblutpferde in Deutschland und ihre Brandzeichen	Hannoveraner Holsteiner Trakehner Westfale Württemberger Oldenburger Mecklenburg-Vorpommern Sachsen Diese Pferde bezeichnet man als »Deutsche Reitpferde«.
**	Wo findet das Deutsche Reitpferd Verwendung?	Bei Dressur, Springen, Vielseitigkeit, Fahren und auch Voltigieren.
**	Welches sind die bekanntesten Kleinpferde und Ponys?	Norwegische Fjordpferde, Haflinger, Shetland-, Welsh-, Connemara- und Islandponys.

Pferdepflege und -haltung

*	Was braucht man zum Putzen des Pferdes?	Striegel, Kardätsche, Wurzelbürste, Hufkratzer, Mähnenkamm, Lappen, Huffett mit Pinsel und zwei Schwämme.
*	Wie oft und weshalb wird das Pferd geputzt?	Das Pferd wird jeden Tag einmal gründlich geputzt. Vor und nach der Übungsstunde wird es abgebürstet und die Hufe werden gereinigt. Durch das Putzen wird die Haut des Pferdes massiert, was zum Wohlbefinden des Pferdes beiträgt.
*	Was tut man beim Putzen zuerst?	Man putzt von vorne nach hinten. Zuerst werden alle bemuskelten Körperteile durchgestriegelt. Der Striegel darf aber für die knochigen Körperteile (Kopf, Gliedmaßen usw.) nicht verwendet werden.
*	Wie wird der Schweif gepflegt?	Er wird mit der Hand verlesen und hin und wieder gewaschen.
**	Wie pflegt man die Beine des Pferdes?	Mit der Kardätsche. Bei stärkerer Verschmutzung werden die Beine gewaschen und anschließend abgetrocknet.
**	Was versteht man unter Strahlfäule?	Fäulnis im Hufstrahl, die durch mangelnde Hufpflege und durch feuchte, unsaubere Einstreu verursacht wird.

197

Das Kleine Hufeisen und die Voltigierabzeichen

Schwierig-keitsgrad der Frage	Fragen	Antworten
**	Was weißt du über die Hufpflege?	Mit dem Hufkratzer werden die Strahlfurchen ausgekratzt. Nach der Übungsstunde werden die Hufe bei warmem Wetter gewaschen und innen und außen mit Huffett eingefettet.
**	Wie verwendet man die Kardätsche?	Beim Putzen auf der linken Seite des Pferdes liegt die Kardätsche in der linken und der Striegel in der rechten Hand. Auf der rechten Seite ist es umgekehrt. Beim Putzen wird die Kardätsche dauernd am Striegel abgestrichen.
*	Wie pflegt man die Mähne?	Mit der Kardätsche und evtl. mit dem Mähnenkamm.
*	Womit werden Maul, Nüstern, Augen, After und Geschlechtsteile gereinigt?	Mit feuchtem Schwamm.
*	Wie verhält man sich, wenn das Pferd nach der Übungsstunde naß geworden ist?	Schweißnasse Pferde dürfen keinesfalls in den Stall gestellt werden. Das Pferd muß trockengeführt oder im Schritt trockengeritten werden. Außerdem kann das Pferd mit Stroh trockengerieben werden. Beine kühlen.
**	Was sind die wichtigsten Aussagen des Tierschutzgesetzes?	Der Mensch ist verpflichtet, das Tier als Geschöpf zu schützen und darf ihm ohne Grund keine Schmerzen, Leiden oder Schäden zufügen. Wer ein Tier betreut, muß es seinen Bedürfnissen entsprechend ernähren, pflegen und artgerecht unterbringen und ihm genügend Möglichkeit zur Bewegung geben.
	Fütterung und Tränken des Pferdes	
*	Wie oft wird das Pferd täglich gefüttert?	Dreimal: am frühen Morgen, mittags und abends. Abends erhält es die größte Futtermenge.
**	Was wird gefüttert?	Raufutter (Heu, Stroh), Saftfutter (Möhren, Rüben, Grünfutter), Hartfutter (Hafer, Gerste, Weizen, Mais) sowie Ergänzungsfutter wie Pellets.
**	Wieviel bekommt ein Pferd täglich?	Durchschnittlich 5–6 kg Hafer, Heu und evtl. Zusatzfutter entsprechend der Arbeitsleistung.

Schwierig-keitsgrad der Frage	Fragen	Antworten
*	Wie oft wird das Pferd getränkt, wenn keine Selbsttränke vorhanden ist?	Drei- bis viermal am Tag vor dem Füttern.
*	Darf man ein stark erhitztes Pferd saufen lassen?	Nein, man muß warten, bis es wieder trocken ist und Atmung und Herz sich beruhigt haben.

Das Voltigierpferd

**	Wie alt sollte ein Voltigier-pferd mindestens sein?	Mindestens 5 Jahre, für Wettkämpfe besser 6 Jahre und älter.
**	Wie sollte das Gebäude des Voltigierpferdes beschaffen sein?	Das Voltigierpferd sollte einen breiten, flachen, unempfindlichen Rücken, eine breite, wenig abfallende Kruppe, einen ausgeprägten Widerrist, einen breiten Brustkorb und gesunde, kräftige Beine haben.
**	Welche weiteren Anforde-rungen sollte ein Voltigier-pferd außerdem noch erfüllen?	Es sollte brav, gutmütig und geduldig im Umgang sein, über ein ausgeglichenes Temperament verfügen, ausdauernd ga-loppieren können und eine gleichmäßige, schwungvolle, aber ruhige Galoppade besitzen.
**	Welche Größe eignet sich für ein Voltigierpferd am besten?	Je nach Einsatz eine mittlere Größe von ca. 1,60–1,65 m Stockmaß ist für alle Übungs-gruppen geeignet. Ponys eignen sich für Anfängergruppen. Für das Einzelvoltigieren und für Leistungsgruppen bevorzugt man größere Pferde um die 1,70 m.

Ausrüstung des Voltigierpferdes

*	Was gehört zur Ausrüstung des Voltigierpferdes?	Voltigiergurt, Trense, Ausbindezügel, Unterlage, Decke, Longe, Peitsche und Bandagen oder Gamaschen.
***	Aus welchen Teilen besteht eine Trense?	Kopf-(Genick-)stück, Stirnriemen, Backenstücke, Trensengebiß, Nasen-riemen, Kinnriemen, Reithalfter, Kehl-riemen, Ausbindezügel.
**	Was ist beim Auflegen des Voltigiergurts zu beachten?	Der Gurt wird mit einer Unterlage gepol-stert und darf nicht auf dem Widerrist auf-liegen. Die Decke darf nicht verrutschen. Der Gurt wird zuerst nur leicht angezogen, nach dem Ablongieren wird nochmals nachgegurtet.

Das Kleine Hufeisen und die Voltigierabzeichen

Schwierig-keitsgrad der Frage	Fragen	Antworten
**	Wie werden Zaumzeug und Gurt gepflegt?	Alle Lederteile werden mit einem feuchten Schwamm und Sattelseife gereinigt, dann getrocknet und mit Lederfett eingerieben.
**	Erkläre, wie ein Pferd aufgetrenst wird!	– Mit der rechten Hand den Kopf des Pferdes festhalten, mit der linken Hand nun das Gebiß ins Maul schieben, dabei mit den Fingern Druck ausüben. – Gleichzeitig das Kopfstück mit der rechten Hand über die Ohren streifen. – Nasenriemen herunterlassen, Kehl- und Kinnriemen schließen.
**	Wie ist eine Trense mit hannoveranischem Reithalfter richtig verschnallt?	Zwischen der unteren Kante des Nasenriemens und dem oberen Nüsternrand soll ein Zwischenraum von etwa 4 Fingern Breite sein, unter dem Kehlriemen soll noch eine Handbreit Platz bleiben, und unter den Kinnriemen sollten noch 2 Finger passen.

Longieren

*	Auf welcher Hand wird das Pferd bei Voltigierwettkämpfen vorwiegend longiert?	Auf der linken Hand. (Die linke Seite des Pferdes zeigt zur Zirkelmitte.)
*	Welches sind die drei Grundgangarten des Pferdes?	Schritt, Trab, Galopp.
**	Welchen Durchmesser sollte der Zirkel mindestens haben?	Mindestens 13 Meter.
***	Was sind Kennzeichen und Fußfolge des Galopps?	Der Galopp ist ein Dreitakt. Man unterscheidet zwischen Links- und Rechtsgalopp. Der Linksgalopp hat die Fußfolge: 1. Rechter Hinterfuß. 2. Linker Hinterfuß und rechter Vorderfuß. 3. Linker Vorderfuß, 4. Schwebephase.
***	Was ist Außengalopp und was ist Kreuzgalopp?	Außengalopp ist Rechtsgalopp auf der linken Hand oder umgekehrt. Beim Kreuzgalopp galoppiert das Pferd mit der Hinterhand links und mit der Vorderhand rechts oder umgekehrt.
**	Zu welchem Zweck finden Verfassungsprüfungen für Voltigierpferde bei Turnieren statt?	Um festzustellen, ob ein Pferd den Anforderungen des Wettkampfes gewachsen ist.

Die Voltigierstunde

Schwierig-keitsgrad der Frage	Fragen	Antworten
*	Welche Aufgaben sind vor der Übungsstunde zu beachten?	Das Pferd wird aufgetrennt, der Gurt wird aufgelegt und leicht angezogen, das Pferd wird abgebürstet, die Bandagen angelegt und die Hufe ausgekratzt. Es wird vorher im Schritt geführt und dann ablongiert.
*	Was mußt du nach der Übungsstunde bedenken?	Die Ausbinder werden ausgehakt und der Gurt gelockert, das Pferd wird trocken-geführt, die Hufe werden gesäubert und das Pferd ablongiert.
*	Wie läufst du in den Zirkel?	Immer hinter dem Pferd. Man stellt sich neben dem Longenführer auf und läuft ans Pferd, wenn der übende Voltigierer abspringt.
*	Was muß nach der Übungs-stunde außerdem noch getan werden?	Der Hufschlag des Zirkels wird mit Rechen und Schaufel wieder geebnet.
**	Wie führst du das Pferd?	Mit der rechten Hand faßt man die Longe etwa eine Handbreit hinter dem Trensen-ring und mit der linken Hand hält man die in Schlaufen übereinandergelegte Longe. Man muß darauf achten, daß die Longe nicht auf den Bogen hängt.

Wettkampfbestimmungen (Richtlinien für Voltigieren)

Allgemeines

*	Wo findest du die Wettkampfbestimmungen?	In den Richtlinien für Voltigieren der FN.
*	Wieviel Mitglieder hat eine Wettkampfgruppe?	8 Voltigierer und 1 Ersatzmann. Es können Jungen und Mädchen mitmachen.
**	Bis zu welchem Alter darf ein Voltigierer in einer Wett-kampfgruppe voltigieren?	Bis zu 18 Jahren. Er darf das Kalenderjahr, in dem er 18 wird, noch beenden.
**	Welche Wettkampfklassen gibt es?	Abteilung A, B und C, D, Einzel-voltigieren EA, EB und Doppelvoltigieren.
**	Wer kann an Einzelvoltigier-wettbewerben teilnehmen?	Voltigierer mit dem DVA III ab 16 Jahren, auch wenn sie noch in der Gruppe voltigieren.
**	Welche Gruppen sind in der Abteilung A startberechtigt?	Alle Gruppen, die im laufenden und vergangenen Jahr zweimal die Wertnote 6,5 oder höher erreicht haben.

Das Kleine Hufeisen und die Voltigierabzeichen

Schwierig-keitsgrad der Frage	Fragen	Antworten
**	Welche Gruppen sind in der Abteilung B startberechtigt?	Alle Gruppen, die im laufenden und vergangenen Jahr zweimal die Wertnote 5,5 oder höher und die Wertnote 6,5 noch nicht zweimal erreicht haben.
**	Was sind C-Gruppen?	Alle Gruppen, die noch nicht zweimal die Wertnote 5,5 erreicht haben.
*	Was sind D-Gruppen?	Nachwuchsgruppen im Turniersport, die die Wertnote 5,0 in Klasse D noch nicht zweimal bekommen haben.
***	Wann kann eine Gruppe zurückgestuft werden?	Wenn sie mindestens 4 neue Mitglieder hat oder die verlangten Wertnoten ein Jahr lang nicht erreicht hat, oder auf gesonderten Antrag z. B. bei einem neuen Pferd.
***	Kann ein Voltigierer an einem Wettkampf in mehreren Gruppen starten?	Nein, er darf nur in einer Gruppe teilnehmen, er kann jedoch auch in Einzel- und Doppelwettbewerben starten, wenn er über 16 Jahre alt ist.
**	Wie kann die Teilnahme-berechtigung in einer Wett-kampfabteilung nach-gewiesen werden?	Durch den Leistungsnachweis und den Voltigierausweis bzw. den Longenführer-ausweis.
**	Wie oft darf ein Voltigier-pferd bei einem Wettkampf an einem Tag eingesetzt werden?	Zweimal, z. B. für 1 Gruppe und 4 Einzelvoltigierer.
**	Welche Aufgaben muß ein Voltigierer im Wettkampf zeigen?	Alle verlangten Pflichtübungen, und er muß mindestens einmal an der Kür teilnehmen.
**	Wieviel Zeit steht einer Gruppe für Pflicht und Kür zur Verfügung?	Für D-Gruppen 11:30 Minuten, für C-Gruppen 13:30 Minuten und für A-/B-Gruppen 12:30 Minuten.
**	Wieviel Zeit hat ein Einzel-voltigierer für die Kür?	Höchstens 1 Minute.
**	Wann beginnt die Zeitmessung?	Die Zeitmessung beginnt mit dem An-fassen der Griffe des ersten Voltigierers.
**	In welcher Gangart müssen alle Übungen ausgeführt werden?	Im Galopp.
***	Welche Wertnoten gibt es?	0 = nicht ausgeführt 4 = mangelhaft 8 = gut 1 = sehr schlecht 5 = genügend 9 = sehr gut 2 = schlecht 6 = befriedigend 10 = ausgezeichnet 3 = ziemlich schlecht 7 = ziemlich gut

Schwierig-keitsgrad der Frage	Fragen	Antworten
***	An was mußt du denken, wenn deine Gruppe an einem Wettkampf teilneh-men wird? Was muß alles mitgenommen werden?	Der Transport des Pferdes muß organisiert werden. Das Pferd wird vorbereitet: bandagieren, Schweifschoner anlegen, Pferd eindecken. Mitgenommen werden müssen: Futter, Eimer, Putzzeug, Voltigier-ausrüstung und die Turnierkleidung der Voltigierer. Siehe Tabelle S. 190/191.
**	Kennst du die Farben der Schleifen?	Gold = 1. Platz, Silber = 2. Platz, Weiß = 3. Platz, Blau = 4. Platz, Rot = 5. Platz, Grün = alle weiteren Plätze. Braun als Anerkennung.

Pflicht

*	Nenne die A-/B-Pflicht-übungen in der richtigen Reihenfolge!	1. Block: Grundsitz, Fahne, Mühle 2. Block: Schere, Stehen und Flanke.
**	Wie bei den C-Gruppen?	In zwei Dreierblöcken: 1. Grundsitz, C-Fahne, C-Schere. 2. C-Mühle, C-Stehen, C-Flanke.
**	Wie werden die Pflicht-übungen bei D-Gruppen durchgeführt?	In zwei Dreierblöcken: 1. D-Sitz, D-Fahne, Abgang nach außen. 2. D-Mühle, D-Knien, Stützschwung.
**	Welche Pflicht wird im Einzelvoltigieren verlangt?	Eine Pflichtfolge von Grundsitz, Fahne, Mühle, Bodensprung, Schere, Stehen, Flanke.
*	Darf eine Pflichtübung wiederholt werden, wenn sich der Voltigierer noch auf dem Pferd befindet?	Ja, es gibt aber 2 Punkte Abzug, bei 2 Wiederholungen gibt es 0 Punkte.
**	Wann wird eine Pflicht-übung nicht bewertet (zwei Beispiele)?	Wenn der Voltigierer das Pferd verläßt, ohne den vorgeschriebenen Abgang auszuführen, wenn er eine Pflichtübung in der falschen Reihenfolge ausführt, die Pflichtübung nicht im Galopp ausgeführt wird oder die Übung zweimal wiederholt wird.
*	Wie lange sollten Grundsitz, Knien, Fahne und Stehen ausgehalten werden?	Mindestens 4 Galoppsprünge bei statischen Pflichtübungen.
*	In welchem Takt sollte jede Phase der Mühle gezeigt werden?	Bei der A-/B-Pflicht im Vierertakt und bei der C-/D-Pflicht im Fünfertakt.

203

Das Kleine Hufeisen und die Voltigierabzeichen

Schwierig-keitsgrad der Frage	Fragen	Antworten
*	Bei welcher Pflichtübung gehst du nach außen ab?	Bei den D-Gruppen nach der Fahne, bei der A-/B-/C-Pflicht bei der Flanke.
**	Wann bekommst du einen Punkt Abzug bei der Pflicht? Nenne zwei Beispiele!	Bei jedem Taktfehler in der Mühle, für jeden fehlenden Galoppsprung, bei Grundsitz, Fahne, Knien und Stehen.

Kür

**	Wieviel Zeit steht einer Gruppe für die Kür zur Verfügung?	Maximal 4 Minuten für D-Gruppen und 5 Minuten für alle anderen Gruppen.
**	Was geschieht, wenn eine Kürübung nach der erlaubten Zeit gezeigt wird?	Die Übung bleibt ohne Bewertung. Eine kurz vor Ablauf der Zeit begonnene Übung sowie die unmittelbar angeschlossenen Abgänge werden für den Wert der Schwierigkeit noch berücksichtigt. Im Einzel- und Doppelvoltigieren gibt es 0,5 Punkte Abzug von der Gestaltungsnote, wenn der Abgang nicht innerhalb von 3 Galoppsprüngen nach dem Abläuten begonnen wurde. Bei der Gruppe wird dafür insgesamt 1 Punkt für alle nach Ablauf der Zeit begonnenen Übungsteile abgezogen.
***	Welche anderen Bestimmungen sind für die Kür noch zu beachten?	Bei den A-/B-Gruppen sind Einzel-, Doppel- und Dreierübungen erlaubt. Bei C-Gruppen dürfen höchstens 6 statische und bei D-Gruppen keine Dreierübungen in der Kür enthalten sein. Jede statische Kürübung muß mindestens 3 Galoppsprünge ausgehalten werden. Bei Dreierübungen müssen immer zwei Voltigierer den Kontakt zum Pferd behalten.
*	Welche Schwierigkeitsgrade gibt es?	Schwierigkeitsgrad S (schwer), Schwierigkeitsgrad M (mittel), Schwierigkeitsgrad L (leicht).
**	Wie wird die Kür bewertet?	Nach Schwierigkeit, Gestaltung und Ausführung. In Zehntelnoten von 0–10.
*	Nenne drei Beispiele für Kürübungen mit Schwierigkeitsgraden!	Z. B. Schultersitz (L), Handstand auf der Schulter (S), Fahne-Standwaage angefaßt (M).
**	Was wird außer der Pflicht und der Kür an einem Wettkampf noch bewertet?	Der Gesamteindruck. Dabei werden Einlaufen, Aufstellung, Aufmachung und Verhalten der Gruppe sowie das Longieren und Vorstellung des Pferdes berücksichtigt.

Das Voltigierabzeichen

Schwierig-keitsgrad der Frage	Fragen	Antworten
*	Welche Voltigierabzeichen gibt es?	Das Kleine Voltigierabzeichen (IV) und die Voltigierabzeichen in Bronze (III), Silber (II) und Gold (I).
*	Welche Anforderungen werden für das Voltigierabzeichen in Bronze verlangt?	In allen Pflichtübungen muß der Bewerber die Wertnote 5,0 erreichen und die theoretische Prüfung bestehen.
**	Welche Anforderungen werden für das silberne Voltigierabzeichen verlangt?	Der Voltigierer muß mindestens ein Jahr das bronzene Voltigierabzeichen besitzen und in den Pflichtübungen eine Durch-schnittsnote von 7,0 erreichen. Keine Wertnote darf unter 5,0 liegen. Außerdem muß er die theoretische Prüfung mit mindestens der Note 7,0 bestehen.
***	Wann erhält man das goldene Abzeichen?	Wenn man 10mal die Gesamtnote 9,0 und höher in Wettkämpfen erreicht hat.

Organisation des Pferdesports

**	Wie heißt der Dachverband des Pferdesports?	Deutsche Reiterliche Vereinigung (FN). Sitz ist Warendorf.
**	Wer ist für Fragen des Voltigiersports auf Bundes-ebene zuständig?	Der Jugendausschuß und der Fachbeirat Voltigieren der FN.
**	Wie ist der Pferdesport in den Bundesländern, Kreisen und Gemeinden organisiert?	Durch die Landes-, Bezirksverbände und die Reiter- und Voltigiervereine.
**	Welche Organisation hat sich außerdem die Anliegen des Voltigiersports zur Aufgabe gemacht?	Der Voltigierzirkel e.V., eine Interessen- und Fördergemeinschaft für den Voltigiersport.
***	Was bedeutet FEI?	Fédération Equestre Internationale, Weltverband des Reitsports; Sitz in Lausanne (Schweiz).
**	Welche Organisation ist für den Turniersport zuständig?	Die Landeskommission in den Bundesländern und die FN auf Bundesebene.
**	Was ist deren Aufgabe?	Die LK genehmigt Voltigiertage, Turniere, Abzeichenprüfungen, ist für die Voltigierrichter und -turniere zuständig.
***	Wie und wie oft werden die Mitglieder des Voltigierfach-beirats der FN gewählt?	Alle vier Jahre durch den Jugendaus-schuß, d. h. die Jugendvertreter der ver-schiedenen Landesverbände wählen den Voltigierfachbeirat.

Anschriften

Bundesrepublik Deutschland
Deutsche Reiterliche Vereinigung (FN)
Freiherr-von-Langen-Str. 13
48231 Warendorf
Tel. 02581/63620
Fax 02581/62144

Der Voltigierzirkel e.V.
Reilsheimer Weg 7
69251 Gaiberg
Tel. 06223/970041
Fax 06223/970043

Fachschule für Voltigieren des
Landesverbandes Niedersachsen
Dehnenweg 30
31249 Hohenhameln
Tel. 05128/7007

Österreich
Bundesverband für Reiten und Fahren in
Österreich

Geiselbergstr. 26–32/512
A-1110 Wien
Tel. 0043/1/7499261–66
Fax 0043/1/749/926191

Schweiz
Fédération Equestre Internationale (FEI)
Mon repos 24
CH-1000 Lausanne 5
Tel. 0041/21/3125656
Fax 0041/21/31286

Schweizerischer Verband für Pferdesport
Blankweg 70
Postfach 232
CH-3072 Ostermundingen BE
Tel. 0041/31/9315624
Fax 0041/31/9313526

Schweizerischer Voltigierverband
Hardungstr. 6
CH-9011 St. Gallen
Tel. 0041/71/4942375
Fax 0041/71/4942879

Bildnachweis:

Ahsbahs, B.: 42 o., 43 l., 89, 90 o. r., o. l., 108 o. l., 138

Balzer, G.: 2/3, 10, 23, 106, 109, 112, 114, 115, 117, 130, 133, 140, 190

Bryer, E.: 105

Christen, J.: 51, 85, 94, 101 r., 104, 113 o. l., 129, 169, 171, 172, 192/193

Cooke, Ph. (Archiv): 92

De Shaw (Archiv): 107, 179

Ernst, W.: 13, 183, 186

Foto Mitschke: 108 u. r.

Gebs, E. (Archiv): 113 u. r.

Große-Wortmann, I.: 16, 28, 142, 144, 206

Hohmann, S.: 125 r., 177

Knisel-Eberhard, G.: 32, 101 o. l., 113 o. r., 127, 134, 151

Nelson & Owen: 41, 59, 66, 68, 70, 77, 79, 95, 97, 100, 102, 103, 110, 111 l., 119, 120, 121, 123, 124, 125 l., 132

Pries, B.: 21, 39, 147, 148, 175

Reiser, U.: 44 o. l., o. r., 45, 47, 48, 52, 53, 54, 55, 62, 73, 74, 75, 91, 185

Rieder, U.: 42 u. r., 43 u. l., 58, 90 u. l., u. r., 72

Schliek, S.: 150, 152, 153, 154, 155, 156, 157, 158, 159

Schuster, B.: 160, 162, 163, 164, 165

Stephan, G.: 30

Thomsen, I.: 99, 101 u. l., 105, 111 u. r., 113 u. l., 116

Werhahn, L.: 57

Grafiken:

Computergrafik: Polytext GmbH, München: 12, 14, 80, 81, 122, 166

Barbara von Damnitz: 15, 17, 34, 87

Ulrik Schramm: 27

Umschlaggestaltung: Sander & Krause, München

Umschlagfoto: Jean Christen Fotos

Dank

Meinem Mann Hermann für sein Verständnis und seine sportfachliche Beratung und meinen Kindern Martin, Felix und Lisa für ihre Geduld. Allen Freunden dieser Sportart, die mir bei der Neubearbeitung dieses Buches mit ihrem Rat zur Seite gestanden haben: Rainer Hilbt, Monika Hoffmann, Ute Reiser, Bundestrainerin Helma Schwarzmann sowie Hildegard Rosemann und Margret Würkert für ihre Anregungen für das neue Kapitel »Voltigieren spielerisch«.